젊게 늙는 사회

젊게 늙는 사회

초판 1쇄 펴낸날 | 2024년 6월 1일
초판 2쇄 펴낸날 | 2024년 11월 15일

지은이 | 조병희·정영일
펴낸이 | 고성환
펴낸곳 | (사)한국방송통신대학교출판문화원
(03088) 서울특별시 종로구 이화장길 54
전화 | 1644-1232 팩스 | (02) 741-4570
홈페이지 | https://press.knou.ac.kr
출판등록 | 1982년 6월 7일 제1-491호

출판위원장 | 박지호
책 임 편 집 | 장빛나
편집·디자인 | 오하라

젊게 늙는 사회

가장 오래 살아야 할 세대, 건강통계로 생각하다

조병희 · 정영일 지음

지식의날개

건강하게 나이 드는 사회를 위하여

이 책은 의학서적이 아니다. 의학서적은 어떤 사람이 이러저러한 증상을 가지면 무슨 병일 가능성이 있고, 어떻게 치료하는지에 관심이 있을 것이다. 그러나 이 책은 개인보다는 집단과 사회적 수준의 건강 문제에 관심을 둔다. 우리나라 사람들은 얼마나 오래 사는지, 어떤 병을 앓다가 죽는지, 우리나라의 암 치료 기술은 세계적으로 얼마나 높은 수준에 도달했는지, 우리는 의료비로 얼마나 많은 돈을 쓰는지 등과 같은 집단이나 사회적 수준의 건강 문제에 관심이 있다. 예를 들어 학력수준이 높은 사람과 낮은 사람, 서울에 사는 사람과 지방에 사는 사람 중에 누가 더, 왜 오래 사는지 따져 본다. 그리고 그러한 질문에 통계를 근거로 해답을 찾는다.

현대 사회를 초고령사회라 부른다. 그만큼 수명이 길어지고 노인들이 많아졌다는 의미이다. 수명이 늘어나면서 노인들은 신체 능력의 퇴화와 함께 복합적 만성질환에 시달리게 된다. 그런데 이러한 노령의 문제는 궁극적으로 회피하기는 어렵지만 우리가 몸을 잘 관리하고 건강증진을 위해 노력하면 건강이 악화되는 것을 최대한 늦출 수는 있다.

건강관리는 중년이나 노년기에만 필요한 것이 아니라 모든 연령대에 필요하다. 나이가 어떠하든지 현 시점에서 건강증진을 위해 노력하게 되면 나이가 더 들어서도 건강한 삶을 살게 해 준다. 초고령사회에서 건강한 삶을 살아가려면, 건강을 위한 합리적인 의사결정을 도와주는 정보가 필수적이다. 인터넷이나 지인들 사이에 떠도는 '카더라' 식이 아니라 과학적 데이터에 근거한 정확한 정보 습득이 요구된다. 건강통계는 우리 사회의 여러 가지 건강 문제의 전체적인 경향과 세세한 지표를 파악해 볼 수 있는 수단일 뿐만 아니라, 그 속에서 나의 위치를 가늠할 수 있는 중요한 정보가 된다.

고령사회 건강 문제에 대한 논의는 주로 현재의 노인이나, 가까운 미래에 노인이 될 개인의 건강관리(뼈나 근육, 치매, 식생활, 심리 등)에 국한되어 있다. 하지만 이 책에서는 고령화의 문제를 노인만의 문제로 제한하지 않는다. 또한 건강은 식생활 개선이나 의학적 치료만으로 개선되는 것도 아니다. 건강은 생물학적 현상이면서 동시에 사회적 현상으로 볼 수 있다. 젊은 시절에 건강을 잘 관리해야 노인기에도 건강하게 살 수 있다. 또 불건강한 습관들, 예를 들어 음주와 흡연을 하는 것은 사회적 요인이 크게 작용한다.

'술 권하는 사회'라는 표현에서 우리는 사회가 우리를 불건강하게 만들 수 있음을 짐작할 수 있다. 물론 반대로 사회가 우리를 더욱 건강하게 하는 데 영향을 줄 수도 있다. 사회적으로 전개된 금연운동과 정책적으로 실시된 담뱃값 인상이나 금연 구역 설치는 금연 효과를 높여서 우리를 건강하게 만들었다고 볼 수 있다. 이렇게 초고령사회의 건강은 고령의 '개인'뿐 아니라 '사회' 차원에서도 살펴야 할 것이 많다. 또한 이미 나이 든 노인이 건강하게 말년을 지내는 문제뿐만 아니라 젊은 사람이 건강하게 나이 들어가는 일까지 포함하여 생각해야 한다.

원래 이 책은 생로병사로 표현되는 우리의 삶 전 과정을 건강통계로 파악해 보자는 의도에서 출발하였다. 그런데 집필을 진행하면서 생로병사의 네 단계만으로는 우리의 삶을 표현하기에 부족함을 느꼈다. 생로병사는 과거 농경시대에서 생성된 개념이다. 당시 살던 사람들의 기대수명은 약 30세 정도였다. 노인이라 해도 60세를 넘기기가 쉽지 않았다. 즉, 태어나서 곧 늙고 죽게 되는 삶이었다. 그런데 지금은 청소년기라는 과거에 없던 인생의 준비기간이 생겨났다. 이제는 아파도 죽지 않고 오래오래 살게 되었다. 의학이 발달한 덕분이다. 그래서 이 책의 논의에는 생로병사 외에 청(년)과 의(료)를 추가하였다.

이 책은 생로병사의 각 주제별로 통계 수치를 제시하면

서 그 추세와 의미를 설명하는 방식으로 집필하였다. 통계를 다루기는 하지만 통계학이나 수학은 아니다. 통계는 집단의 평균적 속성을 보여 주는 수치이다. 우리나라 국민의 기대수명이 83세라는 통계의 의미는 모든 국민이 83세를 산다는 말이 아니다. 평균적인 수명이 83세이니까 국민의 절반은 83세 이전에 죽게 될 것이다. 또 현재의 기대수명은 현재 태어나는 신생아의 기대수명이다. 따라서 이 책을 읽는 독자들은 아마도 그보다는 적은 기대수명을 갖게 될 것이다.

먼저 원고를 읽고 논평을 해 준 장사랑 교수께 감사드린다. 그가 학부생들에게 보건학을 강의하면서 얻은 경험을 전해 주어 집필의 방향을 정하는 데 큰 도움이 되었다. 또한 원고를 편집하고 구구절절 의견을 제시해 준 방송통신대 출판문화원 장빛나 선생께도 감사드린다. 특히 이 책의 성격상 통계표가 많았는데 이것을 도표와 그림으로 바꾸어 가독성을 높이는 데 크게 기여해 주었다. 아무쪼록 이 책이 건강 현상을 사회적으로 이해하고자 하는 분들께 도움이 되기를 기대한다.

CONTENTS

• 머리말 004

01 건강과 통계의 관계   011

• 일상과 통계 • 통계Statistics와 국가State • 건강 측정과 지표
• 건강통계 프레임워크란 • 공동의 대응

02 가장 오래 생生,존하는 세대   037

• 건강에 대한 관점 • 긍정적 그리고 부정적 건강관 • 사회의학의 탄생
• 신체-정신-사회 포괄하는 전인적 건강
• 의료의 과잉성장과 의료사회학의 저성장 • 압축 기대수명
• 사회적 불평등과 기대수명의 관계 • 생의 마지막 10년은 아픈 채로
• 주관적 건강의 중요성과 함정 • 건강한 출산보다 출산율?
• 웰빙, 건강과 행복

03 노쇠하는 청靑,년기의 몸   085

• 불건강할 자유를 허용하는 사회 • 피해자 탓하기
• 생물학적 몸과 사회적 몸 • 청소년 비만율 • 낮은 생활 만족도와 운동
• 음주·흡연의 감소 추세 • 우울감과 자살의 상관성 • 흡연에도 계급 있다
• 술 권하는 사회의 건강 • 성인의 식이, 비만, 신체활동

04 질병病, 발생의 불평등   137

• 질병 발생에 대한 사회적 관점들 • 역학적 관점과 개인 탓
• 건강불평등 • 질병의 사회적 의미 • 병에 걸리는 빈도
• 감염병과 보건안보 • 만성질환에 시달리는 노년 • 암
• 흔해져 버린 정신장애 • 스트레스 인지율이 가장 높은 30대 여성
• 우울감 경험률 높은 70대 여성
• 삶의 조건과 정신건강 그리고 극단적 선택

05 웰다잉을 위한 의醫,료   183

- 1990년, 국가의 본격 개입 • 의사는 부족한가
- '세계 최고의 병상 수'의 속뜻 • 질병의 사회적 성격
- 경쟁, 병원에 자주 가게 되는 이유
- 종별 진료 환자 수와 요양급여비 • 경상의료비

06 실현 가능한 건강노老,화   217

- 85세 넘는 인구의 증가 • 한국, 기대수명 90세 돌파하는 최초의 국가
- 알츠하이머가 앗아간 인지건강 • 노인 의료비 부담 증가는 당연한가
- 안전한 의약품 사용을 위한 전략 • 장기요양, 요양병원, 장기요양기관
- 건강노화의 노란신호등 '노쇠 전 단계' • 건강노화 결정 요인

07 웰빙의 연장 존엄한 사死,망   247

- 나쁜 죽음과 좋은 죽음 • 사망 장소는 삶의 질
- 사망원인통계 집계 과정 • 죽음의 역학적 변천
- 외인사, 사고와 스스로 맞는 죽음 • 왜 스스로 삶을 마감하는가
- 안락한 죽음을 선택할 권리?

08 오래 살아야 할 세대의 대응   281

- 왜 누구는 오래 살고 누구는 일찍 죽을까?
- 건강한 사회의 교육과 정책 • 나의 순수한 의지인가
- 불건강한 생활습관, 제도로 바꿔라

- 주석   304

Chapter 01

건강과 통계의 관계

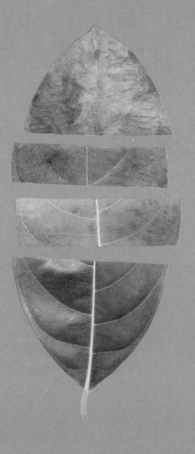

이 장에서는 통계의 기초 개념을 다룬다. 우리 일상생활에서 통계가 얼마나 많이 사용되고 있는지, 특히 건강 현상을 나타내는 통계에는 어떤 것들이 있고, 어떤 기관에서 통계를 생산해 내는지, 통계가 국가 기능과 어떻게 연관을 맺게 되었는지, 그리고 건강통계를 체계적으로 이해하는 방법은 무엇인지에 대해서 알아볼 것이다.

일상과 통계

우리의 일상은 각종 통계로 가득하다. 2024년 4월 10일 오늘 예상 최고 기온은 19도, 최저 기온은 9도, 비 올 확률은 10퍼센트이다. 2023년 11월에 개봉한 한국 영화 〈서울의 봄〉은 1,312만 명이 넘게 관람하였고, 2023년 12월 개봉한 미국 영화 〈나폴레옹〉은 22만 명이 관람하였다. 축구선수 손흥민은 리그 28경기에서 15골을 터트렸다. 우리나라 종합주가지수, 즉 코스피는 2,705이고 1달러 환율은 1,353원이다.

통계는 자연현상이나 사회현상을 수치로 표현한 것이다. 기온과 강우는 자연현상이고 영화 관객 수, 자살률, 골 횟수, 코스피, 환율은 사회현상으로 볼 수 있다. 그런데 통계로 표현되는 사건은 일회적이기보다는 다량의 데이터를 관찰하고 정리해서 보여 준다. 기온과 강우는 거의 한 세기 동안 측정한 기록이 있고 그 경향 속에서 오늘 기온을 예측해서 보여 준다. 자살률도 국가별로 수십 년 동안의 측정 기록이 있어서 이를 바탕으로 자살의 추세를 알게 해 준다. 통계 생산의 주체도 다양하다. 기온과 강우의 측정은 국가기관인 기상청에서 관리한다. 영화 관객 수는 극장협회와 같은 민간단체가 담당한다. 자살률은 경찰, 의료기관, 통계청 등이 협업하여 작성한다.

건강에 관한 관심이 높아지면서 건강통계 또한 점차 중

요해지고 있다. 생활수준의 향상에 따라 이제는 부유함을 넘어서 웰빙을 추구하는 시대가 되었고, 건강은 삶의 질을 높이는 데 중요한 요건이 되었다. 보건학에서는 우리가 건강 위험 요소에 얼마나 노출되는지와 건강 지향적 행동 습관을 얼마나 실천하는가의 두 요인이 건강상태에 영향을 미치는 것으로 추정한다. 즉, 건강하게 살려면 우리의 생활 방식과 생활환경이 다양한 위험 요소에 노출되어 있다는 점을 인식하고 얼마나 대비하는지가 중요해졌다는 것이다.

노령화에 수반되는 노인 건강 악화 문제, 식생활 및 좌식생활과 관련이 있는 대사성 질환 증대, 스트레스와 우울감 상승, 줄지 않는 음주와 흡연, 사회적 경쟁 심화로 사회적 고립과 차별 현상의 만연 등 다양한 건강 문제가 매일같이 보도된다. 건강에 대한 사회적 이목의 집중은 건강통계에 대한 수요를 높이고 건강통계의 다양화와 양적 확대로 이어지게 된다.

건강통계는 통계청, 보건복지부, 질병관리청, 국민건강보험공단 등 여러 기관에서 생산하고 관리한다. 통계청의 국가통계포털과 국민 삶의 질 지표 사이트에는 다양한 건강통계가 준비되어 있다. '보건' 주제에서는 통계 생산 범주별 구분도 되어 있다. 2023년 12월 현재 사망원인통계, 건강보험통계, 지역사회건강조사, 국민건강영양조사, 건강검진통계, 청소년건강행태조사, 암등록통계, 생명표 등 큰 범주의 건강통계만 해도 62가지에 달한다.

다음의 표는 건강통계별 생산 주체, 생산 주기, 주요 내용을 정리한 것이다. 사망원인통계는 통계청에서 매년 작

주요 건강통계의 생산 기관, 생산 주기, 주요 내용

건강통계 범주		통계 생산 기관		통계생산주기	주요 내용
행정통계	사망원인통계	통계청 인구동향과		매년	사망원인별 통계
	생명표				간이생명표, 완전생명표, 사망원인생명표 등
	건강보험통계	국민건강보험공단 통계관리부			가입자, 피부양자, 급여실적, 재정현황, 질병통계 등
	건강검진통계				일반검진, 암검진, 생애전환기검진, 영유아검진 등
	암등록통계	보건복지부 감사담당관			24개 암종, 61개 암종 등
조사통계	지역사회건강조사	질병관리청	만성질환관리과		흡연, 음주, 비만, 신체활동, 건강생활실천, 식생활 등
	국민건강영양조사		건강영양 조사분석과		건강행태, 영양, 만성질환
	청소년 건강행태조사				흡연, 음주, 신체활동, 식생활, 비만, 정신건강 등
	의료서비스경험조사	보건복지부 정보화 담당관			의료서비스 이용률, 의사 서비스

 국가통계포털   국민 삶의 질

성하는 것으로 103가지 사망원인별 통계가 수록되어 있다. 국민건강영양조사는 질병관리청에서 매년 실시하는 건강 조사로 이 조사에 근거하여 음주, 흡연 등 다양한 건강통계 지표가 생산되고 있다.

건강통계는 작성의 근거가 무엇인가에 따라 행정통계 와 조사통계가 있다. 사망원인통계는 사망신고서와 사망 진단서라는 행정자료를 근거로 작성하는 행정통계이고 국민건강영양조사를 바탕으로 산출되는 국민건강통계는 조사통계이다. 생명표, 건강보험통계, 건강검진통계, 암등 록통계 등은 행정통계에 해당하고, 지역사회건강통계, 청 소년건강통계, 의료서비스경험통계 등은 조사통계에 해당 한다.

건강통계가 공신력을 갖기 위해서는 국가 승인 절차를 거쳐야 한다. 국가통계는 정부나 법으로 정한 공공기관만 이 작성할 수 있고, 별도의 통계청 승인 절차를 거쳐야 한 다. 조사통계의 경우 조사표, 표본 설계, 결과표 등을 첨부 하여 통계학적 원리에 부합하는지, 국가 정책 목표에 필요 한지 등에 대한 심사를 거쳐 승인받게 된다. 이미 승인된 통계의 경우에도 통계의 품질 유지를 위하여 주기적으로 외부 전문가에 의한 품질 심사를 받아야 한다.

개인이나 단체가 임의로 실시하는 연구조사에서도 좋 은 통계가 산출될 수는 있다. 그런데 대개의 연구조사는 일 회적으로 실시하지만 국가승인통계는 주기적으로 반복 조사하여 장기간의 추세를 파악할 수 있다는 점에서 차이가 있다. 또한 엄격한 품질 관리를 실시한다는 점에서도 국가 승인통계만의 장점이 있다. 그러나 개인의 연구조사는 건강 현상과 관련되는 배경 요인이나 영향 요인을 광범위하게 조사하여 건강 현상이 발생하는 원인을 파악하는 데 유리하다.

예를 들어 국가의 공식적인 흡연율 통계지표는 국민건강영양조사를 통해서 산출된다. 국민건강영양조사는 흡연과 음주, 영양 등 건강행태의 사실을 조사하는 데 주력한다. 건강과 관련한 사실을 파악하는 문항이 매우 많기 때문에 이 조사에서는 흡연의 영향 요인이나 맥락 요인에 대한 조사는 최소화된다. 반면 개인이 계획하는 흡연 관련 연구조사의 경우에는 흡연의 영향 요인이나 맥락 요인을 충분히 질문하여 인과관계를 추론하는 데 유리할 수 있다. 즉 국민건강영양조사는 애당초 건강통계 생산을 목적으로 기획된 것이고 개인 연구조사는 인과관계 추론이나 흡연 현상의 심층적 이해를 목적으로 하는 분명한 차이가 있다.

통계Statistics와 국가State

우리의 일상이 통계와 함께 이루어진다는 것은 우리의 사고가 수치적 또는 과학적으로 구조화되어 있음을 의미한다. 통계는 과학 문명 시대의 산물이다. 통계 자체는 고대에도 존재했으나 과학 문명이 발전하는 18세기에 들어와서 통계학은 학문적으로 정립되었다. 역사적으로 볼 때 통계 또는 통계학의 1차 수요자는 국가 또는 정부였다. 근대 국가는 이전과 달리 인구를 국부國富로 생각하여 건강한 인구 육성에 관심을 쏟았고, 산업과 국제교역을 진흥하여 국가를 부유하게 만들어 강대국이 되고자 하였다.[1] 이를 위해 인구, 보건, 경제 현상에 대하여 정확하게 측정하고 계획을 세우면서 통계는 중요한 위치를 차지하게 되었다.

통계학을 영어로 'statistics'라고 한다. 어원으로 보면 국가state가 필요로 하는 정보 또는 '국가학science of state'을 의미한다. 예로부터 국가를 운영하기 위해서는 여러 정보가 필요했다. 고대국가에서도 인구와 가구, 토지의 크기, 농산물의 생산량을 비롯하여 별의 움직임이나 기상정보에 이르기까지 수많은 정보를 수집하였다. 이것은 고대 이집트나 바빌로니아 왕국은 물론이고 한반도에 존재했던 국가들도 마찬가지이다. 1933년에 발견된 신라장적에는 네 개 마을의 둘레, 가구 수, 인구, 전답, 뽕나무 등 묘목 수, 소와 말의 수효, 인구와 노비의 수도 기록되어 있다. 사람은 남녀별로 구분하고, 남자는 연령대별로 구분하여 기록했다.[2] 신라는 이 통계 자료를 이용해 가구별로 세금을 매겼고, 부유한 정도에 따라 차등해서 세금을 부과했던 것으로 보인다.

인구의 출생과 사망, 혼인에 관한 생정통계vital statistics는 지금도 어느 나라에서나 국가 운영에 있어서 가장 기본이

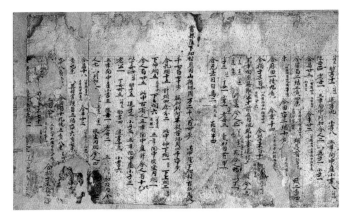

되는 통계라고 할 수 있다. 생정통계는 국민이 일상을 살아 가는 데 필요한 의식주의 양을 추산할 때 가장 기본적인 자 료가 된다. 주택이 몇 채 필요하고, 초등학교는 몇 학급을 준비해야 하는지, 의사는 몇 명이나 필요할지 등을 계산하 는 데 생정통계가 사용된다. 출생신고, 사망신고, 혼인신고, 이혼신고는 생정통계를 산출하기 위한 기본 자료이며, 국 민은 출생과 사망, 혼인과 이혼의 사실을 국가에 신고해야 할 의무를 진다. 물론 현재 국가가 수집하고 공표하는 통계 는 매우 다양하다. 통계청에서 관리하는 국가통계포털에는 인구통계 이외에도 다양한 경제통계와 사회통계가 포함되 어 있다. 그렇지만 인구통계 또는 생정통계는 가장 기본적 인 통계라 할 수 있다. 통계학의 발전은 인구통계로부터 시 작되었다고 할 수 있다.

존 그란트

영국의 존 그란트John Graunt(1620~1674)는 인구학과 통계학의 아버지라고 할 수 있는 인물이다. 그는 런던시의 구역별 사망통계를 집계하여 1662년에 《사망자료에 대한 자연적, 정치적 관찰Natural and Political Observations made upon the Bills of Mortality》 이란 통계집을 출판하였다. 그는 사망신고를 담당하는 교구 행정 담당자로부터 사망 자료를 받아서 사망통계를 작성하였다.

그는 우선 사망원인별 사망자 수를 집계하였는데, 사망자를 질병별로 분류하였다. 예를 들어 뇌졸중apoplexy 1,306명, 황달jaundice 998명, 결석과 소변 장애stone and strangury 863명, 굶주림starved 529명, 두통headache 51명, 광기lunatic 158명, 무기력lethargy 67명 등이었다. 질병명이 분명치 않으면 주요 증상이나 특징별로 집계하였다. 출혈bleeding 69명, 익사drowned 829명, 과음excessive drinking 2명 등이었다.[3] 당시 의학이 발전하지도 않았고, 사망자에 대한 의사의 검시 과정도 확립되지 않은 상태에서 이루어지는 사망 보고였기 때문에 사인이 명확하지 않은 문제점이 있다.

그러나 제시된 사인만으로도 전체 사망의 3분의 1가량이 아구창thrush, 경련convulsion, 구루병rickets, 이빨과 벌레teeth and worms, 낙태아abortives, 영아chrisomes, 유아infants 등 4~5세 이하 어린이인 것으로 추정된다.[4] 또한 그란트는 전체 사망자 중

젊게 늙는 사회

질병별 사망자 수, 즉 질병별 사망률을 계산하였으며, 연도별 사망 추이를 비교하여 만성질환처럼 사망률이 매년 비슷한 수준으로 나타나는 것과 흑사병처럼 특정 연도에 유행하여 많은 사망자를 만드는 경우를 구분하였다.

이를 통하여 그란트는 사망이라는 사회현상이 상당히 규칙적으로 발생하는 것임을 드러낸 것으로 해석할 수 있었다. 통계학적 추론은 수치상으로 보이는 인간 행동이 무차별한 것이 아니라 일정한 규칙을 갖고 진행된다고 가정하고 통계학적 추론을 하게 되는데 그란트의 사망통계 분석이 그 시금석을 세운 것으로 볼 수 있다. 또한 그는 여기서 한 걸음 더 나아가 나이별 사망률을 계산하여 생명표_{life table}를 작성하고 몇 살까지 생존할 수 있을지에 대한 대중적 관심에 체계적 답변을 제시하였다. 그가 사용한 사망통계 자료가 정확하지 않았고, 사망률 계산도 초보적인 수준이었기 때문에 생명표의 정확성은 낮았지만 그가 고안해 낸 사망률 계산과 추론의 방법은 획기적이었다고 할 수 있다.

그런데 그란트가 수행한 과업은 당시에 통계학이란 이름이 아니라 정치산술_{political arithmetic}이라 불렸다. 이 용어는 그란트의 친구였던 윌리엄 페티_{William Petty}가 1671년에 고안해 낸 것인데 국가에 필요한 자료와 정보를 수량적으로 또는 통계를 사용하여 표현한다는 뜻을 담고 있다. 페티는 영국 왕실의 경제 자문관이었는데 물물교환 경제를 화폐경제로 전환하는 목표를 세웠고, 이를 위해서는 조세의 원칙

아돌프 케틀레

을 마련하고 재화의 가격을 수량적으로 확립하는 작업이 필요했다. 당시에는 총인구 조사census를 시행하지 못하여 국가의 인구 규모를 정확하게 파악하지 못하였다. 그란트가 인구의 사망률을 조사하고 이를 근거로 생명표를 개발하였는데 페티 역시 사망률을 근거로 인구 규모를 추론하는 등 통계학 기법을 활용하였다고 한다.

국가 운영에 사용되던 통계적 방식이 통계학으로 정립된 것은 아돌프 케틀레Adolphe Quetelet(1796~1874)의 공헌이다. 그는 벨기에의 통계학자이자 사회학자였다. 19세기에는 이미 자연과학이 발전하였고 자연현상이 규칙성 또는 법칙을 갖고 있음이 알려져 있었다. 정치산술을 역설했던 페티도 질병은 물론 사회현상도 과학적으로 연구될 수 있다고 주장했다. 케틀레는 사회학자로서 인간의 사회적 행동을 연구하였는데 인구통계와 범죄통계를 이용하여 도덕 현상이나 범죄 현상에도 일정한 규칙성이 존재함을 증명코자 하였다. 그래서 월별, 지역별, 기온별, 시간별 출생률이나 연령, 직업, 지역, 계절, 장소별 사망률을 조사하여 어떤 사회에서 출생률, 사망률, 자살자 수 등이 매년 일정하게 발생함을 밝혔다. 즉 출생과 사망이 무차별하게 생기는 것이 아니라 매년 일정하게 발생하는 규칙적 현상임을 밝힌 것이다.

그는 또한 '평균적 인간'의 개념을 도입하였다. 일군의 사람들 중에서 키와 몸무게가 중간인 사람, 또는 수입과 학력이 중간인 사람을 생각해 보자. 그러면 나의 위치가 어디쯤인지 비교해 볼 수도 있고, 또는 국민의 소득수준과 학력 수준을 얼마나 높여야 할지 정책적 판단도 할 수 있게 된다. 평균점을 처음으로 생각해 낸 것은 통계학의 발전에 크게 기여하였다.

건강 측정과 지표

통계는 모두 인간이 측정해서 만든 것이다. 예를 들어 키와 몸무게의 통계는 줄자와 체중계로 재서 기록한 것이다. 어떤 현상의 속성, 양, 크기, 정도 등을 자로 재는 것을 측정 measure이라 한다. 우리의 관심사인 건강은 기본적으로 인구 집단을 대상으로 사망과 유병을 측정하여 그 상태를 판단한다. 코로나19가 유행했을 때 매일같이 확진자 수와 사망자 수가 공표됐던 것을 기억할 것이다. 여기서 확진자 수는 코로나19에 감염된 사람, 즉 코로나19 감염증 환자 수를 의미한다. 환자 중 일부가 사망하면 사망자 수가 집계되고, 환자 수 대비 사망자 수는 사망률로 계산한다.

여기서 측정은 일차로 사례 수로 한다. 이차로 해당 사례의 사회적 속성별 사례 수를 조합하여 율rate과 비ratio를 계산한다. 사망자 수를 확진자 수로 나누면 사망률이 산출된다. 율은 전체 대상(확진자 수) 중에서 특정 사건 경험자(사망자 수)의 관계를 의미한다. 반면 두 가지 다른 속성의 관계는 비로 표현된다. 코로나19 사망자 중 남성 120명, 여성 100명이라면 코로나19 사망자의 성비는 120/100＝1.2가 된다. 남자와 여자는 서로 다른 속성이고 이들 간의 관계는 비로 표현된다.

여러 통계 중에서 통계 분류의 목표에 부합되는 통계의 범주를 지표라고 한다. 유병지표morbidity indicator로는 발생률incidence rate과 유병률prevalance rate이 있다. 발생률은 인구 10만 명당 신규 환자 수 또는 감염자 수를 의미한다. 유병률은 인구 10만 명당 총 환자 수를 의미한다. 사망 현상을 잘 나타내 줄 사망지표mortality indicator로는 사망률과 치명률이 있다. 사망률mortality rate은 보통 특정 질병의 사망자를 인구 10만 명당 사망자 수로 표현한 통계를 말한다. 치명률은 특정 질병의 환자 중에 사망자 수의 백분율을 의미한다. 전체 암 환자 대비 암으로 사망한 사람의 백분율이 암 치명률이다. 발생률은 독감이나 코로나19와 같은 유행병이라면 1일 신규 환자 수가 관심 대상이 될 것이다. 보통의 경우에는 1년 단위로 신규 환자 수를 측정하여 인구 10만 명당으로 환산하면 발생률이 계산된다. 2020년 한 해 동안 신규 암 환자 수를 의미하는 암 발생률은 인구 10만 명당 482.9명이었다. 전체 인구 중 암 환자 수를 의미하는 암 유병률은 4.4%였다. 전체 인구 중 암 사망자 수를 의미하는 암 사망률은

2022년에 인구 10만 명당 162.7명이었다.

　건강통계지표는 다음과 같은 특성이 있다. 첫째, 건강지표는 집단의 건강 특성을 요약해 준다. 유병지표와 사망지표는 우리나라 사람이 어떤 병에 많이 걸리고 어떤 병으로 사망하는지를 일목요연하게 보여 준다. 둘째, 건강지표는 집단의 건강상태의 미래를 예측해 준다. 암 사망률은 지난 50년간 지속해서 상승해 왔다. 따라서 앞으로 당분간은 암 환자가 계속 증가할 것으로 예상할 수 있다. 셋째, 건강지표는 집단의 건강 특성을 설명하고 이해할 수 있게 해 준다. 60대의 남녀 사망 성비가 약 2.5에 달한다. 60대 남성의 삶의 질이 동년배 여성에 비해 크게 열악함을 암시한다. 넷째, 건강지표는 정책을 평가하고 효과를 판단하게 해 준다. 교통사고 사망률은 2012년에 인구 10만 명당 12.9명이었는데 2022년에 6.8명으로 감소하였다. 이것은 그동안 교통안전을 위한 정책들이 효과를 본 것으로 평가할 수 있다.

　그렇다면 이러한 건강통계는 누가 측정할까? 바로 질병관리청과 통계청에서 한다. 국민건강보험의 통계집에 수록된 의료기관 이용 현황이 질병 분포를 알려 준다. 그런데 의료 이용 현황은 말 그대로 어떤 증상으로 병원을 몇 번이나 이용했는지를 보여 주는 자료로 질병으로 확정되었다고 단정하기는 어렵다. 질병이 의심되어 병원에 가서 진료를 받았으나 질병이 아닌 것으로 판정되는 경우도 많기 때문이다. 따라서 의학적으로 규정된 질병의 범주에 속하는

지 여부는 별도의 건강조사를 통해서 알 수 있다. 질병관리청에서 실시하는 국민건강영양조사나 각 시군구 지방자치단체에서 실시하는 지역사회건강조사에서 조사대상자에게 특정 질병으로 진단받았는지를 질문하여 유병률을 계산한다. 정신건강의 경우에는 별도로 정신건강 역학조사를 실시하여 정신병에 대한 유병률을 추정한다.

사망통계의 경우 통계청이 작성한다. 사망자가 발생하면 가족은 장례와 상속을 위해서 사망신고서를 행정관청에 제출하는데 여기에 의사가 발행한 사망진단서를 첨부하게 된다. 통계청에서는 이를 근거로 사망률을 계산한다. 현재 대다수의 사망은 병원에서 발생하기 때문에 사망 원인이 비교적 정확하다. 그러나 일부의 사망은 집이나 거리 등에서 발생한다. 이때 사후에 의사의 검시 과정을 거쳐서 사망 원인을 밝히게 된다. 또한 사망 원인이 불명일 경우 사망 직전에 어떤 내용의 진료를 받았는지 등을 검토하여 질병명을 특정하는 과정을 거친다.

건강지표는 국민의 건강상태를 말해 주는 것으로 개인의 건강상태에 적용할 수는 없다. 예를 들어 전체 사망의 약 4분의 1이 암으로 인한 것이라 할 때 곧바로 내가 암으로 죽을 확률이 25%라고 단정할 수는 없다. 암을 유발하는 원인은 다양하고 생활방식, 건강습관, 사회경제적 지위에 따라 암에 걸릴 가능성이 달라진다. 또한 언제 암 검사를 해서 발견했는지, 어떤 치료를 받았는지도 생존 여부에 큰 영향을 미친다. 즉 암 사망률은 이러한 영향 요인을 고려하지 않은 단순 평균값이기 때문에 이것을 개인에게 곧바로 적용하여 해석하는 것은 적절치 않다.

건강통계 프레임워크란

건강 현상은 광범위하고 다차원적이기 때문에 건강통계는 매우 다양하게 산출되고 있다. 따라서 건강통계지표들을 체계적으로 분류하고 상호 간의 관계를 파악하기 위해서는 이론적 틀이 필요한데 이를 건강통계 프레임워크framework 라 한다. 건강통계 프레임워크가 필요한 이유는 사회 변화와 함께 건강에 대한 사회적 관심의 증대와 건강위험 요소가 급증하는 현실에서 건강통계의 수요도 급격하게 증가하는 경향이 있다. 그런데 건강 현상은 상당한 전문성을 갖춰야 이해할 수 있어서 건강통계의 생산자들이 수요자들의 기대에 시의적절하게 부합하지 못할 가능성이 있다. 여기서 시대 변화와 함께 어떤 건강통계가 새롭게 만들어져야 할지에 대한 가이드라인이 필요하고 이것을 건강통계 프레임워크가 제공해 줄 수 있다.

호주의 경우 베이비붐 세대의 은퇴를 전후해서 복지 수요가 급격히 증가하는 시점에 사회통계 수요가 급증하자 관련 통계 생산을 체계화하려는 노력을 시작했다고 한다. 만일 통계 프레임워크가 없으면 정책 실행자의 입장에서 필요한 통계를 원칙 없이 생산할 가능성이 크고 통계의 중복 생산과 신뢰도 저하, 사회적으로 필요한 통계의 부재 현상이 발생하게 된다.[5] 유럽 국가들은 유럽연합$_{EU}$으로의 통합과 함께 다양하게 존재하던 보건정보체계를 하나로 묶는 작업을 1990년대에 착수하였다.[6] 다양한 건강통계지표를 88가지 요인으로 압축하였고, 이것을 인구학적-사회경제적 요인 14가지, 건강상태 요인 32가지, 건강결정인자 요인 14가지, 보건사업 28가지로 분류하였다. 이 요인들 간의 관계는 다음과 같이 도식화할 수 있다.

건강의 사회적 결정요인$_{social determinants of health}$ 개념을 근거

EU의 건강통계 프레임워크

요인	건강지표
인구학적·사회경제적 요인	우리 삶의 질의 기본 틀을 형성하여 건강에 영향을 주는 요인. 조출생률, 산모의 연령 분포, 합계출산율, 총실업, 빈곤선 이하 인구수 등
건강상태	건강 원인-결과의 관계에서 최종 결과로서 건강. 기대여명, 영아사망률, 암 발생률, 당뇨병, 치매, 우울증, 급성심근경색, 뇌졸중, 천식, 교통사고, 산업재해, 건강수명 등
건강결정인자 요인	건강상태에 직접적인 영향을 미치는 요인. 신장체중비(BMI), 혈압, 매일 흡연자, 위험음주, 과일소비량, 야채소비량, 모유수유, 신체활동, 사회적 지지, 미세먼지 노출 등
보건사업, 의료서비스	공중보건 및 의료정책에 의하여 제공되는 보건의료서비스. 어린이 예방접종률, 노인 독감 예방접종률, 유방암 선별검사율, 대장암 선별검사율, 병상 수, 활동 의사 수, 재원일수, 일반의 이용률, 의약품 복용, 국민의료비, 암 생존율, 급성심근경색, 뇌졸중, 30일 입원사망률 등

출처: EU. Together for Health-A Strategic Approach for EU, 2008-2013. 2007

건강통계 프레임워크 개념도

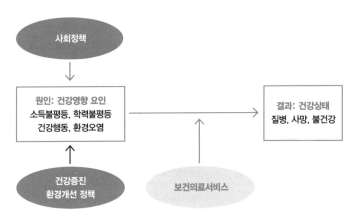

로 할 때 건강은 소득, 학력, 주거와 물리적 환경 조건 등의
영향을 크게 받아 건강을 잃을 수도 있는데 만일 적절한 보
건의료서비스를 받게 되면 이를 완화하거나 위험을 감소
시킬 수 있다. 교육기회 확대나 소득증가 정책 등은 기본
적으로 사회정책의 영역에 속하는 것이지만 궁극적으로는
건강 영역에 미치는 효과가 상당히 큰 것으로 볼 수 있다.
요인별 건강지표의 분포는 다음과 같다.

호주 정부도 건강통계 프레임워크의 기본 틀은 '건강 결
정 요인 ⇒ 건강상태'로 EU의 것과 동일하다. 호주는 통계
프레임워크의 개념 틀을 1단계 하위 수준까지 구성하였다.
즉, 건강상태health status를 건강 조건health condition, 인간 기능human
function, 웰빙, 사망의 네 가지 요소로 설정하였고 여기에 부
합되는 대표적 사례를 통계지표로 포함하였다.

호주의 건강통계 프레임워크

요인	구성 요소	건강지표
건강 결정 요인	사회경제적 요인	저소득층 %, 교육수준
	건강행동	흡연율, 어린이 간접흡연율, 위험음주율, 과일과 야채 소비 부족, 신체 비활동성, 주사기 공유
	생의학적 위험	과체중—비만 %
	환경요인	
건강상태	건강조건	심장마비, 주요 암 발생, 성병 감염율, 말기신장병, 상해—중독 입원, 당뇨병, 어린이 질병
	인간능력	주요 활동 제한
	웰빙	스트레스, 주관적 건강
	사망	영아 및 어린이 사망, 기대여명, 주요 사인, 자살률
보건의료체계	효과성	예방접종률, 임신 3개월 이내 산전 진찰, 암 선별검사율, 예방 가능 입원, 암 생존율, 회피 가능 사망
	안전성	병원치료 부작용, 황색포도상구균 감염, 위해사건, 격리율
	적절성	
	지속성	재입원율
	접근성	수술 대기시간, 응급치료 대기시간
	효율성	의료인력 순증가

이것은 국가 건강정책의 전략을 평가하고 정책 형성의 길잡이 역할을 하게 된다. 예를 들어 사망 요소에는 영유아 사망률, 기대수명, 주요 사망 원인, 자살률의 네 가지 분야 지표들이 포함된다. 이 지표들은 국가 정책적 의미가 크고, 정책의 성과를 높이기 위하여 행동의 변화나 질병 또는 상해 예방, 사회적·물리적 환경 개선, 의학적·기술적 발전의 효과 분석 등을 어떻게 추진해야 하는지에 대한 함의를 담게 된다.

즉 [호주의 건강통계 프레임워크]에 담긴 내용은 호주 정부가 국민건강증진을 위해 어디에 관심을 써야 하고 어떤 전략을 추진해야 할지가 포괄되어 있다고 할 수 있다. 또한 [호주의 건강통계 프레임워크]에는 개념적으로 필요하지만 현재까지 개발된 지표가 없으면 공란으로 남겨 두고 있다. 환경 요인과 적절성의 경우가 여기에 해당한다. 지속성은 1개의 지표만이 제시되었다. 지속성은 질병 치료가 1회적으로 끝나지 않고 필요할 경우 계속 제공되어야 함을 의미한다. 지속성 지표는 향후 추가로 개발되어야 할 지표로 보인다.

우리나라는 정부가 공식적으로 건강통계 프레임워크를 제시한 적이 없다. 통계청이 주관한 학술적인 연구가 시작되었을 뿐이다.[7] 그렇지만 EU나 호주의 사례를 참고하여 대략적인 개념 틀을 생각해 볼 수 있다. 우리나라의 대표적 건강조사인 국민건강영양조사와 지역사회건강조사에는 건강위험 행동과 주요 질병의 유병률을 밝힐 수 있는 음주와 흡연, 영양, 주관적 건강, 만성질환으로 고혈압, 당뇨병, 이상지질혈증, 만성폐쇄성폐질환, 간염, 빈혈, 만성 콩팥병, 뇌졸중, 심근경색 등에 관한 데이터가 포함되어 있다. 또한 예방접종 및 의료 이용 미충족 의료율 지표도 포함되어 있어서 건강영향 요인, 건강상태, 보건의료서비스의 3요인을 구성해 볼 수 있다. 아울러 건강보험심사평가원에서 개발한 '보건의료 질 통계'도 포함시킬 수 있을 것이다.

가상적인 한국의 건강통계 프레임워크

요인	건강지표
건강영향 요인	흡연율, 어린이 간접흡연율, 위험음주율, 과일과 야채 소비율, 신체활동, 비만율, 소득불평등지수, 사회적 지지, PM2.5 초과 횟수
건강상태	고혈압, 당뇨병, 이상지질혈증, 만성폐쇄성폐질환, 간염, 빈혈, 만성콩팥병, 뇌졸중, 심근경색, 스트레스 인지율, 우울감 경험율, 주관적 건강, 영아사망률, 기대여명, 주요 사인, 자살률
보건의료서비스	예방접종률, 암 선별검사율, 암 생존율, 미충족의료율, 급성심근경색 환자 30일 사망률, 당뇨병 입원률, 항생제처방률

즉, 현 단계에서도 상당히 많은 통계지표가 생산되고 있어서 지표체계 구성 자체가 어렵지는 않을 수 있다. 이것을 [가상적인 한국의 건강통계 프레임워크]를 통해 살펴볼 수 있다. 그런데 건강통계 프레임워크를 구성하려면 이것이 왜 필요한지, 그리고 어떤 지표들로 구성할 것인지에 대한 논의와 합의가 필요하다. 통계청은 1970년대부터 '한국의 사회지표'를 개발하여 관리해 오고 있어서 사회통계 프레임워크를 개발하는 세계적 추세를 잘 인식하고 있다.

그런데 건강지표 대부분이 보건복지부와 산하기관에서 생산되고 있다. 보건의료계에서는 의학적 관점을 담아서 미시적 수준의 건강지표를 개발하고 있다. 건강의 사회적 결정 요인 이론에서 정립된 소득과 교육의 불평등에 따른 건강영향이나 지역사회의 연대와 통합 또는 배제와 차별이 미치는 건강영향 등에 대해서는 큰 관심이 없다. 아울러 거시적 수준에서 건강정책을 평가하거나 보건시스템 성과 평가에 필요한 통계 프레임워크 개발에는 상대적으로 관심이 부족한 것으로 보인다.[8]

공동의 대응

현재의 보건정책은 의학 지식과 의료서비스 제공에 한정되어 있는 것처럼 보인다. 그렇다 보니 건강영향이 분명히 있을 것 같은데 보건정책으로는 관심 받지 못하는 경우들이 생겨난다. 예를 들어 미세먼지는 국민적 관심사도 높고, 건강영향도 분명해 보이지만 정부의 소관 부처는 환경부여서 보건정책으로 깊게 다루어지지 못한다. 주거 조건과 근린 환경도 서구에서는 건강에 영향을 미치는 주요 거시적 요인으로 다루고 있는데 우리나라의 경우에는 주택정책에 더 가깝다. 실업률, 대학진학률, 디지털 문해력 같은 지표도 보건정책에서는 다루지 않는다. 그렇다 보니 우리는 보건 또는 건강은 바이러스나 유전자에 의해서 영향 받는 것으로 생각할 뿐이고 우리의 삶의 조건이나 방식, 사회경제적 불평등 같은 요인이 우리의 건강에 지대한 영향을 미친다는 것을 잘 이해하지 못하는 경향이 있다.

그런데 우리의 건강수준을 높이려면 보건의료만 잘해서 될 일은 아니다. 정부의 모든 부처가 협력해서 노력할 때 우리의 건강은 더욱 좋아질 수 있을 것이다. 사회적 갈

등을 해소하고 사회통합을 제고하려는 과업은 개별 정부 부처의 과업이라기보다는 총리실이나 대통령실의 주관하에 전 부처가 합심하여 노력해야 달성할 수 있는 과업이라고 볼 수 있다. 우리의 건강상태 개선도 이와 비슷한 성격을 가진다. 건강은 생물학적 요인은 물론 사회적·경제적·문화적·심령적 요인들이 모두 영향을 미친다. 의료수준이 높아져서 질병 치료를 잘할 수 있는 것도 중요하지만 그것만으로 우리의 신체적·정신적·사회적 웰빙으로서의 건강이 달성될 것으로 보기는 어렵다.

향후 우리가 건강의 향상을 위해 무엇을 할지를 알려 주는 가이드라인으로 통계 프레임워크를 생각해 볼 수 있고, 여기에 거시적인 사회경제적 요인, 문화적 요인들이 영향 요인으로 담겨서 정부 차원의 통합적 접근을 할 수 있는 밑바탕이 될 수 있을 것이다. 또한 개인도 개인위생을 지키는 것 말고도 건전한 삶을 잘 살아가는 것이 건강해지는 길임을 알게 될 것이다. 건강은 의사의 역할만으로 지켜지는 것이 아니다. 개인과 지역사회, 정부와 자발적 조직체들이 함께 노력해야 달성될 수 있다. 건강 문제, 질병 문제에 의료적으로만 접근할 경우 예상치 못한 큰 부작용이 발생할 수도 있다.

예를 들어 1980년대 에이즈라는 새로운 질병이 생겼을 때 정부는 의학적으로만 접근했다. 감염 위험이 높은 사람들에게 강제 검진을 시켜 감염자를 선별하고, 이들의 이동이나 행동을 엄격하게 통제하여 인간 면역결핍 바이러스[HIV] 전파를 차단시켜 에이즈 확산을 방지하려고 했다. 정부의 이러한 노력은 성공하여 우리나라는 세계에서 에이즈 감염이 가장 낮은 나라가 되었다. 그런데 지금도 에이즈는 대중에게 공포의 질병으로 남아 있고, 감염인은 주변 사람들로부터 소외되고 배제되어 사회적으로 고립되고 극심한 스트레스와 우울에 시달린다. 즉 에이즈 질병은 치료하고 예방하였으나 감염인의 정신적 웰빙과 사회적 웰빙은 오히려 퇴보하였고, 국민의 질병 공포감도 낮추지 못하였다.[9]

당초 에이즈 문제에 보건의료적 접근과 함께 사회적·문화적인 접근을 동시에 진행하여 국민에게 적극적으로 홍보하고, 취약 집단에게 사회적 지지를 제공하고, 차별과 낙인 행위를 엄격하게 단속하였다면 이렇게까지 악화되지는 않았을 것이다. 의료적으로는 건강한데 사회적으로는 사망하는 결과를 가져온다면 결코 건강하다고 할 수 없다. 이 사례는 건강을 왜 거시적으로 접근해야 할지, 미시적 생물학적 요인에만 몰입하면 어떤 문제가 생길 수 있는지를 여실하게 보여 준다.

Chapter 02

가장 오래 생生, 존하는 세대

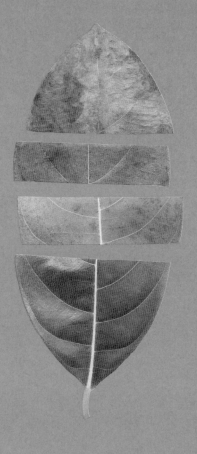

이 장에서는 건강의 의미를 살펴보고, 건강의 핵심적 지표라 할 수 있는 수명에 대하여 알아본다. 현 세대에 지배적 영향력을 갖고 있는 의학적 건강관과 대비하여 전인적 건강 또는 긍정적 건강관에 대하여 알아본다. 아울러 인간의 수명이 길어지게 된 과정을 살펴볼 것이다. 또한 현대사회에서 기대수명만으로는 우리의 건강상태를 제대로 파악하기 어렵기 때문에 건강수명이나 주관적 건강 등의 추가적 지표를 필요로 하게 된 상황을 알아보기로 하자.

건강에 대한 관점

21세기 한국 땅에서 살고 있는 우리는 건강을 어떻게 생각하고 이해할까? 우리한테 친숙한 건강의 정의는 질병과 연관시켜 생각하는 것이다. 우리는 질병이 없으니까 건강하다거나 질병이 있는데도 일상생활을 원만하게 수행할 수 있으면 건강하다고 생각한다. 이것은 아마도 우리의 일상생활에서 의학의 영향력이 매우 커졌기 때문으로 보인다. 의학에서는 신체나 정신이 정상적으로 작동하지 않는 상태를 질병으로 규정한다. 비정상적 작동의 원인은 다양하다.

한 세기 전에 질병은 대부분 박테리아나 바이러스 같은 미생물에 의한 감염으로 발생하였다. 그런데 이제 질병은 당뇨병처럼 신체의 대사 과정에 이상이 생겨서 발생할 수도 있고, 암처럼 세포의 비정상적 성장으로 발생할 수도 있다. 알레르기처럼 감염이 되지 않았음에도 면역반응이 생겨서 발생할 수도 있고, 독극물이나 열에 노출되는 외상으로 인한 질병도 있고, 유전자의 결함으로 인한 질병도 있다. 이러한 병리적 요인은 신체 상태나 환경 조건과 상호작용하면서 질병으로 발전하는데 그 과정은 상당히 복잡하다.

질병의 원인이 다양하고 복잡해질수록 우리는 질병의 위험에 노출될 가능성이 커지는 것으로 볼 수 있고, 그럴수록 우리의 일상, 즉 우리의 의식주나 일거수일투족에서 질병의 가능성을 찾아내는 의학적 관심의 대상이 되어 간다. 그리고 우리는 질병을 예방하려고 위생적 습관을 지키거나 백신을 맞고, 질병을 치료하러 병원에 다니는 것이 우리의 일상적인 과업처럼 되었다. 질병 증상이 나타난 이후에는 물론이고 아무런 증상을 느끼지 못하는 때에도 혹시 나도 모르는 사이에 무슨 병이 자라지나 않을까 걱정하면서 건강검진을 받는 것이 새로운 규범이 되었다. 이 모든 현상은 우리가 건강을 질병과 연관시켜 생각하는 것을 자연스럽게 받아들이도록 만들었다.

물론 건강은 보는 관점에 따라서, 또는 자신이 추구하는 생활의 목표와 삶의 가치에 따라서 얼마든지 다르게 규정될 수 있다. 페미니즘에서는 남성 중심의 가부장적 관점에서 여성의 건강이 왜곡된다고 주장한다. 예를 들어 아프리카에서 가부장제 구조와 가구의 빈곤 때문에 소녀들이 매춘에 내몰리고 그로 인하여 높은 HIV 감염률을 보이는 현상이 나타난다. 이들은 중등학교를 다니는 대신 10대 초중반에 결혼하여 보통 5~6명의 아이를 연속해서 임신, 출산하면서 높은 산모 사망률을 보이는데 이는 불평등한 여성의 지위를 상징적으로 보여 준다. 그래서 젠더 불평등에서 벗어나야 아프리카 여성들이 진정한 건강을 누릴 수 있을 것으로 보인다. 만일 종교인이라면 우리의 삶이 종교가 본래 추구하는 가치에 부합할 때 건강할 것이라 주장할 것이다. 욕망에서 벗어나 심신 일원적이고 자타 일체적인 삶을 추구하기를 강조하는 불교, 몸과 마음을 잘 다스릴 때 건강하다는 유교, 창조주와의 관계를 회복할 때 건강하다는 기독교적 관점은 각 종교가 제시하는 올바른 삶이 곧 건강임을 말해 준다.[1]

결국 건강이란 자신의 삶의 가치와 지향점에 따라서 달리 규정될 수 있다. 당신이 암 환자라면 암세포를 소멸시키는 것이 건강을 되찾는 길일 것이다. 소박한 일상을 사는 사람이라면 몸과 마음이 평안하면 건강하다고 생각할 것이다. 국민의 건강을 걱정하는 보건학자라면 건강수명이나 주관적으로 건강하다고 응답한 비율로서 건강을 규정할 것이다. 건강은 단일적인 개념 규정을 할 수 있는 과학적 현상이 아니라 문화적으로, 사회적으로 가치를 내포한 개념이므로 각자 처한 상황에 따라 수만 가지 개념 규정이 가능할 것이다. 여기서는 주로 보건학적 관점의 건강을 다룰 것이다.

긍정적 그리고 부정적 건강관

의학의 영향력이 크지 않았던 과거에 살던 사람들의 건강관은 우리와 같지 않았을 것이다. 고대 그리스 철학자들은 세상을 구성하는 기본 요소들이 조화를 유지하는 상태를 건강으로 생각했다. 인간의 몸이 네 가지 체액(혈액, 점액, 황담즙, 흑담즙)으로 차 있고, 체액들 사이의 균형이 맞으면 건강한 상태이고, 체액들 사이의 불균형이 있게 되면 병이 생긴다고 생각했다. 이러한 이론이 플라톤Platon 시대에는 개인과 사회의 조화로 발전하였다. 이때에 만들어진 건강한 몸에 건강한 마음이 담긴다는 명제는 몸 내부의 조화, 즉 건강은 몸 외부의 물리적, 사회적 환경과의 조화를 달성할 때 얻어질 수 있는 것을 의미했다.

이러한 조화는 선험적으로 주어지거나 결정된다기보다는 인간의 통제 아래에 있는 것이었다. 데모크리토스Democritus는 건강이 우리가 통제할 수 있는 행동 습관에 달려 있는 것인데 사람들은 신에게 건강을 빈다고 비판하였다. 고대 그리스의 히포크라테스Hippocrates도 몸 내부적 조화(건강)를 환경적 요인(바람, 기온, 물, 흙) 및 생활 습관(식사, 술, 성 행동, 일, 휴식)과의 균형 관계로 파악하였다. 특히 적절한 식사와 운동이 건강에 중요하다고 보았다. 음식을 탐닉하면 이러한 균형을 깨뜨리고 질병을 초래한다고 보았다.[2]

인간의 의지와 역량을 중시한다는 점에서 히포크라테스는 '긍정적 건강관positive health'의 원조라고 할 수 있다. 즉, 건강을 잴 수 있는 자 또는 척도scale가 있다고 가정하고 그 눈금이 +/- 양방향으로 움직인다고 할 때 건강을 질병의 유무로 규정하면 건강이 질병으로 점차 상실된다는 의미로 '부정적 건강관negative health'이라 하고, 반면에 건강을 역량이나 자산 또는 조화로 규정하면 점차 축적되고 통제된다는 의미로 '긍정적 건강관'이라 한다.[3]

젊게 늙는 사회

동양의 전통 사상에서도 우리 몸이 양과 음의 두 요소로 구성되어 있는데 그것들의 조화가 깨질 때 병이 생기는 것으로 생각했다. 건강을 조화로움에서 찾는 경향은 비단 과거에 국한된 것은 아니다. 현대 의학에서도 부분적으로 조화를 중시하는 측면이 있다. 우리 몸을 일종의 항상성_{homeostasis} 체계로 간주하면서 외부에서 병균이 침입하면 이에 대응하여 면역기능이 활성화되어 저항하고, 궁극적으로 몸의 균형을 회복하고 유지하려 한다고 본다. 이처럼 몸을 구성하는 여러 요소의 조화와 균형을 건강으로 생각하는 관점은 역사적으로 뿌리가 깊다.

건강을 인간의 의지적 노력의 산물로 파악하는 현대적 이론으로는 아론 안토노브스키_{Aron Antonovsky}의 건강생성론을 들 수 있다. 1970년대에 이스라엘에서 보건사회학자로서 활동했던 그의 주 관심사는 스트레스가 건강에 어떤 영향을 미치는가였다. 빈민이나 사회적 소수자로 생활하면서 거의 평생 겪게 되는 스트레스는 중산층이 어쩌다가 단기적으로 겪는 생활사건의 스트레스와는 질적으로 다름에 주목하여 만성적 긴장_{strain}이란 용어를 개발하였다. 이들에게 긴장 또는 스트레스는 일회적 사건이 아니라 지속해서 모양을 바꿔 가며 끊임없이 가해 오는 공격과도 같았다. 그런데 의학적 관점에 입각한 기존의 스트레스 연구는 스트레스가 건강에 부정적 영향을 미쳐서 질병 발생으로 귀결될 수 있다는 병리적 결론을 내렸다.

아론 안토노브스키

그런데 안토노브스키는 극심한 빈곤이나 억압적 상황 속에서도 스트레스를 잘 견뎌 내고 건강을 유지하는 사람을 주목하면서 그가 지닌 저항자원이 스트레스의 부정적 영향을 극복하여 건강을 유지하게 만드는 것으로 파악했다. 저항자원에는 돈이나 지식 같은 것도 있고, 자긍심self-esteem이나 자기 정체성, 사회적 지지와 문화적 결속, 종교, 건강행동 등이 해당한다. 주변 사람의 공감하는 눈빛도 이들에게 큰 힘이 될 수 있다. 즉 이런 저항자원들이 작용하여 스트레스 상황을 건강으로 변환시킬 수 있다는 것이다.

원래 몸은 안정된 체계인데 여기에 외부 요인(병균 등)이 침투하거나 생활사건에 의한 스트레스로 몸 체계가 불안정해져 질병 위험에 노출되고, 증상이 심화되면 의료전문가의 도움이 필요하다고 보는 것이 의학적 관점이다. 이에 대응하여 안토노브스키는 원래 세상이 불안정하고 위협적 요소가 어디에나 분포하는 상황에 우리가 존재하고 있고, 우리 몸의 생존을 위해서는 이러한 위협 요소를 극복할 수 있도록 개인과 소그룹, 또는 지역사회 차원의 역량(저항자원)을 함양하는 것이 필요하다고 보는 것이다. 이런 의미에서 그는 자신의 이론을 건강생성론salutogenesis으로 명명하였다.

젊게 늙는 사회

이것은 라틴어로 안전 또는 건강을 의미하는 단수의 'salus' 또는 복수의 'salutes'와 창조를 의미하는 'genesis'의 합성어에 근거한다.

프리드리히 니체

개인의 건강 역량 개념은 앞서서 19세기의 대표적인 철학자였던 프리드리히 니체Friedrich Nietzsche(1844~1900)가 언급한 바 있다. 생生의 철학자로 유명한 니체는 이전 시기에 지배적인 철학적 관심사였던 신 또는 영혼에서 벗어나서 인간의 몸body으로 관심사를 전환하였다. 그는 당시 발전하던 진화생물학에서와 마찬가지로 몸을 유기체로 파악하고 몸은 고정된 것이 아니라 생존을 위하여 환경에 적응해 나가는 존재로 이해했다. 니체는 신체적 건강을 자신의 목표와 욕구를 추구하는 데 필수적인 요소로 생각했다.

평생 질병에 시달렸던 니체는 건강 문제 해결에 관심이 많았다. 그런데 신이 없는 상황에서 인간은 자기 창조적 삶을 추구해야 잘 살 수 있다고 보았다. 자기 창조self-creation란 변화하는 환경 속에서 지속해서 상황을 재규정하는 것을 의미한다. 신체를 둘러싼 사회적 한계와 도덕적 금기에 저항하지 못하고 이를 수용한다면 병이 든 것이고 이를 극복하면 건강한 것으로 규정할 수 있다. 그리고 그러한 한계를 넘어설 수 있는 인간을 초인overman, Übermensch으로 개념화하였다. 각 개인이 처한 상황이 다르므로 각 개인의 건강법도 다를 수 있다. 이성과 합리성을 강조하던 당시 상황에서 니체는 인간의 본능적이고 창조적인 힘이 갖는 위력에 주목하였고 이성과 창조력의 균형을 갖추는 것이 건강한 삶을 사는 데 필수적이라고 보았다.[4]

니체가 살던 시대는 산업혁명으로 도시에 인구가 집중하였는데 주거환경은 매우 열악하였다. 그 결과 콜레라와 황열(감염된 모기에 물리는 바이러스성 질병), 페스트가 유행하고 많은 사람이 사망하였다. 노동자들의 건강 악화와 계급 갈등은 유럽 사회를 매우 혼란스럽게 만들었다. 이에 대응하여 19세기 중반에 위생개혁운동이 일어났다. 당시에는 세균의 존재가 알려지지 않았고 나쁜 공기가 건강을 악화시킨다는 장기설瘴氣說이 넓게 퍼져 있었다. 에드윈 채드윅Edwin Chadwick(1800~1890)이 1842년에 작성한 〈영국 노동자들의 위생 상태에 대한 보고서〉는 당시 상황을 잘 보여 준다. 장기설을 믿는 개혁가들은 나쁜 공기를 없애기 위하여 주거 공간 개선, 상하수도 설치, 산업 환경 개선 등에 주력하였다.

사회의학의 탄생

보건전문가가 아닌 행정가들이 위생개혁을 주도한 이유는 위생 상태를 개선하지 않고는 더 이상의 자본주의와 시장경제의 발전이 어렵다는 것을 깨달았기 때문이었다. 사회경제적 발전이 뒤늦었던 독일에 서는 사정이 달랐다. 독일 의사 루돌프 피르호Rudolf Virchow(1821~1902)는 사회적, 환경적 요인에 의하여 질병이 발생한다고 주장하였다. 그는 1848 년에 발생한 독일 실레지아 지방의 장티푸스 유행을 연구하여 빈곤과 거주 환경을 원인으로 파악하였다.

루돌프 피르호

그래서 의학은 장티푸스 감염을 밝히는 생물학적 의학이면서 동시에 그 예방을 위해서는 빈곤 문제에 효과적으로 대응하는 사회과학이어야 한다고 주장하였다.[5]

이러한 의학은 이후 '사회의학social medicine'이라 불렸다. 사회의학은 한 세기 후에 건강의 사회적 결정론social determinants of health과 건강증진이론으로 재발견되었다. 19세기 위생개혁운동 또는 사회의학운동의 공헌은 비위생적인 사회적 환경과 물리적 환경은 구조적 문제이며 이를 방치할 경우 궁극적으로 질병 또는 불건강을 초래하게 된다는 점을 사회구성원들이 인식하게 만든 점이다. 역으로 당시 발전하던 임상의학은 불건강(건강하지는 않지만 아직 병이 아닌 상태와 질병 상태를 포괄하는 개념)의 구조적 원인은 제쳐 두고 그 결과인 질병 치료에만 몰두하였는데 당시 사회개혁가들은 건강을 논하려면 질병 발생 이전의 구조적 원인에 주목해야 한다고 역설하였다. 당장 질병에 걸리지 않았더라도 구조적인 보건위생 문제가 장기적으로 건강위험을 악화시킬 수 있는 것이다. 이러한 인식의 결과 20세기 들어와 공중보건학이 발전하면서 단순히 질병이 없는 것보다 그 이상의 건강위험 관리 역량 측면에서 건강 개념을 규정하게 된 것이다.

유럽의 사회의학은 다분히 국가가 주도하여 국민의 건강을 관리한다는 국가주의 방식으로 전개되었다. 위생개혁 사상은 미국에도 전파되었지만 미국의 상황은 유럽과 달랐다. 당시 미국은 산업혁명이 늦게 진행되었기 때문에 그로 인한 도시화와 위생 악화 문제가 덜 심각하였다. 또한 중앙집권화된 국가의 힘이 약했고 개인의 자유를 중시하였기 때문에 국가가 주도하는 위생개혁보다는 개인 또는 지역사회와 단체가 위생개혁에 자발적으로 참여하거나 개인을 건강 지향적으로 교화시키는 보건교육이 활성화되었다.

유럽의 위생개혁은 장기설이 시사하듯이 가시적인 오물과 냄새를 깨끗하게 정화하는 방식으로 진행됐는데 국가는 이러한 정책을 일종의 문명화 과정으로 간주하였다. 비위생적 환경에서 거주할 수밖에 없던 저소득층은 덜 문명화된 집단이었고 국가가 주도한 위생개혁운동을 통하여 개화된다는 것이었다. 반면 미국에서의 위생개혁은 세균의 존재가 알려진 이후에 진행되었다. 세균은 보통 사람의 눈에는 보이지 않는 미세한 존재였고 그러한 세균이 어떻게 개인에게 감염되고 전파되는지를 알리고 이를 방지하도록 개인의 위생 습관을 교육시키는 것이 중요해졌다. 각급 학

교에서 보건교육을 실시하게 되었고, 보건체조와 운동습관도 널리 보급되었다.[6]

이러한 분위기 속에서 건강의 개념도 개인의 역량 측면에서 규정되기 시작하였다. 하버드대학 위생공학 교수였고 하버드 보건대학원의 설립자였던 조지 C. 휘플George C. Whippl(1878~1976)은 1916년에 "건강은 질병의 부재 그 이상이다. 건강은 긍정적인 것이고, 체격과 활력을 포함하고, 육체적일 뿐만 아니라 정신적이기도 하다"[7]고 언급하였다. 또한 스위스 출신 의사이며 의사학자였던 앙리 시게리스트Henry Sigerist(1891~1957)는 1937년에 소련의 의료제도를 연구하면서 "이 사회에서 건강은 질병의 부재 그 이상의 것이다. 건강은 긍정적이며, 삶에 대하여 즐거운 태도를 의미한다"라고 언급하였다.[8]

신체-정신-사회를 포괄하는 전인적 건강

근대의학이 19세기 말부터 발전하여 미생물 감염 중심의 질병 발생 기전과 치료법 개발에 관심을 집중시키면서 '부정적 건강관'을 발전시켜 온 반면, 보건학계에서는 임상의학 주류보다는 사회의학의 관점을 수용하면서 건강을 개인과 환경과의 관계 측면에서 규정하고 불건강한 위험인자를 극복할 수 있는 개인의 역량으로 개념화했다. 세계보건기구WHO: World Health Organization가 1948년에 창립총회를 개최하면서 건강을 '단순히 질병이 없는 상태가 아니라 신체적, 정신적, 사회적으로 완전한 안녕 상태'로 개념을 정의하였다. 이것은 갑자기 만들어지지 않았다. 긍정적 건강 개념의 계보는 19세기 유럽과 20세기 미국 사회의 여러 부문에서 발전하였고, 그것이 집대성되어 표현된 것으로 볼 수 있다.

WHO의 건강 정의는 지금까지도 널리 알려져 있고, 이후 개발되는 새로운 건강 개념의 시금석처럼 인식되고 있다. 임상의학과 달리 건강을 긍정적으로 개념화시킨다는 점과 신체, 정신, 사회의 조화를 강조한다는 점에서 매우 포괄적인 개념이라는 특징이 있다. 그런데 건강을 실천할 주체가 우리 자신으로 설정되기까지는 더 많은 시간이 필요했다. WHO의 포괄적이고 긍정적인 건강 개념이 선언되는 것과는 별개로 1950년대에 임상의학은 역사적인 발전을 이룩하였다. 항생제 발견 이후로 질병 치료 능력은 획기적으로 향상되었고, 그에 따라 의사에 대한 신뢰도 최고조로 높아졌다. 그래서 인류의 건강은 의사가 주관하고 의사의 처분에 따라 좌우된다는 인식이 만들어졌다.

사회학에서도 역사상 가장 성공한 직업군으로 의사를 주목하고 연구하기에 바빴다. 1970년대가 되어서야 비로소 환자와 시민이 스스로 자기 몸을 관리하는 주체가 되어야 한다는 생각이 등장했다. 그 시금석은 여성주의자들이었다. 여성의 몸을 의사가 아닌 여성 스스로 관리하여 건강을 찾자는 'Our Bodies, Ourselves' 운동은 단순히 여성들이 가부장적 체제에서 벗어나자는 의미 이상으로 다가왔다. 만성질환 시대에 제도화된 의료가 우리의 건강을 담보하지 못한다는 인식이 처음으로 생겨난 것이다.[9] 이와 함께 '건강증진'이란 개념이 구체화하기 시작하였다.

우리나라는 이러한 세계적 흐름에서도 한 세대 늦게 건강증진에 관심을 갖게 되었다. 1980년대는 무의촌無醫村 해결에 주력하였을 뿐이고, 1990년대에는 질병 치료 해결을 위하여 건강보험제도를 만드는 데 주력하였다. 2000년대 이후에야 건강증진을 위한 금연 사업이 이루어졌고, 운동과 신체활동이 보편화되면서 신체적 웰빙을 경험하게 되었다. 10여 년 전부터 스트레스와 우울감이 우리의 일상에서 정신건강을 위협하는 주요 문제로 부각하였고 그에 대응한 치료 체계 정비나 진단 검사가 보편화되었다. 그런데 사회적 건강은 아직도 틀을 잡지 못하고 있다. 집단따돌림과 학교폭력 문제나 질병(예: 정신질환) 차별과 학력 차별 문제, 사회적 재난 희생자들에게 공감과 위로가 크게 부족한 상황은 사회적 건강을 위협하는 것으로 볼 수 있는데 우리는 제대로 된 대응과 제도적인 해결책을 제시하지 못하고 있다.

만일 완전한 신체적·정신적·사회적 웰빙을 건강이라고 한다면 우리는 상당히 건강하지 못한 상태에 있다고 할 수 있다. 하지만 이러한 해석은 너무 경직된 것이라고 생각된다. '완전한 웰빙 상태'로서의 건강은 그 상태가 아니면 전혀 건강하지 않다는 식의 개념이라기보다는 점차 달성해

가는 목표라고 볼 수 있다. 이보다 더 중요한 요소는 신체-정신-사회를 두루 포괄하여 전인적인 건강holistic health을 지향한다는 점이다. 미시적 수준에서 질병 치료를 잘하는 것만으로는 건강의 목표를 달성하기에 부족하다.

특히 사람들 사이의 원만한 관계를 의미하는 사회적 건강은 사회통합 차원에서도 중요한 정책과제로 다뤄야 할 필요가 있다. 유럽 일부 국가에서 행복부를 설치하여 국민의 행복감을 높이도록 국가의 여러 정책을 총괄적으로 조정하고 추진하는 사례를 생각할 때 건강 또한 단순히 보건복지부의 소관 사항이 아니라 적어도 총리실에서 대응하고 추진해야 할 총괄적 정책과제라고 할 수 있다. WHO의 건강 개념이 정밀한 측정이 어렵다거나 너무 이상적인 기준이라서 달성이 어렵고 현실성이 부족하다는 등의 비판이 있지만 긍정적 건강관의 대표적 개념으로의 가치는 부정하기 어렵다.[10]

의료의 과잉성장과 의료사회학의 저성장

니체는 우리 몸을 병들게 만드는 원인을 사회적, 도덕적 요인에서 찾았다. 사회의학에서는 사회경제적 요인이 불건강을 초래한다고 파악하였다. 이러한 관념은 보건학에서 발전한 '건강의 사회적 결정 요인social determinants of health' 개념과 일맥상통한다. WHO에 의하면 건강의 사회적 결정 요인이

젊게 늙는 사회

란 건강 성과_{health outcome} 도출에 영향을 미치는 비의학적 요인을 의미한다.

즉 건강은 바이러스나 박테리아 감염 같은 생물학적 요인이 미치는 영향력 이상으로 수입 같은 사회경제적 지위, 교육수준, 이웃과 근린 환경, 고용 상태와 직업 안정성, 사회적 지지망, 의료 접근성 같은 사회적 요인들이 영향을 미친다는 것이다. 사회경제적 지위나 환경적 여건이 삶의 기회를 제약하는 구조적 조건들이고 우리의 건강은 사실상 구조적으로 결정되는 것으로 볼 수 있다.

한 예로 상위계급 출신은 하위계급 출신보다 수명이 길다. 이러한 구조적 여건에 굴복하게 되면 결국 질병 또는 불건강으로 귀결된다. 그런데 불건강을 유발하는 사회적 영향을 감소시킬 수 있는 사회정책이 실행되거나 개인의 건강증진 노력이 이루어지면 구조적 영향을 상당 부분 완충시킬 수 있다. 예를 들어 교육수준이 낮은 사람들이 주로 취업하는 공장이나 작업장에서 작업 과정에서의 위험 요소를 밝히고 제거하기 위한 산업안전 체계를 강화함으로써 작업장에서의 초과사망을 감소시킬 수 있을 것이다.

대부분의 선진국은 건강증진의 정책 목표를 설정하여 추진하고 있다. 미국의 경우 'Healthy People 2030'이란 정책 목표를 설정하고 있고 그 세부 내용이 미국 보건부_{US Department of Health and Human Services}의 'Healthy People 2030' 홈페이지에 수록되어 있다. 미국 정부는 사회적 결정 요인으로 경제적 안정성, 교육 접근성, 의료 접근성, 근린 환경, 지역사회 맥락 등 5개 영역을 제시하였고 경제적 안정성 영역 안에 빈곤율 감소, 취업률 증가 등의 경제정책과 함께 취업에 영향을 줄 수 있는 관절염을 앓는 성인 비율 감소, 수입의 30% 이상을 주거비로 사용하는 가구의 감소, 음식 부족 및 결식 가구의 감소, 산업재해로 인한 무노동 감소 같은 관련 보건정책 목표도 정립하였다.

이 중 산업재해로 인한 무노동은 2017년 정책 수립 당시 노동자 1만 명당 89.4건이었는데 2021년에 73.2로 감소하였고, 2030년에 63.8에 도달하는 것을 정책 목표로 삼고 있다. 우리나라도 국민건강증진종합계획을 세우고 'Health Plan 2030'을 제시하고 있는데 원래 의미의 구조적 수준의 사회적 결정인자들은 대부분 제외되어 있고 흡연 등 건강 행태 수준 지표들만 포함되어 있다. 즉 우리의 보건정책은 의료 중심의 관행을 벗어나지 못하고 있다고 할 수 있다.

이처럼 사회적으로는 생의 철학이나 건강의 사회적 결정 이론이 제대로 조명 받지 못하는 상황에서는 미생물의 영향을 중요하게 생각하는 의학적 관점이 위력적일 수밖에 없다. 2021년에 전 국민이 보건의료에 사용한 비용인 경상 의료비는 약 180조 원으로 국내총생산GDP의 약 8.8%로 추계되었다. 이것은 GDP 대비 국방비가 2.7%, 공교육비가 5.3%인 것과 비교할 때 매우 큰 규모임을 알 수 있다. 130만 명의 의료 인력과 10만 개의 의료 기관이 전국에 분포되어 국민의 질병을 관리하고 있다. 의학적 담론이 일상에서 지배적 지위를 가질 수 있는 물리적 토대가 만들어져 있는 것이다. 그 대척점에 있는 사회적 건강이론을 실천할 수 있는 제도적 기반이 사실상 부재한다.

미국은 2021년에 GDP의 약 18.3%를 의료비에 사용할 정도로 미국 사회에서 의료는 큰 산업이다. 그렇지만 미국에서는 앞서 언급한 것처럼 의료와 건강에 대한 대안적 담론이 확립되어 있고, 건강의 사회적 결정 요인을 보건정책으로 추진하고 있다. 반면 우리나라에서 의료는 과잉성장하였으나 보건학과 의료인문학 또는 의료사회학은 저성장하였고 그 결과 대안적 건강 담론은 사회적 관심을 받지 못하는 실정이다. 그렇지만 사회적 건강이론의 중요성을 무시할 수는 없다. 건강의 향상에는 분명히 '사회'와 '개인'의 노력이 함께 작용하기 때문이다. 뒤에 소개할 건강지표들은 이것을 잘 보여 준다.

압축 기대수명

대부분의 사람들은 오래 살기를 소망한다. 조선시대만 해도 기대수명은 30세를 넘기 어려웠고, 어려서 죽지 않고 살아남은 경우에도 60세를 넘기기 어려웠다. 그래서 환갑까지 살면 동네잔치를 열고 사람들이 모여서 축하했다. 그런데 이제는 백세시대가 되었다. 환갑잔치나 칠순잔치도 번

거룹다며 건너뛰는 것이 요즈음 분위기이다. 90세 넘어서
까지 사는 사람이 흔하다.

　한국을 압축성장의 사회라고 한다. 서구 국가들이 수
백 년에 걸쳐서 이룩한 경제발전을 수십 년 만에 달성하면
서 얻은 놀라움의 표현이다. 그런데 한국은 경제만이 아니
라 수명도 압축성장을 했다. 1900년에 한국인의 수명은 23
세로 미국이나 독일 같은 선진국 국민의 기대수명에 비하
면 절반에 불과했다. 경제개발이 시작되기 직전인 1960년
에 한국인의 기대수명은 52.4세였다. 당시 미국 69.8세, 독
일 69.1세로 한국은 무려 17년이나 뒤졌다. 2000년이 되어

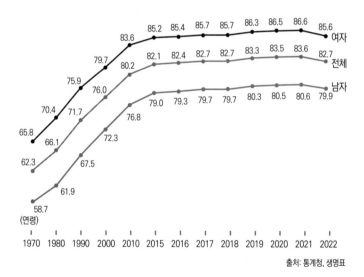

성별 기대수명

출처: 통계청, 생명표

　　　　　　　　　　　　젊게 늙는 사회

OECD 주요 국가의 연도별 기대수명

	1960	1970	1980	1990	2000	2010	2020	2022
오스트리아	68.7	70.1	72.7	75.8	78.3	80.7	81.3	81.1
체코	70.7	69.6	70.4	71.5	75.1	77.7	78.3	79.1
덴마크	72.4	73.3	74.2	74.9	76.9	79.3	81.6	81.3
프랑스	70.3	72.2	74.3	77.0	79.2	81.9	82.3	82.3
독일	69.1	70.6	72.9	77.4	78.3	80.5	81.1	80.7
이탈리아	–	–	74.0	77.1	79.9	82.2	82.3	83.0
일본	67.8	72.0	76.1	78.9	81.2	82.9	84.6	–
한국	–	62.3	66.1	71.7	76.0	80.2	83.5	–
스웨덴	73.1	74.7	75.8	77.7	79.8	81.6	82.4	83.1
스위스	71.4	73.2	75.7	77.5	80.0	82.7	83.1	83.5
영국	70.8	71.9	73.6	75.7	77.8	80.4	80.4	–
미국	69.7	70.8	73.7	75.4	76.8	78.7	77.0	–
브라질	52.7	58.9	61.3	65.9	69.5	72.9	75.3	72.8
칠레	57.3	62.3	69.1	73.4	76.4	78.7	80.8	81.2
러시아	66.2	68.3	67.2	69.0	65.7	69.0	–	–

출처: OECD, OECD Health Statistics

서야 한국은 비로소 미국, 독일과 비슷해진다. 그리고 미국은 2004년에, 독일은 2011년에 추월한다. 2021년에는 일본(84.5세), 스위스(83.9세) 다음으로 한국은 기대수명이 83.6세로 OECD 3위에 올랐다. 이제 한국인은 세계에서 수명이 가장 긴 나라들의 반열에 올라섰다. 선진국들은 최근에 몇 년씩 기대수명이 정체 상태에 있거나 매년 0.1년 정도 미미하게 증가하는 예도 많은데 한국은 기대수명이 매년 꾸준하게 상승하면서 선진국 평균 수준을 넘어섰다.

그런데 수명은 어떻게 결정되는 것일까? 어떻게 하면 수명을 늘릴 수 있을까? 과거에는 수명이 개인의 운에 달린 것으로 생각했다. 조선시대에도 몇몇 사람들은 장수했다. 영조가 82세까지 살았고, 성리학의 대가이자 문신이었던 송시열이 83세까지 살았다. 그는 정치적 이유로 사약을 받고 죽었는데 만일 정상적인 노후를 지냈다면 그의 수명은 더 늘어났을 것이다. 당시 양반계급으로 물질적 풍요를 누리던 사람들도 대다수는 환갑 전후로 죽었기 때문에 장수는 행운으로 여겨질 수밖에 없었다.

장수 연구는 장수인이 많아진 요즈음에 본격적으로 진행되었다. 최근 일부 학자와 언론이 '장수인'을 찾아 그들이 무엇을 먹고 어떻게 일상을 사는지를 파악하여 장수의 비결을 찾고자 하였다. 그래서 얻은 지식이 금연과 절주, 활동적이고 사교적인 생활, 규칙적 식사와 충분한 수면 같은 것들이었다.[11] 만일 이러한 발견을 일반화할 수 있다면 이렇게 '바른 생활'을 하면 장수할 가능성이 높아질 것이라 추측해 볼 수 있다.

미국에도 오래된 수명 연구 프로젝트가 있다. 스탠퍼드 대학 심리학자였던 루이스 터먼Lewis Terman(1877~1956)은 1910년부터 1,500명의 남녀를 선발하여 그들의 평생 삶을 추적하면서 성격과 수명의 관계를 연구하였다. 터먼 본인은 1956년에 죽었으나 후배 학자들이 프로젝트를 이어받아 80년 동안 연구를 계속해 나갔다. 그 결과를 보면 통상적인 보건학-의학에서의 건강 요인으로 꼽는 것들과 달랐다.

예를 들어 금연, 절식, 체중 조절, 신체활동, 수면 등은 건강을 유지하는 데 중요한 요소로 알려져 있다. 그런데 터먼 연구에서 밝혀진 것은 이런 요인들의 수명 효과는 없거나 불확실했다. 장수인에게 중요한 덕목은 성실하게 살고 좋아하는 일을 하면서 성취하는 것, 주변의 지지를 받고 안정적인 사회적 관계를 만드는 것이 중요하였다.[12] 아마도 심리학자들이 사회적 성격을 강조한 연구 결과로 보인다.

그런데 보건학적 관점에서는 개인적 특성보다는 사회구조적 특성에 더 관심을 둔다. 역사적으로 인간의 수명이 증가하게 된 것이 사회구조의 변화와 맞물려 있기 때문이다. 호모 사피엔스가 대략 50만 년 전부터 지구상에 존재했는데 대부분 기간 기대수명은 30세를 넘기 어려웠던 것으로 보인다. 당시에 기대수명이 짧았던 이유는 농업 생산기술이 저급하여 만성적인 식량 부족이 초래되었고, 그로 인하여 사람들의 영양 상태가 나빴다. 위생 상태도 좋지 못하여 대규모 전염병 발생이 잦았던 것도 사망률이 높았던 이유 중 하나였다.

식량의 생산 능력이 발전하지 않아서 소출량이 많지 않았고 더욱이 신분사회에서 식량 배분이 불평등하게 이루어지면서 농민들의 고통이 가중된 것도 불건강의 주요 원인이었을 것이다. 그러던 것이 19세기 이후에 인간의 수명이 획기적으로 향상되기 시작하였다.[13] 산업혁명을 통해서 생산력 수준이 높아지고 그 결과 생활환경이 개선되어 삶의 질이 높아지면서 비로소 인간의 기대수명이 증가할 수 있었다.

수명이 길어지려면 일차적으로 사망률이 낮아져야 한다. 역사적으로는 19세기를 지나면서 사망을 통제할 수 있는 과학적 역량이 만들어졌다. 한 예로 비위생적 출산 환경 때문에 산모와 신생아가 많이 죽었다. 산모 사망을 유발하는 원인으로는 패혈증sepsis, 출혈hemorrhage, 자간증 또는 임신중독증eclampsia 등이 있었다. 그런데 19세기가 되면 국가가 주도하여 조산사를 양성하여 배치하면서 임신과 출산 환경이 개선되기 시작하였다. 또한 세균에 의한 감염 과정을 알게 되면서 위생 장갑을 착용하고 기구를 소독하고 항생제를 사용하면서 감염으로 인한 문제를 해결할 수 있게 되었다.

게다가 임신 기간 동안 태아의 발육상태와 산모의 이상 여부를 점검하는 산전 검진antenatal care 제도가 만들어졌고, 출산 과정이 순조롭지 않으면 제왕절개술을 시행하게 되었다. 이렇게 임신과 출산 과정이 면밀하게 모니터링되고 위험이 발생하면 효과적으로 대응할 수 있게 되었다.[14] 20세기 초까지 서구 국가들은 출생아 10만 명당 산모 사망자 수, 즉 모성 사망비maternal mortality ratio가 500~1,000명에 달하였으나 1930년대부터 여러 대응책이 작동하면서 모성 사망은 급격하게 감소하였다.

전염병에 대해서도 효과적 대응법이 적용되기 시작하였다. 의사학자醫史學者 토마스 맥커운Thomas McKeown(1912~1988)에 의하면 1851~1860년대와 1891~1900년대 사이에 결핵 사망률이 47.2% 감소하였고, 장티푸스 22.9%, 홍역 20.3%, 이질·설사병·콜레라 8.9%, 천연두 6.1%가 감소하였는데 이것은 생활수준의 향상, 특히 영양 공급의 개선과 위생 개선이 질병의 치명력(어떤 질병 감염자 중에서 사망한 사람의 비율) 감소에 영향을 미친 것으로 추산하였다.[15]

과거에 운명적으로 받아들이던 건강 문제와 보건 문제들이 삶의 질 개선과 함께 기술적 대응이 이루어지면서 통제할 수 있게 된 것이다. 그 결과 사망률은 감소하고, 기대수명은 증가할 수 있었다. 한국은 서구에 비하여 근대화와 경제발전이 늦었던 관계로 사망률 감소와 수명 증가도 뒤늦게 발생한 것으로 볼 수 있다.

수명의 증가는 인구의 건강상태에 따라 구체적 추동 요인이 달라진다. 지금 현재 살고 있는 사람은 19세기에 살던 사람과는 건강상태의 구조가 다르다. 가공식품의 섭취가 많아지고 좌식 생활이 증가하면서 새로운 건강위험을 초래하고 있는데 이것은 19세기 사람들은 전혀 경험하지 못하던 요인들이다. 암, 심장질환과 뇌혈관질환, 치매 등이 주요 사인이 되고 있어서 감염병이 주요 사인이던 시대와는 건강 구조가 완전히 다르다. 따라서 최근의 수명 증가는 의료기술의 고도화와 의료비 지출 증가, 금연과 절주 같은 건강행동의 개선, 교육과 소득 개선 같은 사회경제적 조건의 개선에 힘입은 바 크다고 한다.[16]

사회적 불평등과 기대수명의 관계

그러면 기대수명의 정확한 의미는 무엇일까? 2022년 통계청 생명표에 따르면 남자의 기대수명은 79.9세이고 여자는 85.6세였다. 이 통계의 의미는 2022년에 태어난 아이가 그만큼 오래 살 수 있을 것으로 기대되는 확률이다. 기대수명은 말 그대로 여러 관련 요인의 관계를 통계적으로 계산한 기댓값이기 때문에 기대수명이 미래에 그대로 실현되지 않을 수도 있다. 의학적 발전이 예상보다 빨라서 조기에 암 예방 백신이 발명된다면 수명은 더 늘어날 수도 있다.

예를 들어 2022년에 출생한 아이가 암으로 사망할 확률은 18.1%로 추산되었다. 그런데 암 치료법이 개발되어 암이 제거된다면 그의 수명은 3.1년 증가하게 된다. 반면 2022년에 제대로 예측하기 어려웠던 기후변화가 심화하면서 코로나19가 발생한 것처럼 새로운 치명적 감염병이 증가하거나 온열질환이 증가하면 우리의 수명은 일정 부분 감소하게 될 것이다.

1960년에 태어난 베이비붐 세대는 우리나라가 전 세계에서 가장 가난한 나라였던 때에 태어났다. 그 당시 기대수명은 남자 52.4세, 여자 53.7세였다. 즉 기대수명이 환갑을 맞기에도 모자랐다. 그런데 이들이 60세가 되어 퇴직한 시점인 2020년에 이들의 기대여명은 남자 23.4세, 여자 28.2세였다. 즉 60세까지 살아남은 베이비붐 세대는 20년 이상 더 살 수 있게 된 것이다. 이들은 한국이 경제적으로나 사회적으로 발전하던 시대에 살았고, 삶의 기회가 질적으로 향상된 상황 덕분에 태어났을 때의 예측보다 수명이 상당히 길어진 것으로 생각된다.

반대의 상황을 보여 주는 것이 아프리카의 경우이다. 사하라 이남의 동아프리카 지역은 에이즈로 인한 사망이 많아서 인구가 감소하였다. 특히 에이즈 유병률이 10%가 넘는 13개국은 1980년대와 1990년대에 인구의 기대수명이 64세에서 47세로 낮아졌다.[17] 아프리카 국가들이 에이즈에 취약한 이유는 일차적으로 중혼적 성관계concurrency가 허용되고 '건조한 성관계dry-sex(성관계 시 여성의 질 분비액이 나오는데 이를 건조시키는 용액을 사용하거나 천으로 닦아 낸 후에 건조한 상태로 성관계를 하는 것을 의미함. 이럴 경우 남성은 더 큰 쾌감을 느낀다고 함. 하지만 여성들은 피부 마찰로 상처가 생겨 감염에 취약해질 수 있음)'를 즐기는 문화적 관행으로 인하여 HIV 감염 위험이 크고, 복잡한 성관계 네트워크를 타고 HIV 전파가 쉽다는 점을 들 수 있다.

아프리카 지역이 전반적으로 빈곤 수준이 높고, 더욱이 여성의 낮은 지위로 인하여 어린 여성들이 성매매에 내몰리면서 결과적으로 젊은 여성들의 HIV 감염율이 매우 높은 점이 특기할 만하다.[18] 여기에 더해 정부의 역량 부족으로 에이즈 예방과 치료에 투입할 보건 예산이 부족하여 효과적인 에이즈 정책을 시행하기 어려운 점이 복합적으로 작용하면서 결국 에이즈로 인한 초과사망이 폭발적으로 증가하였고, 아프리카 지역의 기대수명이 감소하는 재난적 상황이 초래되었다.

그런데 잘사는 나라에서도 기대수명이 감소할 수 있다. 미국의 경우가 그러하다. 미국은 자타가 공인하는 세계 최강의 경제 대국이다. 그런데 대부분의 서부 유럽 선진국의 기대수명이 80세를 넘고 있는데 미국은 현재 76세에 불과하다. 더욱이 최근 들어 조금씩 감소하는 추세를 보여 준다. 2014년에 78.9세이던 것이 2020년 77세, 2021년 76.4세로 감소하였다. 이러한 수명 감소의 원인은 당뇨병과 간질환 같은 만성질환에 의한 사망이 많아졌기 때문으로 특히 지역적으로 남부와 중서부 지역에서의 초과사망이 문제인 것으로 알려졌다.[19] 이 지역이 상대적으로 저발전되고 빈곤가구가 많은 점과 관련이 있어 보인다.

미국인의 건강상태가 상대적으로 나쁜 것은 부분적으로는 과거의 높은 흡연율이나 과식과 비만 같은 행태적 요인의 영향으로 인식되고 있으나 보다 근본적인 요인은 미국 사회에 내재한 불평등과 사회정책의 부실에서 찾을 수 있다. 예를 들어 미국에서는 최상층 여성에 비하여 최하층 여성이 에이즈로 사망할 가능성이 14배 많다고 한다. 또한 살인으로 사망할 가능성은 최상층 청년보다 최하층 청년이 9배가 크다고 한다. 미국 사회에 뿌리 깊은 사회적 불평등이 존재하는 점, 그리고 그 악영향을 완화할 수 있는 보육과 교육정책, 노동정책, 주거정책이 미흡한 점이 궁극적

으로 미국인의 건강역량을 무너뜨리고 기대수명을 낮추는 것으로 볼 수 있다.[20]

우리나라도 2022년에 기대수명이 전년에 비해 약 0.9세 낮아졌다. 2022년의 기대수명은 남자가 79.9년, 여자가 85.6년으로 전년 대비 남자는 0.8년, 여자는 1.0년 감소하였다. 기대수명의 감소는 1970년 이래 처음 발생한 사건이다. 그 주된 이유는 코로나19의 대유행에 따른 사망률 증가 때문으로 추정된다. 2022년의 주요 사인별 인구 10만 명당 사망률은 암 162.7, 심장질환 65.8에 이어 코로나19는 61.0을 기록하였다. 즉 코로나19의 사망률이 매우 높았다. 만일 코로나19가 발생하지 않았고, 그로 인한 사망이 없었다면 기대수명의 하락도 없었을 것이다.

지난 50여 년 동안 한국인의 기대수명이 획기적으로 높아진 것은 사회경제적 발전을 위한 국민의 단합된 노력과 성장의 과실이 비교적 공평하게 분배된 점에 기인하는 것으로 볼 수 있다. 그렇지만 앞으로의 추세가 지금과 같을 것으로 기대할 수 있을지는 불확실하다. 갈수록 물질적 성취를 둘러싼 경쟁이 격화되고, 그럴수록 사회적 불평등도 심화하는 상황이기 때문에 그럴수록 국민의 건강역량은 위축되고 기대수명은 더 이상 증가하지 않을 수도 있다. 더불어서 국민 개인의 건강을 위한 노력도 고려해야 한다.

구조적 요인의 영향력이 크더라도 개인의 자율적 선택에 의한 건강증진의 효과도 무시할 수 없다. 우리가 무엇을 먹고, 어떤 생활습관을 갖고, 얼마나 활동하면서 사는가에 따라 건강상태는 계속해서 변화하고 궁극적으로 죽음으로 귀결된다. 일찍 죽거나 오래 사는 것은 타고난 유전적 소인도 부분적으로 작용하지만 개인의 삶의 방식은 더 중요하게 작용한다. 다만 집안 배경이나 학력, 직업 같은 개인의 사회경제적 지위가 다르다면 삶의 방식에 대한 선택 범위는 다를 수 있다.

생의 마지막 10년은 아픈 채로

기대수명은 우리가 얼마나 오래 살 수 있을지 간단명료하게 보여 주는 장점이 있다. 그렇지만 그 삶의 질에 대해서는 제대로 알려 주지 않는다. 노인들의 경우 장기간에 걸쳐서 와병 상태로 지내는 경우가 적지 않다. 특히 치매 환자의 경우 증상이 심화하면 가족과의 교류도 단절되고 식사를 챙기거나 목욕을 하는 것 같은 일상적 활동도 스스로 해결하지 못한 채 삶의 질은 최저로 떨어지지만 그 상태로 10여 년씩 장기간 생존하기도 한다. 이런 모습의 장수는 우리가 기대하는 것이 아닐 것이다. 그래서 삶의 질을 고려한 장수의 지표가 필요해졌다. 여기서 기대수명에서 질병과 장애의 기간을 제외한 기간을 건강수명으로 개념화하게 되었다. 건강수명 통계가 필요해진 것은 우리의 삶에서 건강하지 못한 기간이 급격히 증가했기 때문이다.

과거에는 수명이 짧았고, 당시 주요 사인이었던 전염병 또는 급성질환은 그 특성상 질병에 걸려서 증상이 나타나고 사망에 이르기까지 수일 이내에 생사가 결판났다. 건강이 나빠지면 곧바로 죽음에 이르렀기 때문에 수명은 곧 건강상태를 나타내는 지표였다. 그런데 현재는 수명 증가와 인구 노령화에 따라 만성질환이 증가하고 있고, 정신-신체 활동 능력의 감소로 인한 장기요양 수요가 증가하였다. 만성질환은 그 특성상 원인이 불명확하고, 치료 효과도 제한적이어서 완치되기 어렵고, 악화를 예방하는 방식의 치료법이 적용되면서 장기간에 걸쳐 유병 상태가 지속된다. 즉 우리의 수명은 길어졌으나 와병 상태나 의존 상태로 장기간 생존하게 된 것이다. 따라서 인구의 건강성 척도로서 기대수명이 갖는 한계를 보완해 줄 방법이 필요해졌고 건강수명 개념이 등장하게 되었다.

WHO가 측정한 한국의 건강수명을 살펴보면 2000년에 67.4세이던 것이 꾸준히 증가하여 2019년에 73.1세가 되었다. 같은 해 일본의 건강수명은 74.1세, 독일 70.9세, 프랑스 72.1세, 영국 70.1세, 미국 66.1세 등으로 건강수명의 측면에서도 한국인의 건강상태는 다른 선진국 국민과 비교해서 양호한 편으로 볼 수 있다. 2019년의 건강수명은 기대수명 83.3세보다 10.2세 짧다. 즉 기대수명 83.3세 중에서 약 10년간 유병 기간을 보내는 것이다. 남녀 간 건강수명의 차이는 2000년에 4.8세이던 것이 2019년에는 3.4세로 감소하였다. 2019년 남녀 간 기대수명의 차이가 6세인 점을 고려할 때 건강수명의 남녀 격차는 상대적으로 작은 것을 알 수 있다. 이것은 여성의 유병 기간이 길어서 생긴 현상이다.

기대수명과 건강수명의 차이, 즉 질병과 장애 유병 기간은 남자가 7.4세, 여자 10세로 여자의 질병-장애 기간이 더 길었다. 여자는 남자보다 수명이 길지만 유병 기간도 더 길다. 양로원이나 노인요양원에 가 보면 할머니 입소자들이 할아버지보다 훨씬 많은 것을 목격할 수 있다. 이것은 여성의 수명이 긴 만큼 유병 기간도 긴 통계치의 현실을 보여주는 장면이라고 볼 수 있다.

우리의 인생행로에서 약 8분의 1의 기간이 정상적 활동이 어려운 유병 기간이라는 사실은 보건학적으로는 물

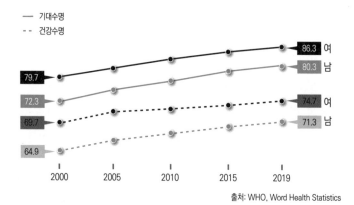

한국의 기대수명과 건강수명

— 기대수명
-- 건강수명

79.7 / 86.3 여
80.3 남
72.3 / 74.7 여
69.7 / 71.3 남
64.9

2000 2005 2010 2015 2019

출처: WHO, Word Health Statistics

젊게 늙는 사회

론 사회경제적으로도 심대한 의미를 내포하고 있다. 즉 매년 수십만의 노인이 환자가 되거나 요양원에 입소해야 해서 상당한 규모의 의료비와 장기요양 비용이 필요하게 된다. 노년기에 질병과 장애로 인하여 혼자서는 생활하기 어려운 사회적 의존 상태에 들어가게 될 때 누가 이들을 돌보아야 할지도 사회적 과제가 된다. 경제활동에 바쁜 자식 세대가 부모를 돌보는 데는 한계가 있으므로 사회적 돌봄 체계가 필요하다.

그런데 요양원 등 시설에서 병약한 노인들의 돌봄을 담당하는 것이 보편적 방식이기는 하지만 이것은 노인을 사회로부터 격리하는 의미도 있는 관계로 지역사회의 다양한 돌봄 주체를 개발하여 가능한 한 지역사회 내에서 돌봄 체계를 유지하는 방안을 모색할 필요가 있다. 질병과 장애는 당사자를 차츰차츰 사회로부터 격리시킨다. 투병 기간이 길어지면 친구도 없어지고, 가족 친지와의 관계 유지도 힘들어지게 된다.

어느 세대에서나 사람들은 사회적 고립에 처하면 그 사회에 대하여 폭력적 대응을 하거나 자살을 시도하는 등의 방식으로 고립을 종식하려고 한다. 사회적 경쟁이 극심한 한국 사회에서 병약한 노인은 가장 경쟁력이 약한 집단이고 그에 따라 그들에 대한 사회적 관심은 미약할 수밖에 없다. 인생행로의 마지막 8분의 1을 신체적으로 병약해진 상태에 처하면서 동시에 사회적으로 무관심한 대상으로 바

뛸 수도 있다는 예측을 하는 것 자체가 불행한 일이다. 건강수명의 의미와 그에 따른 개인적, 사회적 성찰이 필요한 시점이다.

주관적 건강의 중요성과 함정

건강상태는 어떻게 파악할까? 보통은 병원에 가서 의사의 진찰을 받고 필요한 검사를 거쳐서 현재 질병이 있는지 또는 앞으로 질병으로 발전할 위험이 있는지를 판정받는다. 증상이 복잡하면 질병명을 판별하는 데 오랜 시간이 필요하고 여러 검사와 관찰 기간이 필요할 수도 있다. 의학적 진단 과정은 정확하지만, 시간과 비용이 많이 소요된다. 환자가 아닌 보통 사람을 대상으로 건강상태를 파악할 때 사용하는 방법이 주관적 건강법이다. '요즈음 당신의 건강은 어떠합니까?'라는 식의 질문에 '매우 좋다', '좋은 편이다', '보통이다', '나쁜 편이다', '매우 나쁘다'의 다섯 단계로 구분해서 응답받는 것이다. 당사자가 자기 몸 상태를 주관적으로 판단해서 결정하는 방법이므로 주관적 건강self-rated health 이라 한다.

통계청 사회조사에서 측정한 주관적 건강의 추이를 보면, 다음 그림과 같다. 자신의 건강을 양호하다고 생각하는 사람의 비율이 지난 15년간 45~55%에서 등락을 거듭하였다. 기대수명이 꾸준히 상승해 온 점과는 달리 주관적으

주관적 건강상태 분포(좋음과 매우 좋음)

(%)

성별 분포

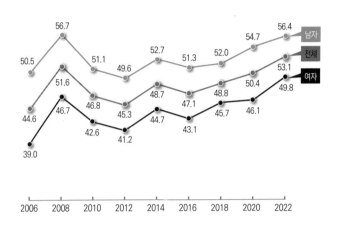

연령별 분포

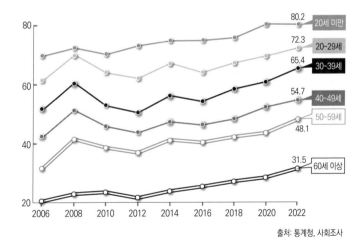

출처: 통계청, 사회조사

로 인식하는 건강상태는 큰 변화가 없었다. 자신의 건강을 양호하다고 생각하는 사람이 절반 정도에 그친다는 것은 좋은 성과라고 하기는 어렵다. 여자가 남자보다 주관적 건강상태 양호 백분율이 낮은 점도 주목된다. 여성이 남성보다 질병 증상을 더 많이 인지할 수도 있고, 건강 악화에 대한 우려가 더 클 수도 있다.

연령 집단별로는 20대에서 자신의 건강상태를 양호하다고 인식하는 비율이 가장 높게 나타나고 나이가 들수록 낮아진다. 어느 연도에서나 20대까지의 주관적 건강상태는 60%대에 분포하지만 30대만 되어도 50%대로 하락한다. 이후 10세가 올라가면 10%씩 감소하는 경향을 보여 60대 이상은 건강 양호자가 불과 20% 수준이다. 이러한 모습은 한편으로는 나이가 들수록 질병 증상이 증가하니까 당연한 결과라고 생각되기도 하지만 동시에 대다수 사람이 사회활동을 잘하고 있는 점을 고려할 때 한국인들이 과도하게 건강 불안감을 느끼는 것은 아닐지 의구심도 든다.

주관적 건강의 개념은 1950년대부터 발전해 왔다. 사회학자들은 설문조사 문항의 형식을 사용하여 주관적 건강을 측정하였다. 주관적 건강은 측정이 간단해서 사회조사에서 손쉽게 사용할 수 있는 장점이 있다. 그런데 주관적 건강이 의사가 진단한 객관적 건강을 대체할 수 있을 정도로 신뢰할 만한지는 처음부터 논란이 있었다.[21] 하지만 주관적 건강 질문에서 '나쁘다'고 응답한 사람들이 이후 유의하게 높은 사망률을 보인다는 것이 여러 연구에서 확인되었다.[22] 현재 국제적으로 사회조사와 건강조사에서 주관적 건강을 질문하는 것이 보편화되었다.

우리나라에서도 국민건강영양조사, 사회조사, 의료서비스경험조사 등에서 주관적 건강을 질문하여 측정하고 있다. 그런데 주관적 건강의 문항 구조나 조사 방식에서 차이가 있고, 결과적으로 얻은 주관적 건강통계치에도 상당한 차이가 있었다.[23] 외국의 건강조사에서 사용되는 주관적 건강 질문을 국내 연구자들이 편의대로 사용해 왔는데 결과적으로 조사 결과에 큰 편차를 발생시키고 있다. 주관적 건강 문항이 갖는 중요성을 고려할 때 질문 문안 및 조사 방식을 표준화하는 것이 시급한 실정이다.

객관적 건강과 주관적 건강은 측정하는 방식이 다르지만 상관성이 높아서 주관적 건강을 노인층 등 특정 인구집단은 물론 전체 인구의 건강상태를 나타내는 지표로 사용할 수 있다는 연구들이 보고되었다.[24] OECD에서는 삶의 질 지표Better Life Index를 중시하는데, 주관적 건강이 양호한 응답

통계조사별 주관적 건강 측정 결과

통계조사	조사연도	주관적 건강 좋음 이상 (%)
국민건강영양조사	2019	33.9
의료서비스경험조사	2019	68.9
사회조사	2020	49.6

의 백분율이 크면 한 국가의 웰빙 수준도 높다는 것을 가리키는 지표로 사용되고 있다. 그만큼 주관적 건강이 통계지표로서의 신뢰도가 확립되었음을 말해 준다.

OECD 국가들의 기대수명(객관적 건강)과 주관적 건강을 나타낸 표를 보면, 기대수명이 81세 이상 되는 국가들, 즉 오스트리아, 벨기에, 캐나다, 덴마크, 핀란드, 프랑스, 아일랜드, 이탈리아, 네덜란드, 뉴질랜드, 스페인, 스웨덴, 스위스, 튀르키예, 미국 등은 주관적 건강 좋음의 수준이 64% 이상으로 상당히 양호하다. 반면 기대수명이 80세 미만인 에스토니아, 라트비아, 리투아니아, 포르투갈 등은 주관적 건강 좋음의 수준이 50%대 또는 그 이하에 머물러 있다.

그런데 우리나라는 기대수명은 전 세계에서 최고 수준(83.6세)인데 주관적 건강에 대해 좋다고 응답한 비율은 52.4%에 불과하다. 즉 우리나라 사람들이 상대적으로 건강 불안감을 많이 느끼는 것 같다. 미국은 우리와 상황이 정반대이다. 미국의 기대수명은 76.4세로 선진국 그룹 중에서는 가장 낮은 편에 속한다. 그런데 주관적 건강에 대한 평가로 '좋음'은 86.4%로 세계 최고 수준이다.

사람들이 자신의 주관적 건강상태를 평가할 때 질병 증상 유무 이외에도 여러 조건을 고려한다. 예를 들어 여성일 경우 남성보다 주관적 건강을 나쁘게 평가하는 경향이 있다.[25] 질병 증상 이외에 가장 큰 영향을 주는 것은 물질적 요인이었다.[26] 경제적으로 풍요로움을 느끼면 주관적 건강

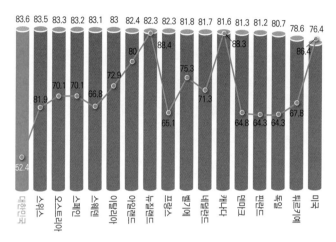

OECD 국가의 기대수명과 주관적 건강
(2022년)

기대수명(연령)

주관적 건강 좋음(%)

	대한민국	스위스	오스트리아	스페인	스웨덴	이탈리아	아일랜드	뉴질랜드	프랑스	빨기에	네덜란드	캐나다	덴마크	핀란드	독일	튀르키예	미국
기대수명	83.6	83.5	83.3	83.2	83.1	83	82.4	82.3	82.3	81.8	81.7	81.6	81.3	81.2	80.7	78.6	76.4
주관적 건강	52.4	81.9	70.1	70.1	66.8	72.9	80	88.4	65.1	75.3	71.3	88.3	64.8	64.3	64.3	67.8	86.4

출처: OECD, OECD Health Statistics 2023

을 더 양호하게 평가하는 경향이 있다는 것이다. 아마도 미국인들이 그런 사례로 생각된다. 그렇지만 집단 특성에 따라서는 비물질적 요소가 주관적 건강 인식에 중요하게 작용할 수도 있다.[27]

영국 공무원의 건강 데이터British Whitehall II와 프랑스 노동자들의 건강 코호트 데이터French Gazel를 비교한 결과 비교적 안정된 영국의 공무원 사무직 종사자들의 주관적 건강 인식에 가장 큰 영향을 미치는 요인은 증상 존재 여부, 질병

결근, 만성질환 유무 등 객관적 건강 요인들이었다. 반면 육체노동에 종사하는 프랑스 근로자들의 주관적 건강 인식은 신체적 피로감, 1년간 경험한 건강 문제 개수, 신체적 이동 능력 등의 영향이 컸다. 특히 여성 근로자에게는 '삶에 낙이 없어졌다'라는 등의 정서적 반응emotional reaction이 중요하게 작용하였다. 반면 남성 근로자에게는 직무 만족도가 중요하게 작용하였다. 영국 공무원들에게는 질병 관련 지표들이 주관적 건강 인식에 절대적인 영향을 미치는 데 반하여 프랑스 노동자들에게는 노동으로 인한 피로감과 직무 만족, 정서적 불안감 같은 신체적, 정서적 요인들이 상대적으로 크게 작용한 것을 알 수 있다.

생의학적 요인이 주관적 건강에 영향을 미치는 것은 대부분의 관련 연구에서 확인된다. 그리고 집단 특성에 따라서 사회심리적 요인 등이 부가적으로 영향을 미치는 것이다. 한국의 당뇨병 환자를 대상으로 한 연구에서도 비만이나 당뇨병 치료 경력 등 생의학적 요인 이외에 잦은 생활사건의 발생과 그로 인한 스트레스가 주관적 건강을 나쁘게 인식하게 만드는 주요인으로 밝혀졌다.[28]

주관적 건강의 영향 요인은 다양하다. 질병 증상 유무나 신체적 기능의 수준, 건강 행동, 의료 이용, 사회활동 직무 만족 등 사회 관계적 요인, 사회적 지지 등 심리-정서적 요인, 물질적 요인, 주거, 고용, 소득, 교육, 종교 등이 주관적 건강에 영향을 미친다고 알려져 있다. 결국 현재의 삶이 두루 만족스러우면 주관적 건강도 좋게 평가될 가능성이 높다. 증상이 존재하여도 일상생활과 사회적 역할 수행에 큰 불편을 초래하지 않는다면 주관적 건강이 나쁘게 인식되지 않을 가능성이 크다. 반면 질병으로 생활에 제약받는 상황에서 직장이 불안정해지거나 주변 사람과의 관계가 소원해지거나 일하는 자체가 신체적으로 힘들면 주관적 건강은 나쁘게 평가될 가능성이 커진다.

주관적 건강을 나쁘게 인식하면 그에 대응하여 의료 이용이 증가할 가능성이 커진다. 만성질환 유무보다 주관적 건강이 병원 입원이나 전문의 이용을 더 잘 설명한다는 연구도 있다.[29] 대개의 선진국에서는 의료서비스를 이용할 때 개인의 자의적 판단에 의한 이용을 억제하는 제도적 기전을 갖추고 있음에도 주관적 건강이 의료 이용을 부추긴다는 연구 결과는 주목할 필요가 있다. 우리나라는 잘 갖춰진 건강보험제도가 의료 이용을 억제하는 기전을 취약하게 하는 요소로 작용한다. 그 결과 통계적으로 보면 국민의 평균 외래진료 횟수가 OECD 평균의 두 배에 달할 정도이다. 이렇게 의료제도의 취약성과 함께 낮은 수준의 주관적 건강 인식이 상호작용하면서 의료 이용 횟수를 크게 부풀리는 것으로 볼 수 있다. 더욱이 의료 이용을 많이 할수록 자신의 건강을 더 나쁘게 판단할 가능성도 커지는 악순환에 놓이게 된다.[30]

건강한 출산보다 출산율?

우리나라는 출생 문제와 관련해서 사회적 관심이 온통 낮은 출산율에 쏠려 있다. 반면 얼마나 건강한 임신과 출산이 이루어지는지에 대해서는 관심이 낮다. 출산 관련 건강 지표로는 모성사망비와 영아사망률이 대표적이다. 모성사망비는 출생아 10만 명당 사망한 산모의 수를 의미한다. 인구당 산모 사망자 수를 계산한 모성사망률과 유사한 개념이지만 분모가 서로 다르다. 2021년 OECD 평균이 13.0명인데 우리나라는 8.8명으로 낮은 편이다. 그런데 콜롬비아(83.2), 멕시코(58.6), 코스타리카(40.5) 같은 남미 국가들과 라트비아(34.6), 헝가리(25.8) 같은 동유럽 국가들의 매우 높은 모성사망비 통계 때문에 평균이 다소 부풀려졌다.

이들 국가를 제외하면 유럽 국가들은 모성사망비가 보통 3~4명 수준인 것과 비교할 때 우리나라는 상대적으로 높은 편이다. 그나마 2011년의 17.2에서 많이 감소한 상태이다. 덴마크나 룩셈부르크 같은 나라는 모성 사망비가 0으로 죽은 산모가 한 명도 없는 점을 고려할 때 우리나라는 출산 과정에 커다란 위험 요소가 잠재하는 듯 보인다. 산모의 나이가 많아질수록 모성 사망의 위험이 커지는데 현재의 늦은 혼인과 늦은 출산 경향이 산모의 건강 악화에 이바지하는 것 같다. 또한 출산 수가 급격하게 감소하면서 출산이 가능한 병원도 감소하여 일부 지역은 산부인과 병원이 아예 존재하지 않는 점도 원인으로 꼽히고 있다.

총 출생아 1,000명 중 1년 이내 사망한 영아 수를 영아 사망률이라 한다. 2021년 OECD 국가의 영아사망률 평균이 3.9명인데 한국은 2.4명으로 낮은 편이다. 서유럽이나 북유럽 국가와 유사한 수준이다. 영아사망률은 오랫동안 공중보건과 사회정책의 주요 관심사였다. 영아사망률이 높다는 것은 위생, 보건의료, 영양, 교육 등 인간의 기본적인 욕구가 제대로 충족되지 않아서 발생하는 것이기 때문이다.

아프리카 국가의 영아사망률은 약 50으로 우리나라의 25배 수준이다. 아프리카 국가들은 아직도 기본적인 식량 공급이나 위생 여건, 필수적인 의료서비스 공급, 주거환경 등 모든 측면에서 열악한 상태이다. 그나마 국제적 원조가 집중되면서 영아사망률의 경우 2010년에 66이던 것이 2021년에 50으로 감소하였다. 하지만 진료소를 세우고 약품과 장비를 지원하여도 거주하는 마을에서 진료소까지 도로 상태가 열악하고 교통수단도 비싸서 의료 접근성이 낮은 것이 현실이다. 의료진이 부족하고, 산전 진찰도 충실하지 않으며, 그 과정에서 위험 요인이 발견된 경우에도 우리처럼 출산 예정일을 잡아 미리 병원에 입원하여 제왕절개 시술을 하는 경우는 매우 드물다.

이상적으로는 임신 4주 이내에 첫 산전 진찰을 받아야 하고, 임신 28주까지는 4주에 한 번, 다음 8주 동안은 2~3주에 한 번, 그리고 이후 출산 때까지는 매주 받아 총 12회

모성사망비와 영아사망률

출처: 통계청, 사망원인통계조사

가 권고된다. 그런데 아프리카 주민의 주거, 경제, 교통 여건을 고려하면 산전 진찰을 2~3회 받는 것도 쉽지 않다. 영아사망률의 수준은 한 국가의 사회경제적 수준과 보건의료의 양과 질의 수준을 잘 보여 주는 지표이므로 보건학에서는 매우 중요하게 다룬다.

웰빙, 건강과 행복

한 세대 전만 해도 GDP가 국정의 목표가 되다시피 했다. GDP가 올라가면 우리의 삶의 수준도 높아진다고 생각했다. 1970년대에는 GDP 1,000달러 달성이 국가적 과제였고, 국민도 소득증가에 따라 대학 교육기회도 많아지고, 식생활도 바뀌었던 것을 체감하였다. 그런데 이제 GDP가 우리의 삶의 조건을 구체적으로 나타내 주지 못한다는 인식이 생겨났다. 국가적으로 경제적 성과가 좋아져도 개인의 삶이 개선됐다고 느끼기 어려운 상황이 만들어질 수 있게 된 것이다. 예를 들어 부의 불평등이 깊어진 상황에서 경제성장의 과실은 일부 상위층에 대부분 돌아갈 수 있다. 따라서 GDP는 높아져도 하위층은 자신들의 삶이 개선되었다고 느끼기 어렵다.

경제성장은 에너지 소비를 증가시켜 기후 위기의 요인이 되고 대기와 수질을 악화시킬 수 있다. 뿐만 아니라 구성원 간 과도한 경쟁을 유발하여 사회적 연대를 파괴하고 사회적 고립을 심화시키며 경쟁 탈락자들을 자살로 이끌 수 있다. 그래서 이제는 노벨경제학상 수상자인 조지프 스티글리츠Joseph Stiglitz(1943~) 같은 이들이 앞장서서 GDP 대신 웰빙을 제안하고 있다.[31] 웰빙의 사전적 의미는 건강하고 행복함을 느끼는 상태이다. 즉 단순히 신체적 건강이나 정신적 안식을 넘어서 행복함을 느끼는 상태라고 볼 수 있다. 경제적, 물질적 요소는 물론 신체적, 정신적, 정서적, 사회적, 직업적, 환경적으로 평안하고 행복한 상태를 의미한다.

OECD는 경제협력을 목표로 만들어진 국제기구인데, 이제는 웰빙의 전도사가 되었다. OECD는 삶의 질 지표를 개발하고 회원국들이 각 지표별로 어느 정도 성취를 올렸

한국과 OECD 삶의 질 지표 비교

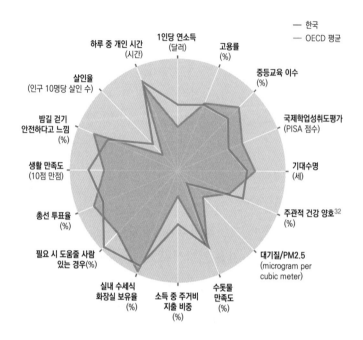

는지를 비교하여 순위를 매기고 있다. 그리고 삶의 질 지표 체계의 이름을 '더 나은 삶을 위한 지표Better Life Index'라고 명명하였다.[33] OECD의 삶의 질 지표는 수입과 자산, 직업, 주거, 건강, 교육, 환경의 질, 생활 만족도, 안전, 일과 생활 균형, 사회적 연결망, 시민 참여 등의 항목으로 구성되어 있다. 한국은 교육, 건강, 시민 참여 부문에서 높은 점수를 받고 있고, 환경, 사회적 연결망, 삶의 만족도에서 낮은 점수를 받았다.

젊게 늙는 사회

지금까지 수명은 주로 건강이나 질병 같은 보건의료적 측면에서 규정되었다. 그런데 이제는 단순히 수명이 긴 것이 축복이라 하기 어려운 상황이 되었다. 따라서 오래 살되 행복한 삶이 새로운 삶의 지표가 되고 있다.

Chapter 03

노쇠하는 청靑, 년기의 몸

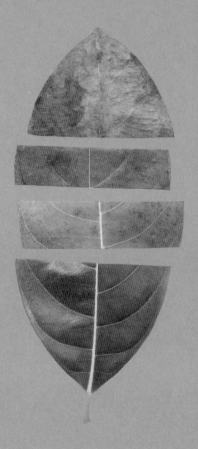

이 장의 핵심 주제는 건강한 습관 기르기, 즉 건강증진이다. 음주와 흡연, 식습관과 신체활동 습관을 잘 만들고 실천하는 것이 건강증진의 지름길이다. 하지만 젊은 세대의 활동들은 불건강한 모습을 보일 때가 많다. 이러한 불건강 습관과 행동이 단지 개인의 잘못된 선택 때문인지 아니면 사회구조적 환경의 산물인지에 대한 논란을 알아보기로 하자.

불건강할 자유를 허용하는 사회

우리의 건강 구조는 고정된 것이 아니다. 우리가 어떤 환경 속에서 무엇을 먹고 어떻게 사는가에 따라 건강위험 요소도 달라지고 건강 대응 역량도 변화한다. 1800년경에는 전염병이 빈발하고 많은 사람이 죽었다. 1900년경에는 전염병이 여전히 빈발했으나 위생개혁운동 덕분에 도로와 주거 환경, 식수와 오·폐수가 관리되기 시작하면서 전염병 발생을 통제하는 계기를 맞았다. 또한 근대의학이 발전하면서 개인위생 수칙이 만들어지고 실천되기 시작하였다. 2000년경에는 만성질환이 주요한 건강 문제가 되었다. 박테리아나 바이러스보다는 생활습관이 건강위험을 초래하는 원인으로 간주되었고 생활습관을 개선하고 건강행동을 추구하는 건강증진이 주요한 건강법으로 등장하였다.

지금은 암, 심장병, 당뇨병 같은 병들이 우리의 주요한 건강 문제가 되었지만 한 세기 전만 해도 콜레라나 장티푸스로 죽는 사람이 다수였다. 건강 문제의 구조가 바뀌면서 대응 방법도 변화하였다. 흡연의 경우가 대표적이다. 지금은 흡연이 암을 비롯한 여러 질병의 원인이 된다는 것을 우리 대부분이 알고 있으나 흡연의 위험성이 인식되기 시작한 것은 1950년대이다. 그전까지 흡연은 멋스러움을 나타내는 문화적 표상이기도 했고, 친구들과 우정을 나누는 사회적 교류의 매개체였으며, 고단한 노동시간 중간에 짧은 휴식을 도와주는 위안처이기도 했다. 흡연의 위험성을 발견한 최초의 의학적 연구가 이루어지고 한 세대가 지나지 않아서 흡연은 만병의 근원처럼 인식되어 세계 각국이 국가정책으로 흡연을 규제하기 시작하였다.

20세기 초반 박테리아 등 미생물에 의한 감염이 주요 건강위험이었을 때는, 이를 예방하거나 치료하는 것은 의사의 몫이었다. 따라서 의사의 지시를 잘 따르고 치료를 잘 받는 것이 건강해지는 길이었다. 미국의 유명한 사회학자 탤컷 파슨스Talcott Parsons(1902~1979)는 병 역할sick role이란 개념으로 이런 상황을 정리하였다. 사회통합에 관심이 많았던 파슨스는 병이 나서 자신의 업무를 수행하지 못하는 상태가 되면 궁극적으로 사회통합을 저해하기 때문에 빨리 병이 낫도록 노력해야 하며, 그러려면 의사에게 복종해야 한다는 의미를 담아서 병 역할을 개념화했다.

그런데 만성병 시대가 된 지금에는 병이 진단될 때까지 기다리면 안 된다. 대개의 만성병은 일단 발병하면 잘 치유되지 않기 때문에 평생을 안고 살아가기 마련이다. 따라서

탤컷 파슨스

지금은 발병 이전에 내 몸을 잘 다스려서 미리 예방하는 것이 최선의 방책이다. 그런데 만성병의 원인은 뚜렷하게 밝혀진 것이 없고 생활습관과의 연관성이 높다는 것 정도만 알려져 있다. 습관을 바꾸는 주체는

젊게 늙는 사회

의사가 아니며, 나 자신이 오로지 감당해야 할 몫이다. 건강증진은 나의 생활습관을 건강 지향적으로 바꾸는 전략을 의미한다.

미국의 유명한 록펠러 재단 총재였던 존 놀즈John H. Knowles(1926~1979)는 1978년에 출판한《더 잘 치료하지만, 더 아프다고 느낀다Doing Better and Feeling Worse》라는 책에서 "우리는 건강하게 태어나지만 잘못된 습관과 환경 조건 때문에 병이 든다"라고 주장하였다. 미국 사회가 너무 많이 먹고, 너무 취하고, 너무 빨리 운전하고, 섹스를 너무 많이 하고, 담배를 너무 많이 피워서 건강이 악화된다고 역설하였다. 놀즈의 주장은 건강증진 담론이 형성되기 이전에 이루어진 것인데 문제의 핵심을 잘 지적한 것으로 보인다.

시장의 자유를 근간으로 하는 미국 사회에서 '불건강할 자유'가 폭넓게 용인되고 있다는 것이다. 음식, 술, 자동차, 섹스, 담배는 대부분 거대 산업에서 상품으로 만들어 내는 것들이고 이것을 마음껏 소비하는 것이 자유시장 경제체제에 살고 있는 사람들의 의무이자 권리이다. 그 제품에 내재한 건강위험은 간과되기 일쑤이다. 오랜 기간《뉴욕타임스》에 건강 관련 칼럼을 기고했던 제인 브로디Jane E. Brody(1941~)는 "인간 행동을 변화시키려면 지성적인 (건강증진) 메시지를 계속 반복해서 내보내고 주변의 압력과 인정으로 건강행동을 강화하고, 가능한 한 짧은 시간에 구체적으로 실현되는 보상책을 확립해야 한다. 광고회사가 이것을 알아야 하는데 현실적으로는 건강을 광고하는 것보다 방향제나 자동차 같은 상품을 파는 것이 더 쉽다."[1]라고 하였다.

생의학적 관점에서 불건강의 원인을 개인의 건강행동에서 찾는 것은 개인이 그러한 행동을 자발적으로 선택했고 또 교정하고 개선할 책임도 있다고 가정하는 것이다. 그런데 사회학적으로는 개인의 건강행동도 사회구조의 영향을 받아서 만들어진다고 본다. 그런데 개인과 사회경제 구조를 연결하는 중간 단계로 계급적 생활습관 개념을 도입할 수 있다. 프랑스 사회학자 브루디외Bourdieu(1930~2002)는 음식이나 운동 취향 같은 소비생활이 계급적 정체성을 은연중에 나타낸다고 파악했다. 즉 이러한 계급적 성향은 오랫동안 계급적 생활을 유지하면서 형성된 것으로 일종의 문화적 취향 같은 형태로 계급과 가족 성원에게 전수된다.

미국의 사회학자 몰본Mollborn은 유치원 아동들을 대상으로 식이, 수면, 간접흡연, 안전, 폭력 등 5가지 영역의 건강행동 실태를 조사했고, 그 결과를 사회경제적 지위와 연관시켜 분석하였다.[2] 그 결과 5개의 잠재적 그룹이 드러났는데 모든 건강위험에서 안전한 그룹(1)과 중간 수준 그룹(2), 그리고 식품-폭력-흡연 불안전 그룹(3), 영양-수면 불안전 그룹(4), 안전 위험 그룹(5) 등으로 구분되었다. 아울러 가족의 사회경제적 (계급) 지위가 높을수록 안전 그룹에 포함되는 경향이 있음을 확인하였다. 즉 건강 생활습관 health lifestyle은 부모 또는 계급적 지위의 소산일 수 있다는 것이다. 또한 5가지 건강 습관은 상호 관련성이 높고, 안전 그룹은 모든 건강행동이 양호한 모습을 보였다. 즉 건강행동은 순전히 개인의 선택으로 보기 어렵고, 개인에게 건강 지향적으로 행동하도록 모든 책임을 지우기도 어렵다는 것이다.

생활습관이 정말로 질병과 사망의 원인일까? 한 미국 연구진이 1977년에서 1993년 사이에 작성된 미국인 사망 관련 연구논문과 정부의 생정통계보고서, 모니터링 데이터 등을 종합하고 영향 요인을 추정한 결과 총 106만 사망자의 실제 사망 원인은 흡연(40만 명), 식이(30만 명), 음주(10만 명), 미생물(9만 명), 중독(6만 명), 총기(3.5만 명). 성관계(3만 명), 자동차(2.5만 명), 약품(2만 명) 등이었다.[3] 흡연과 식이 및 음주 등 건강 습관이 사망에 미치는 영향이 크다는 것을 알 수 있다.

보건학에서는 일반적으로 유전적 소인, 사회적 여건, 자연환경, 인간 행동, 의료 등이 건강에 영향을 미친다고 본다. 그런데 보건정책 전문가들은 질병의 실제 원인과 의료비 지출이 극도로 불균형하다고 지적한다. [사망의 영향 요인과 비율] 도표에서 보듯이 사망의 영향 요인 중에서 흡연 등 인간 행동이 미치는 영향의 크기는 약 40%다. 의료의 질을 높여서 해결할 수 있는 사망은 약 10% 정도라고 한다.[4] 그런데 의료비의 95%는 질병 치료에 사용되고 예방에 투입되는 재원은 5% 미만이다. 생활습관을 개선하기 위한 건

사망의 영향 요인과 비율

출처: McGinnis and Foege, 1993

강증진 정책, 자연환경을 개선하기 위한 환경정책, 사회적 여건 개선을 위한 사회정책에 더 많은 관심과 재원 배분이 필요하다는 것이다.

건강증진은 한편으로는 생활습관 개선에 노력하고, 다른 한편 교육제도나 직업 안정성 같은 사회적 여건과 대기와 수질 같은 자연환경 구조를 개선하려는 노력이 필요하다. 즉 개인과 지역사회, 국가가 힘을 합쳐 건강을 통제할 수 있게 만들어서 궁극적으로 우리의 웰빙 수준을 높이도록 만드는 것을 의미한다.

피해자 탓하기

건강증진은 단순히 개인이 노력한다고 되는 것이 아니라

젊게 늙는 사회

사회 전체의 유기적 협력으로 달성될 수 있다. 1986년 캐나다 수도 오타와에 전 세계 보건 관계자들이 모여서 건강증진 헌장('오타와 헌장')을 선포하였다. 여기서 도출된 건강증진의 원리에 의하면 첫째, 개인은 건강행동을 효과적으로 추구할 수 있는 기량personal skills을 갖추어야 한다. 모든 사람에게 건강 정보를 제공하고, 보건교육을 실시하며, 건강증진 실천 기량을 배양해야 한다.

둘째, 지역사회 주민이 합심해서 참여해야 한다. 지역사회는 우리가 일상생활을 살아가는 공간이므로 지역사회가 생태적, 환경적, 물리적, 사회적으로 내재된 건강위험을 발견하여 제거할 수 있도록 지역사회 스스로 결정하고, 계획하고, 실천할 수 있어야 한다. 그러려면 지역사회의 역량이 강화되어야 한다.

셋째, 건강증진 활동이 더욱 수월하게 이루어지도록 제도적 환경이 구축되어야 한다. 즉, 모든 공공정책이 건강 지향성을 갖도록 그 내용을 구성하고 검토할 필요가 있고, 또 금연구역 설정이나 담배 값 인상처럼 정책 수단을 활용하여 건강을 증진할 수 있는 환경을 조성하는 것을 의미한다.

넷째, 보건의료 체계가 건강증진 활동과 연계되어 작동할 수 있도록 재구조화될 필요도 있다. 보건의료기관이 임상서비스만을 제공하는 수준을 넘어서 주민의 건강증진을 위한 활동에 함께 나서도록 비전과 역할을 조정해야 한다.

건강증진은 혼자 하는 것이 아니라 주위 사람과 함께 하는 것이고 제도적 뒷받침 위에서 진행될 수 있는 것이다. 금연 사업을 예로 들면 흡연자 개인이 금연하겠다는 의지를 갖도록 동기화하는 것도 필요하지만 동시에 학교나 기업, 보건소와 병원이 함께 노력하고 지원해야 효과가 좋아진다. 아울러 금연 구역을 설정하고 담뱃값을 인상하는 등의 제도적 규제책이 시행될 때 금연 효과는 배가 된다.

건강증진 헌장은 또한 건강증진 활동의 방향으로 선도하기advocate, 역량 키우기enable, 중재하기mediate의 세 가지 지침을 제시하였다. 선도하기는 건강증진 활동이 건강에 영향을 미치는 요인들, 즉 정치적, 경제적, 사회적, 문화적, 환경적, 행동적, 생물학적 요인들이 건강에 해롭지 않도록, 건강에 이롭게 작용하도록 선도적 활동을 수행하는 것을 의미한다. 역량 키우기는 가용 재원을 모으고, 우호적 정책 환경을 만들고, 정보 접근성을 높이고, 개인적 역량을 습득할 수 있게 함으로써 궁극적으로 건강 불평등을 감소시키는

세계보건기구의 오타와 건강증진 헌장의 목표와 핵심적 활동

목표 또는 지침	핵심적 활동
• 선도하기 • 역량 키우기 • 부문 간 중재하기	• 건강 지향적 공공정책 • 지지적 환경 구축 • 지역사회 참여 강화 • 개인적 역량 개발 • 의료서비스 재구성

전략을 의미한다. 중재하기는 정부, 기업, NGO, 언론 등 이해관계가 다른 주체들을 연결하고 중재하여 서로 합심하여 건강증진 활동에 나서도록 만드는 것을 말한다.[5]

건강증진은 우리가 건강위험에 적극 대처할 수 있게 동기화하고 역량을 키우는 것을 의미한다. 그리고 이러한 활동은 사회구성원 모두의 시민적 의무처럼 요청되었다. 질병 치료와 예방의 경우 현재 질병 위험에 노출되거나 그럴 가능성이 높은 사람들의 과업이었다. 반면 건강증진은 약한 사람이나 튼튼한 사람이나 모두 참여하고 함께 건강해지자는 취지를 갖고 있다. '모든 인류에게 건강을Health for All' 이라는 WHO의 구호는 이러한 취지를 반영하는 것이다. 건강한 사람이 왜 건강증진에 나서야 하는지 이해가 안 될 수도 있다. 건강위험은 장기적으로 누적되어 서서히 발병으로 진행되는 것이어서 현재부터 건강증진에 나서야 미래에 건강할 수 있다.

또한 건강증진은 개인 중심주의가 아니라 공동체주의에 입각한 전략이다. 힘들면 부담을 나누어 지는 것이 지혜이듯이 건강증진도 생각과 행동을 바꾸는 것이라 혼자만의 노력으로는 성공하기가 쉽지 않다. 옆의 흡연자에게 눈치만 주지 말고 금연을 할 수 있도록 가족과 친구들이 선도하고 역량을 키워 줄 때 금연에 성공할 수 있게 된다. 따라서 건강증진에서는 시민적 책무성accountability이나 지역사회 참여civil participation가 중요한 전략이 되고, 그러한 과정은 자연스럽게 사회적 연대와 통합에 기여하게 된다.

　일부 사회학자들은 건강증진이 '피해자 탓하기victim blaming'에서 벗어나지 못하고 있다고 비판한다. 우리가 겪는 대부분의 불건강은 우리 잘못이 아니라 구조적 모순에서 비롯되는 것인데 마치 개인의 잘못된 습관으로 불건강한 것이라는 인식을 줄 수 있다는 것이다. 또한 건강증진에서는 개인에게 닥치는 건강위험을 스스로 관찰하여 인지하고 곧바로 대응하도록 훈육한다. 이것은 스스로 자신을 감시하는 감시사회의 확장을 의미한다는 것이다.[6] 게다가 금연과 운동, 채식을 즐기는 일이 건강증진을 실천하는 것이 아니라 중상층 계급에 어울리는 생활양식을 따라 함으로써 계급적 정체성을 유지하려는 일종의 문화적 소비일 뿐이라는 비판도 있다. 이러한 비판은 아마도 구조적 차원의 개혁(교육기회 확대나 노동 과정의 안전성 제고 등)은 지지부진한데 개인의 행동(흡연 등)에 과도하게 관심을 쏨으로써 불건강의 원인이 온통 개인에게 있는 것처럼 보이도록 한 결과에서 비롯된 것이다.

　또한 건강한 개인들의 자발적 참여와 연대 역시 쉽지 않은 점도 건강증진 담론이 허구적인 것은 아닌가 하는 의구심을 갖게 만들 수 있다. 건강증진은 1980년대 들어와 개념이 구체화되고 사회운동으로 추진되었다. 1986년 제1회 세계건강증진 회의 개최 이후 2021년 제10차 회의까지 개최되면서 건강증진 담론이 구체화되었고, 실행 전략은 강화

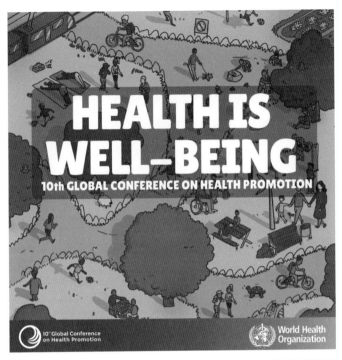

"건강은 웰빙이다"

되었다. 그럴수록 제도-지역사회-개인을 아우르고 선도하고, 역량을 강화하고, 이해관계자들을 포섭하여 연대하는 전략은 충실해질 수 있다.

WHO가 10차 회의를 개최하면서 건강증진이 결국 웰빙의 증진임을 역설하는 인포그래픽은 웰빙 지향적 건강증진 전략의 핵심을 잘 전달하고 있다. 이런 홍보 전략은 건강증진의 필요성에 대한 공감대를 넓히는 데 효과를 발휘할 것이다.

건강증진은 결국 우리 몸의 작동 방식을 바꾸는 것과 같다. 불건강하게 작동하는 몸을 건강 지향적으로 만드는 것이다. 놀즈의 주장처럼 우리 몸은 말초적 욕구에는 민감하게 반응하고, 게을러서 스스로 습관을 교정하기 어려운 것이 사실일 수 있다. 나는 건강한 습관을 갖고자 하지만 내 몸이 내 마음대로 움직여지지 않는다고 푸념을 하는 사람들이 많이 있다. 이것은 사실일까? 도대체 몸은 왜 의지대로 움직여지지 않는가?

생물학적 몸과 사회적 몸

우리의 몸은 생물학적 몸biological body과 사회적 몸social body으로 개념화할 수 있다.[7] 생물학적 몸은 세포와 장기, 혈관과 두뇌, 뼈와 근육 등으로 구성된 유기체를 말한다. 생물학적 몸의 작동은 정상과 이상 또는 병으로 구분된다. 의학에서는 몸의 작동 방식이 정상 범주를 벗어나면 질병으로 규정한다. 그런데 우리의 삶은 정상과 이상이 명확히 구분되지 않는 경우가 많다.

관절염을 앓고 있는 노인을 생각해 보자. 의학적으로 관심의 대상이 되는 것은 이 노인이 관절염 때문에 일상적으로 통증을 느낀다는 점과 증상이 심할 경우 고관절 치환술로 치료할 수 있다는 점이다. 그런데 이 노인은 통증 치료를 받기는 하지만 친구들과 만나고, 장을 봐서 음식을 만들고 은행 일을 보며, 청소 등 대부분의 일상적 과업을 큰 문제없이 수행하고 있어 자신이 환자라고 생각하지도 않는다. 즉 생물학적 몸 개념은 의학적으로는 중요한 개념이지만 보통 사람의 생활과는 괴리되는 측면이 있다.

사회적 몸은 우리가 세상과 연결되어 상호작용하고 세상사의 흐름을 나에게 반영하고 그 가치와 의미를 해석할 수 있는 역량으로 구성된다. 우리는 세상으로부터 새로운 의식주를 받아들이기도 하고 독특한 생각과 의견으로 지지를 얻고 여론을 선도하기도 한다. 언어와 문화적 상징, 갖가지 도구와 소통 수단, 인터넷과 신문방송은 사회적 몸이 세상과 교류하는 데 활용되는 수단이다. 우리는 세상과 의미와 가치를 공유할 수 있어서 사회적 존재가 된다. 사회적 고립은 사회적 사망과도 같다. 우리의 몸은 세상의 가치가 녹아 있는 '사회화된 몸socialized body'이다. 뿐만 아니라 욕망을 절제하고 예의와 품위를 지키도록 훈육된 '문명화된 몸'이기도 하다. 혹은 남자를 우선시하는 가부장적 몸일 수도 있고 성평등을 지향하는 젠더화된 몸이 될 수도 있다.

음식을 생각해 보자. 현재 음식 조리에 필요한 원재료를 스스로 재배해서 조달하는 경우는 매우 드물다. 대다수 사람은 누군가 가공해 놓은 중간 단계 재료를 구매하여 약간의 추가 조리 과정을 거쳐 식사를 한다. 시간이 없는 사람들은 이미 만들어진 음식을 선택해 먹는데 높은 열량이나 과도한 소금 섭취 등을 거부하기가 쉽지 않다. 즉 우리 몸은 식품산업, 외식산업과 불가분의 사회적 관계를 맺고 있다. 사실 식품·외식산업은 우리 몸에 식품을 조달해 주면서 우리 몸을 길들이고 자기 영역을 만들어territorialisation 지배한다고도 볼 수 있다.[8]

우리의 주거와 교통문화를 생각해 보자. 도시 속에서 나의 거주지와 직장 또는 학교는 상당히 떨어져 있어서 마을버스와 지하철, 버스를 갈아타면서 출근한다. 직장 내에서도 사무실 근무자는 사무실을 벗어나기 어렵고 육체노동에 종사하는 사람도 작업장에 고착되어 일하는 것이 보통이다. 움직임이 부족한 '좌식 생활'은 이러한 주거, 직장, 교통체계의 불가피한 결과이다.

청소년기 흡연은 보통 중고등학교 시절에 시작한다. 조금씩 피우다가 고등학교를 졸업하고 성인이 되면서 흡연량이 증가한다. 흡연 동기는 여러 가지가 있지만 친구들과 어울리고 동질감을 느끼려는 목적이 크다. 나이가 들어 직장에 다니면서도 흡연하는 사람들은 짧은 휴식 시간에 회사 건물 뒤편에 모여서 담배를 핀다. 여기서 주고받는 회사 정보는 흡연이 제공해 주는 긍정적인 부산물이다. 고단한 노동 중간에 잠시 담배를 즐기는 노동자들도 있다.

그렇지만 대체로 흡연은 집단 어울림의 상징처럼 존재한다. 담배를 안 피우면서 흡연하는 그룹과 함께 지내는 것은 고역일 수밖에 없다. 그룹 관계는 어느덧 내 몸에 내재하면서 친구들과 만나지 않을 때도 흡연 욕망을 북돋운다.

중독 단계의 골초가 된 것이다. 음주 또한 흡연과 거의 유사하게 사회적 관계를 유지하는 데 필요한 매개물 같은 존재이기 때문에 절주가 쉽지 않다.

우리 몸은 우리가 유지하고 있는 여러 사회적 관계의 영향을 받기 마련인데 그 주체가 기업이나 단체, 문화적 가치와 이념, 시장과 제도 등 막강한 위력을 갖는 경우에 우리 몸은 그쪽에서 요구하는 질서에 순응하고 그쪽이 제공하는 상품이나 서비스를 속수무책으로 소비하게 된다. 물론 우리가 맺는 사회적 관계는 일방적이라기보다는 상호적이다. 그 관계 속에서 우리는 의식주의 기본적 욕구를 해결할수 있기 때문이다. 문제는 그와 같은 시장 거래가 보다 우월한 힘을 가진 기업이나 제도 등에 유리하게 기울어져 있고 우리가 선택할 수 있는 여지는 크지 않다는 것이다. 예를 들어 흡연과 음주는 젊은 시절에 다른 사람과 사교하고자 하는 욕구를 채우는 데 기여하지만 나도 모르는 사이에 니코틴에 중독이 되어 건강 위해라는 매우 큰 비용을 수십년 뒤에 치를 수도 있다.

건강증진은 우리 몸에 구축된 불건강한 사회적 관계를 건강 지향적 관계로 변혁하려는 시도라고 볼 수 있다. 흡연과 음주가 동반되지 않아도 친구를 만날 수 있고, 동료와 회식도 할 수 있어야 금연과 절주의 시도가 성공할 수 있다. 흡연과 음주를 권하는 사회구조를 그대로 두고 개인에게만 금연과 절주를 하도록 요구만 한다면 성공이 어렵다.

생의학적 건강증진 모형에서는 흡연을 바이러스와 같은 존재로 생각한다. 흡연이 초래하는 수많은 건강 위해가 의학적으로 증명되어 있으므로 의사나 보건 사업가들은 '흡연하면 죽는다'라는 식의 보건교육을 한다. 그런데 우리에게는 생물학적 몸과 함께 사회적 몸도 존재한다. 따라서 흡연의 폐해에 대하여 충분히 이해한다고 하더라도 금연으로 인한 사회적 관계의 손상이 우려되면 금연 시도는 성공하기 어렵다.

사회제도나 시장구조를 건강 지향적으로 바꾸는 일은 개인적으로 시도하기는 어렵다. 제도적으로 흡연을 어렵게 만드는 일이나 행정 규제를 통하여 음식과 재료 속의 소금 함량을 규제하는 일, 놀이문화나 회식문화를 바꾸는 일은 사회적 관계를 통하여 우리 몸을 지배하는 외부 요인들의 막강한 권력에 저항하는 것이다. 그러한 권력에 저항하려면 개인을 넘어서 국가나 단체, 또는 지역사회가 주도적으로 참여해야 제대로 진행될 수 있다.

개인이 각성하고 건강 지향적 삶을 살겠다고 다짐하는 것이 우선하여 필요하지만 동시에 국가와 지역사회가 합심하여 건강 지향적 구조를 갖는 정책과 제도를 만들어 줄 때 건강증진은 진정으로 실현될 수 있을 것이다. 더 나아가 건강 지향적 생활방식의 필요성을 역설하는 언론홍보 체계와 새로운 건강 담론을 만들어 줄 인문학-철학자들도 합세해야 불건강 세력을 넘어설 수 있다. 즉, 불건강에 저항

하는 개인-건강 지향-국가-지역사회-언론-인문학 담론
으로 연대를 생각해 볼 수 있을 것이다. 건강증진은 단순히
생활습관을 개선하여 건강해지자는 보건 전략 차원을 넘
어서 우리의 사회적 몸의 구성을 바꾸는 거대한 문화운동
같은 성격의 과업으로 이해해도 될 것이다.

청소년 비만율

청소년들은 외견상 건강하다. 우리나라의 10대 청소년은
467만 명인데 2022년에 796명이 사망하여 사망률은 인구
10만 명당 16.9명이었다. 이것은 60대 사망률의 약 10분의
1 수준이다. 청소년 사망의 절반(51.2%)이 자살 또는 교통사
고에 의한 외인사인데, 그중 사인 1위는 자살이다. 하지만
전 연령층으로 확대해 보면 전체 자살자 1만 2,906명 중 청
소년은 185명으로 1.4%에 불과했다. 즉 자살도 중장년과
노년층에게 보다 심각한 사회문제로 볼 수 있다. 청소년은
질병으로 사망할 가능성이 아주 낮으며 그만큼 신체적으
로 건강하다고 할 수 있다.

　미국의 경우에는 우리와 사정이 다르다. 미국 질병통제
예방센터CDC는 청소년의 건강위험 요소로 성병과 약물중독
을 꼽고 있다. 2021년에 HIV 신규 감염자의 20%가 13~24
세 청소년이었고, 성병 감염의 절반이 청소년들이었다. 청
소년 출산도 매년 14만 5,000건이나 된다. 또한 청소년의

약 15%가 코카인 등 마약을 복용하는 것으로 보고되었다.[9] 즉 청소년의 성행동과 마약중독은 중요한 사회문제가 되었다. 우리나라는 이 정도로 심각한 청소년 건강 문제는 없는 것 같다. 그러나 청소년 건강행태는 잠재적인 위험을 내재하고 있고, 미래에 성인이 되어 건강상 문제를 겪을 가능성은 있다.

우선 청소년 비만에 대해서 살펴보자. 비만은 체내에 체지방이 과다하게 쌓인 상태를 말한다. 그런데 체지방량을 측정하기가 수월하지 않기 때문에 보통은 신장과 체중의 비로 계산하는 BMI_{body mass index(체질량지수)}를 사용하여 추정한다. 즉, 몸무게를 키의 제곱으로 나눈 값이 25 이상일 경우 비만으로 분류된다. 지난 50년간 생활수준이 향상되고, 특히 영양상태가 좋아지면서 청소년의 체격이 이전보다 양호해졌다. 교육부는 매년 약 1,000개 초·중·고 표본 학교에 재학 중인 약 9만 명의 학생을 대상으로 '학생건강검사'를 실시한다.

그 결과에 의하면 중학교 2학년 남학생의 경우 1972년에 150.1cm이던 신장이 2022년에는 166.3cm가 되었다. 같은 기간에 체중은 41.5kg에서 62.5kg으로 증가하였다. 신장은 110% 향상하였고 체중은 150% 향상하였다. 즉 체중이 더 급격하게 증가했음을 알 수 있다. 그리고 체중의 증가는 남학생들에게 특히 두드러졌다. 같은 기간 중2 여학생은 신장 107%, 체중 129% 향상하였다.[10] 이렇게 급격한 체중 증가는 비만의 증가로 나타났다.

매년 800개 학교 6만 명을 대상으로 시행하는 청소년건강행태조사 자료를 바탕으로 비만율을 계산해 보면 [청소년 비만율 추이] 그래프에 나타난 것처럼 2006년에 5.9%이던 청소년 비만율이 계속 증가하여 2021년에 13.5%에 도달하였고 2022년에는 12.1%로 약간 감소하였다. 또한 남학생이 여학생보다 비만율이 더 높은 것을 알 수 있다.

중·고 남학생의 비만율이 2006년과 2022년 사이에 얼마나 변화하였는지를 보면, 남자 중고생 전체 비만율은 2006년에 7.3%였다가 2022년에 15.5%로 약 2배 증가하였다. 2006년에 중1 남학생의 비만율이 5.4%에서 2022년에 13.2%가 되었다. 학년이 높을수록 비만율은 더 높아졌다. 2022년에 중1 13.2%에서 학년이 오를수록 증가하여 고3

청소년 비만율 추이

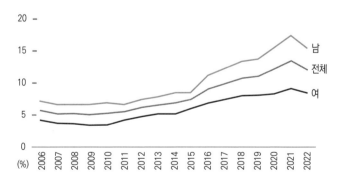

출처: 질병관리청, 청소년건강행태조사

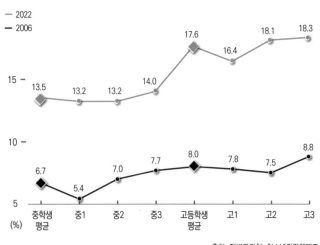

학교급별·학년별 남학생의 비만율

— 2022
— 2006

13.5 13.2 13.2 14.0 17.6 16.4 18.1 18.3

6.7 5.4 7.0 7.7 8.0 7.8 7.5 8.8

15 —
10 —
5
(%)

중학생 평균 · 중1 · 중2 · 중3 · 고등학생 평균 · 고1 · 고2 · 고3

출처: 질병관리청, 청소년건강행태조사

18.3%가 되었다. 과거에는 채식하는 동아시아권 국가들의
비만도가 낮은 것으로 인식되었으나 식생활이 바뀐 요즈
음에는 비만율이 높아지고 있다.[11] 이것은 비만의 영향 요
인으로 꼽히는 영양 과잉섭취나 신체 비활성이 청소년 기
간 내내 지속되면서 비만율의 증가로 이어지는 것으로 추
측된다.

청소년의 식이 유형을 보면 먹지 않도록 권고하는 식품
으로 라면, 청량음료, 패스트푸드 등이 있다. 패스트푸드 주
3회 이상 섭취율은 27.3%였다. 또한 아침식사 주 5일 이상
결식률이 39%에 달했다. 많이 먹기를 권장하는 식품인 채

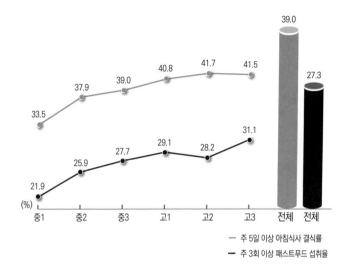

청소년들의 아침식사 결식률과 패스트푸드 섭취율

— 주 5일 이상 아침식사 결식률
— 주 3회 이상 패스트푸드 섭취율

소와 과일의 경우 매일 섭취율은 약 25% 수준이어서 식이의 패턴이 전반적으로 양호하지 않음을 알 수 있다.

낮은 생활 만족도와 운동

청소년건강행태조사에서 밝혀진 청소년의 신체활동 수준은 다음 표와 같다. 이 통계는 청소년들이 조깅, 축구, 농구 등 고강도 신체활동을 일주일 사이에 3일 이상 실천한 분율을 의미한다. 남학생이 여학생보다, 중학생이 고등학생보다 신체활동을 더 많이 한다. 전체적으로는 남학생 47.3%,

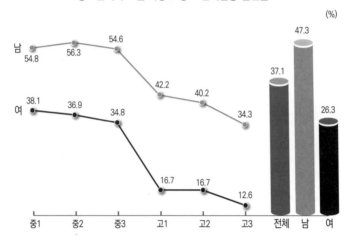

청소년의 주 3일 이상 고강도 신체활동 실천율

여학생 26.3%였다. 대학입시 준비 때문에 고등학생의 신체
활동이 상대적으로 부진한 것으로 보이며, 고등학교 여학
생들의 신체활동이 특히 저조하다는 것을 알 수 있다.

PISA Program for International Student Assessment(국제학업성취도평가)는
OECD 국가들의 청소년 학업성취도를 평가하는 프로그램
이다. 한국 학생들이 PISA에서 얻은 수학이나 과학 성적이
세계 최고 수준이란 보도가 자주 나오던 것을 기억할 것이
다. 그런데 PISA는 성적에 영향을 주는 다른 요인들도 조사
하여 공표한다. 2017년에 발표된 PISA의 〈학생 웰빙Student
Wellbeing〉 보고서에 따르면 우리나라 학생들의 방과후 운동
실천율이 남학생 55.5%, 여학생 29.2%로 남녀 모두 OECD
국가 중 최하위였다.[12] 아마도 입시 준비를 위한 사교육에

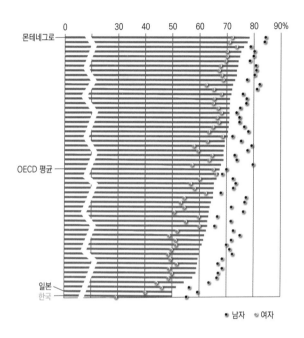

OECD 국가 청소년의 방과후 운동 실천율
(2015년)

몬테네그로

OECD 평균

일본
한국

● 남자　◑ 여자

몰두하기 때문으로 보인다. OECD 평균은 남학생 72.3%, 여학생 60.1%였다.

　그런데 PISA 통계에 따르면 운동을 열심히 하는 학생일수록 성적이 더 좋았다. [OECD 국가 청소년의 운동한 날수와 과학 성적의 관계]를 보면 중강도 신체활동을 하는 날이 많을수록 성적이 가파르게 높아지는 기울기를 볼 수 있다. 그리고 일주일 중 6일까지만 적용되고 7일 내내 운동하면 오히려 성적이 떨어졌다. 반면 고강도 신체활동을 하는

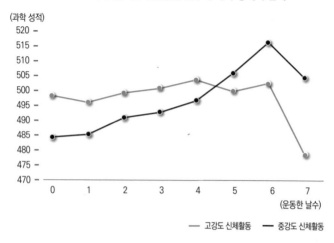

OECD 국가 청소년의 운동한 날수와 과학 성적의 관계

(과학 성적)

520 –
515 –
510 –
505 –
500 –
495 –
490 –
485 –
480 –
475 –
470 –

0   1   2   3   4   5   6   7

(운동한 날수)

―― 고강도 신체활동   ―― 중강도 신체활동

경우 성적 향상 효과가 약했다.

한국 청소년들은 생활만족도ife satisfaction가 OECD 국가 중에서 가장 낮은 편이다. 10점 만점 척도에서 6.4점을 받아서 OECD 평균 7.3점에 크게 뒤진다. 공부는 매우 잘하는데 생활만족도는 아주 낮은 극단적인 모습을 보여 주고 있다. 다른 선진국 학생들과 비교할 때 신체활동도 크게 부족한 편이다. 신체활동 부족은 체력의 하락을 초래하고, 궁극적으로 생활만족도를 낮출 수 있다. PISA 통계에 따르면 신체활동을 3일 이상 하는 학생의 생활만족도(OECD 평균 7.4)가 신체활동을 전혀 안 하는 학생의 생활만족도(OECD 평균 6.9)보다 0.49 더 높았다. 한국은 두 그룹의 생활만족도 차이가 0.67로 OECD 평균보다 더 컸다. 즉 한국에서 청소년들

젊게 늙는 사회

이 전반적으로 신체활동을 적게 하는 경향이 있기는 하지만 그런 상황에서도 신체활동을 많이 하는 학생들이 느끼는 행복감이 상대적으로 더 크게 나타남을 의미한다. 따라서 신체활동-학업-생활만족도의 선순환 구조를 강화할 필요가 있을 것이다.

음주·흡연의 감소 추세

다음으로 흡연과 음주 실태에 대하여 알아보자. 청소년의 흡연과 음주는 감소 경향을 보인다. 청소년 흡연율은 2007년에 13.3%까지 올랐다가 이후 계속 하락하여 2022년에 4.5%였다. 청소년 음주율도 2006년에 28.6%이던 것이 2020년 10.7%까지 하락하였고 이후 소폭 증가하여 2022년 13%가 되었다. 최근 몇 년 사이에 흡연율과 음주율이 하락한 것은 코로나19 때문에 학교 수업이 제대로 이루어지지 않았고 학생들이 모임을 할 기회가 축소되면서 또래 압력으로 인한 흡연과 음주 행위가 감소했을 것으로 볼 수도 있다. 코로나 이후 음주와 흡연이 학생 특성에 따라서 약간 증가세를 보이는 것도 이러한 추론에 근거를 제시한다. 그러나 20여 년간 장기적 추세를 볼 때 흡연과 음주가 감소했다면 다른 원인이 작용했을 가능성이 크다. 왜 그럴까? 가장 설득력 있는 이유로는 청소년에게 영향이 큰 또래 모임의 기회가 축소되고 개인적으로 인터넷 게임이나

SNS 활용이 증가하면서 흡연이나 음주 의존도가 근본적으로 변화했을 가능성이다.

실제로 한국언론진흥재단이 2022년에 청소년미디어이용실태조사를 실시한 결과 10대 청소년들은 하루에 약 8시간 인터넷을 사용하고 있는 것으로 나타났다.[13] 인터넷은 학업에도 활용되고, 일상생활에 필수적인 정보 획득에도 이용되기 때문에 인터넷 사용 증가가 반드시 인터넷 중독으로 귀결되지는 않는다. 그런데 스마트폰 운용은 대체로 친구와 함께하기보다는 혼자서 수행하기 때문에 인터넷 사용 시간이 증가할수록 청소년들의 생활이 혼자서 스마트폰과 상호작용하는 쪽으로 변화할 가능성이 있다. 청소년 흡연이나 음주는 친구 요인이 크게 작용하므로 친구의 역할이 축소되면 흡연이나 음주도 감소할 것으로 추론할 수 있다.

우울감과 자살의 상관성

청소년기의 또 다른 건강 문제는 정신건강에 있다. 정신건강은 스트레스 인지도와 우울감 경험률로 파악한다. 스트레스인지율은 평상시 스트레스를 '대단히 많이' 또는 '많이' 느끼는 사람들의 비율을 의미한다. [청소년의 스트레스 인지율] 그래프에서 알 수 있는 것은 첫째, 여학생의 스트레스 수준이 남학생보다 항시 높다는 점이다. 둘째, 청소년의 스트레스 지수는 현저하게 감소하는 추세를 보이다가 2021년과 2022년에 다시 반등하는 양상을 보였다.

[청소년의 우울감 경험율]은 최근 12개월 동안 2주 내

청소년의 스트레스 인지율·우울감 경험률 및 자살시도율

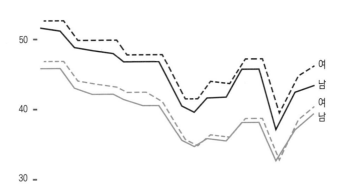

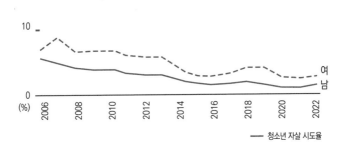

내 일상생활을 중단할 정도로 슬프거나 절망감을 느낀 적이 있는 사람의 비율을 의미한다. 일시적인 정신적 혼란 상태를 말하는 스트레스보다 훨씬 강도가 높고 장기적으로 정신적 어려움을 경험한 경우를 의미한다. 청소년의 우울감도 여학생이 남학생보다 항시 높은 상태를 유지하고 있음을 알 수 있다. 청소년의 우울감은 2015년까지 감소하였고, 2017년까지 정체 상태에 있다가 이후 약간의 증감을 반복하는 양상을 보인다.

약 40%의 청소년들이 일상에서 스트레스를 느끼고 있고 약 35~45%가 우울감을 경험한다는 점이 일견 우려스럽기도 하지만 아동에서 성인으로 이행하는 과정에 있는 청소년들이 정서적으로 안정되지 않으며, 세상으로부터의 각종 자극에 대한 대응 또한 미숙하여 성인보다 더 많은 스트레스에 노출될 수 있다.

일반적으로 여성이 남성보다 스트레스와 우울 등 불안장애에 더 많이 노출되는 것은 다른 선진국에서도 보편적으로 나타나는 현상이다. 이것은 성별로 호르몬 분비가 달라서 생긴 결과일 수도 있고, 생활사건에 대한 반응 양식이 달라서일 수도 있다. 여성은 타인과의 정서적 관계 유지를 중시하도록 키워졌고 남성은 정서적 표현을 억제하고 독립적으로 문제해결을 하도록 양육되었다고 한다. 여성은 생활사건에 직면해 정서적 어려움을 쉬이 표현하는 경향이 있어서 스트레스나 우울에 민감하게 반응하는 것으로 볼 수 있다. 다만 10년 전보다 스트레스 인지도와 우울감 경험률이 감소 추세에 있는 것은 긍정적인 변화로 생각된다.

청소년 정신건강의 다른 문제는 자살이다. 최근 10년 동안 10대 청소년의 자살자 수는 2016년 22명으로 최소였고, 이후 증가하여 2022년에는 77명이었다. 그런데 청소년의 자살시도율은 2007년에 5.8%이던 것이 점차 감소하여 2014년 이후에는 약 2%대에 머물러 있다. 자살시도자는 실패 후에 반복하여 자살시도를 하는 경우가 많아서 자살시도자가 2%라는 것도 결코 낮은 수치가 아닐 수 있다. 다만 스트레스와 우울감이 감소하는 추세에 맞추어 자살시도자도 감소하는 것은 청소년 정신건강이 과거보다 양호해진 것으로 해석된다.

흡연에도 계급 있다

흡연과 음주는 건강 악화 행동의 상징처럼 되어 있다. 흡연의 폐해가 연구되기 시작한 것은 1950년대이다. 1960년대에 흡연이 치명적인 건강 위해를 끼친다는 의학 보고서가 나오기 시작했다. 서구 국가들은 1970년대부터 금연운동을 전개했고, 대중의 흡연율도 낮아지기 시작하였다. 우리나라는 한참 뒤에야 금연운동이 시작되었다. 1986년에야 담뱃갑에 '지나친 흡연은 해롭다'는 낮은 수준의 경고 문구가 삽입되었다. 2000년대 들어와서 정부가 WHO 담배규제 기본협약FCTC에 가입한 이후(2003) 본격적인 금연정책이 만들어져서 금연 구역 설정(2004), 공공장소 금연(2008) 등의 조치가 취해졌다.

이러한 정책이 시행되기 직전에 개봉했던 영화〈살인의 추억〉(2003년 4월 개봉)을 보면 무수한 흡연 장면이 등장한다. 대다수 성인 남성이 실내외를 막론하고 자유롭게 흡연하던 당시의 상황을 짐작할 수 있다. 그리고 20년이 지난 지금 흡연율이 현저하게 감소했음을 모두가 실감한다. 실내 금연은 확실하게 정착되어 흡연은 건물 외부에서 하는 것으로 정착되었다. 단체 모임에서도 이제는 흡연자가 소수파가 되었다. 대신 흡연 여성은 이전보다 더 많아진 것처럼 보인다. 이러한 모습이 통계로도 뒷받침된다.

[흡연율의 추세] 그래프는 지난 20여 년간 흡연율의 추이를 보여 준다. 남성 흡연율은 1998년 66.3%에서 2005년 51.7%, 2016년 40.7%, 2021년 31.3%까지 감소하였다. 여성 흡연율은 큰 변화 없이 6~7%대에서 등락을 거듭하고 있다. 2021년 OECD 통계에 의하면 15세 이상 인구의 '매일 흡연율'은 우리나라가 15.4%로 OECD 평균과 유사하다. 다만 남녀 간 편차가 커서 남자는 26.3%, 여자는 4.5%로 남자는 OECD 국가 중 최상위 수준이고 여자는 최하위 수준이다. 여성의 낮은 흡연율은 여성 흡연을 규제하는 사회적 규범 때문으로 생각된다. 흡연하면서도 사회적 시선

흡연율의 추세

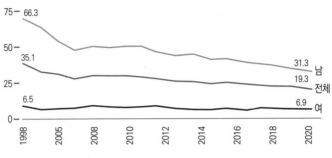

출처: 국민건강영양조사 2021

때문에 그 사실을 숨기는 여성들이 있고, 그러면 여성 흡연율은 실제보다 낮게 보고된다.

그런데 이 흡연율은 '궐련'이라 부르는 잘게 썬 담배를 종이에 말아 놓은 보통 담배 사용자만을 대상으로 집계한 것이다. 최근에 젊은 층에서 유행하는 전자담배는 통계에서 빠져 있다. OECD 통계에 의하면 한국은 전자담배 사용률이 남성 10%, 여성 1.9%로 전자담배 사용률이 높은 국가로 나타났다. 이 통계를 고려할 때 최근 흡연율 감소는 흡연 인구 감소보다는 흡연자의 흡연 형태가 변화한 결과일 수도 있다. 즉 실제 흡연율은 감소하지 않았을 수 있다. 전자담배가 냄새도 없고 덜 해롭다는 광고를 믿고 일부 흡연자들이 금연하는 대신 전자담배를 이용하는 경우들이 있다. 전자담배의 유해성은 아직 충분히 검증되지 않은 관계로

소득 계층별·성별 흡연율

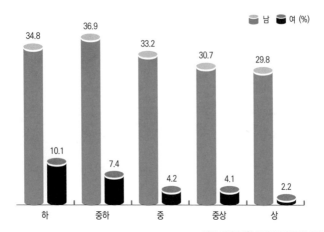

자료: 질병관리청, 국민건강영양조사 2021

전자담배 이용자를 흡연자로 분류하지도 못하고 있다.

흡연 같은 건강행동도 생활습관의 일종으로서 계급의 영향을 받는다. 상위계급일수록 흡연을 적게 하는 경향이 있다. 우리나라는 과거에는 흡연율이 워낙 높았기 때문에 계급별 차이를 구분하기 어려웠다. 흡연율이 많이 낮아진 현재에는 계급의 효과가 있을까? 2021년 흡연율 자료를 계층별로 나누어 본 결과는 [소득 계층별·성별 흡연율]에서 볼 수 있다. 남자의 경우 계급 간 차이가 크지는 않지만, 중상층과 상층이 중하층과 하층보다 흡연율이 낮은 것을 알 수 있다. 여자의 경우는 더 분명하게 계급 차이가 나타난다. 상층의 흡연율이 2.2%인데 계층 지위가 낮아질수

젊게 늙는 사회

록 흡연율은 높아져서 하층은 10.1%에 달한다. 여자 상층과 하층의 흡연율 차이가 8.9%p로 남자 5%p보다 더 크게 벌어졌다.

시군구별 분포에서도 흡연율 차이가 크다. 성남시 분당 9.1%, 과천시 10.4%, 용인시 12.0% 등 중산층이 거주하는 신도시 지역의 흡연율이 가장 낮다. 반면 인천 미추홀구 26.1%, 강원 홍천군 26.4%, 충북 음성군 26.5%로 가장 높은 흡연율을 보였다. 일반적으로 농촌 지역의 흡연율이 도시보다 높은데 인천시 미추홀구는 대도시 한복판 지역임에도 지난 10년간 흡연율 상위에 올라 있어 그 원인을 두고 질병관리청이 특별연구를 진행한 바 있다.

연구 결과 미추홀구에는 상대적으로 사회경제적 수준이 낮은 계층이 많고, 주거 환경이 아파트보다는 단독주택과 노후주택이 많은 점이 흡연율을 높이는 요인으로 추정되었다. 즉 노후화된 단독주택의 경우 아파트 같은 공동주택보다 간접흡연으로 인한 고통이 적어서 금연에 대한 주위의 압력이 낮을 수밖에 없고 이것이 높은 흡연 욕구를 갖는데 금연 의지는 낮은 저소득층 요인과 맞물리면서 주변 지역보다 높은 흡연율을 보였을 것이라는 결론이었다.[14]

또 정부의 정책 의지도 흡연율에 영향을 미친다. 서울 노원구는 2019년 흡연율이 20.6%이었는데 2020년에 13.1%로 급격하게 감소하여 서초구와 함께 서울시 자치구 중에서 가장 흡연율이 낮았다. 노원구는 2014년부터 금연

성공자에게 현금 보상을 시행했는데 2019년에 보상액을 두 배로 인상하고, 이와 함께 금연 구역을 하천변과 산책로 등으로 확대하는 정책을 폈다. 이러한 금연정책이 흡연율 감소에 영향을 미쳤을 것으로 보인다.[15] 흡연은 성별이나 소득 같은 개인적 특성의 영향을 많이 받지만 동시에 주거 환경이나 금연정책 등 지역사회 특성이나 제도적 여건의 영향을 많이 받는다는 것을 말해 준다.

술 권하는 사회의 건강

우리나라에서는 음주에 대하여 상당히 관용적이다. 흡연에 대해서는 상당히 엄격하게 규제하는 정부도 음주에 대해서는 거의 규제를 하지 않는다. 주류 판매 장소와 시간, 음주를 할 수 있는 공적 장소 등을 규제하는 나라들이 많은데 우리나라에서는 거의 규제가 없다. 대부분의 음식점에서 술을 먹을 수 있고, 주거지 근처 편의점에서도 술을 판매할 뿐만 아니라 마시기도 한다. 공원이나 거리에서 음주하는 장면도 흔히 볼 수 있다. 다만 미디어에서는 '청소년 보호'를 목적으로 TV 주류 광고를 밤 10시 이후에만 가능하도록 규제한다.

그러나 유튜브나 쇼핑몰의 대형 전광판, SNS 등은 규제 대상이 아니다. 청소년이 TV보다 인터넷에 더 노출된 현실에 부합되지 않는다. 드라마에는 술 먹는 장면이 비일비재하다. 스트레스 받는 일이 있으면 곧바로 술을 마시는 모습이 너무도 흔하게 나온다. 친구나 동료들과의 모임은 대부분 술을 매개로 하여 진행된다. 정치인들의 모임도 술을 동반해서 이루어지고 언론을 통해서 그 모습이 여과 없이 보도된다. 술은 거대한 산업이 되어 있고 주류 생산 기업뿐만 아니라 중소 자영업자의 상당수가 음식점이나 술집, 편의점을 경영하고 술이 매출액을 높이는 데 크게 이바지하는 거대한 이해관계를 형성하고 있어서 술에 대한 규제를 강화하는 것이 매우 어렵도록 구조화되어 있다.

술 권하는 사회는 관련 기업에 의해서만 추동되는 것은 아니다. 술꾼 자신이 술꾼의 정체성을 공개적으로 드러내고 주변 사람들은 여기에 환호하고 술꾼의 역량을 인정함으로써 음주는 사회적으로 구조화된다. 미국의 대학생을 대상으로 실시된 연구에 의하면 SNS에 자신의 음주행위를 자랑하는 사진과 기사를 올리면 이를 본 친구와 다른 대학생들이 경쟁적으로 음주에 나서고 다시 페이스북에 그 결과를 올린다. 여기서 대학생들은 네트워크화된 술꾼network drinker이다. 술꾼으로서의 정체성이 낮았던 학생들도 네트워크에 연결되면 더 많은 음주를 하도록 부추기는 효과가 나타난다.[16]

흡연과 달리 음주는 건강 위해의 특징이 다르다. 흡연은 한 모금도 건강에 도움이 안 되지만, 적당한 음주는 도움이 된다는 대중의 믿음이 있다. 적당량은 어느 정도일까? 국내 연구진은 17도 소주를 기준으로 할 때 저위험 1회 음주량의 기준을 남자 소주 3잔(알코올 21그램), 일주일 소주 14잔(알코올 98그램)을 제안하였다. 여자는 각각 2잔과 10잔이었다.[17] 대략 남자의 경우 하루에 소주 반병 이하, 일주일에 소주 2병이 적정 음주에 속한다고 생각하면 된다. 그런데 술자리가 많은 회사원을 대상으로 인터뷰해 보면 1회 술자리에서 최소 소주 2병을 먹으며, 그런 술자리가 일주일에 3~4회 정도 된다는 답변을 어렵지 않게 들을 수 있다.[18]

고위험 음주율이라는 통계지표는 1회 평균 음주량이 남자 7잔(소주 1병), 여자 5잔 이상이며, 주 2회 이상 음주하는 백분율을 의미한다. 2021년 국민건강영양조사에 의하면 남자의 고위험 음주율은 19.7%였고 여자는 6.9%였다. 추세를 살펴보면 남자의 경우 연도별로 큰 차이 없이 약 20% 수준을 유지하고 있는 반면 여자는 약간씩 증가하는 모습

고위험 음주율 추이

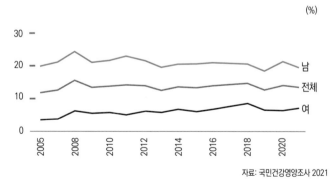

자료: 국민건강영양조사 2021

젊게 늙는 사회

고위험 음주율
(2021년)

연령별

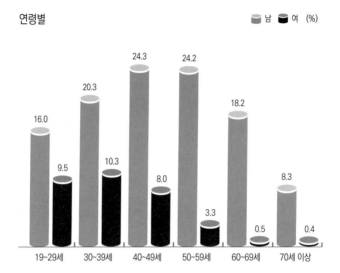

남 여 (%)

연령	남	여
19~29세	16.0	9.5
30~39세	20.3	10.3
40~49세	24.3	8.0
50~59세	24.2	3.3
60~69세	18.2	0.5
70세 이상	8.3	0.4

소득수준별

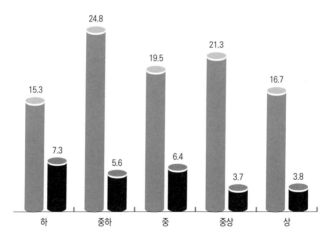

소득수준	남	여
하	15.3	7.3
중하	24.8	5.6
중	19.5	6.4
중상	21.3	3.7
상	16.7	3.8

출처: 질병관리청, 국민건강영양조사 2022

을 보인다. 남성 음주자 중 약 4분의 1이 고위험 음주자이다. 이런 고위험 음주 양태가 지난 10년간 거의 변화 없이 유지되고 있다는 것은 향후 음주와 관련된 건강위험이 적지 않게 발생할 것으로 예상할 수 있다. 음주는 음주 자체의 위험뿐만 아니라 음주가 사고능력을 마비시켜 길거리 소란 행위나 각종 사고를 유발할 수 있다는 점에서도 절주 정책이 시급하게 필요하다.

고위험 음주율을 연령별, 소득수준별로 나누어 집계한 것이 [연령별·소득수준별 고위험 음주율]이다. 남자의 경우 40대와 50대의 고위험 음주율이 가장 높다. 경제활동이 가장 활발한 시기가 과음하는 경향과 겹쳐 있는 것을 알 수 있다. 30대와 60대도 꽤 높은 고위험 음주율을 보여 준다. 여성은 30대가 가장 높고, 다음으로 20대, 40대 순으로 높다. 30대 여성이 가장 높은 것은 이들 연령대가 직장, 결혼과 육아 등 여러 문제를 안고 있는 것과 연관이 있어 보인다. 소득계층별로는 남자는 중하층이 가장 높고, 중상층, 중층의 순으로 분포되며, 하층이 가장 낮은 분포를 보인다. 여자는 하층이 높고, 상층으로 갈수록 낮아진다. 남자는 소득계층별 특성이 불분명하고 어느 계층에서나 술을 많이 먹는 모습을 보이지만 여자는 계급적 특성이 상대적으로 분명하게 나타난다.

지역별 고위험 음주율 분포를 보면 강원도 고성, 강릉, 삼척, 철원, 홍천, 양구, 정선(22.1%) 등이 시군구 중에서 가장

젊게 늙는 사회

높았고, 세종시(6.1%), 서울 종로구, 성남시, 보성군 등이 가장 낮았다. 정선군의 고위험 음주율은 세종시보다 3.6배나 높았다. 강원도 산간 지역은 왜 고위험 음주율이 높을까? 앞서 인천 미추홀구가 흡연율이 유난히 높았던 원인으로 유추해 보자. 강원 산간 지역의 주민은 상대적으로 고령이고, 절주에 대한 의지가 높지 않으리라고 추측된다. 사회자본이 적은 강원 산간 지역에서 다른 여가 기회가 부족하고 음주 기회는 많을 것이다. 음주를 부추기는 요인은 많고 절주를 동기화할 요인은 부족한 지역사회 구조가 높은 고위험 음주율을 산출하는 것으로 보인다. 도시와 달리 절주 홍보와 캠페인을 진행할 요원을 구하기도 어렵고 지역이 넓어서 효과적인 사업 추진도 쉽지 않을 것이다. 그렇다면 주민 스스로 참여하여 건강증진사업을 추진하는 방안을 구상할 필요가 있다.

경상북도 농촌 마을에서 진행된 주민 참여형 건강증진사업이 비교적 성공적으로 진행된 사례를 참고할 필요가 있을 것이다.[19] 이 사업은 포항시 북구, 김천

경상북도 통합건강증진사업단

시, 안동시의 농촌지역 보건소에서 주도한 건강증진 활동이었다. 농촌마을도 이농이 심화되고 개인화가 진행되면서 예전에 새마을 운동을 하던 시절과는 달리 공동체 의식이 많이 감소하였다. 그런데 마을건강증진사업을 실시하면서 주민들이 모이게 되었고 공동체성을 회복하였다. "예전에는 주민들이 자주 안 모였는데, 이제는 '우리 점심 먹자' 하면서 다 같이 준비해 가지고 온 동민이 웃으면서 마을에서 식사를 다 해결하고 갑니다." 이렇게 공동체의 신뢰가 회복되면서 함께 걷기가 추진되었고, 지도강사가 오지 않아도 주민들이 알아서 참여하게 되었다고 한다. 함께 운동하기 기간이 길어지면서 운동하는 사람과 안 하는 주민 간의 건강 차이가 드러나면서 참여율이 더 높아지게 되었다. 주민에게 체계적인 절주 교육이 실시되었고, 과거에는 동절기에 할 일이 없으면 모여서 술만 먹었는데 이제 스스로 절주 실천에 나서게 되었다. 보건소에서 이러저런 지도와 정보 제공을 해 주기도 했지만 대부분의 활동은 주민 스스로 기획하고 결정하고 참여하는 방식으로 이루어졌다.

성인의 식이, 비만, 신체활동

미국의 비만 유병률은 1960년대에 13%이던 것이 2020년에 43%까지 증가하였다. 비만이 너무 급격하게 증가하여 마치 전염병이 퍼져 나가는 것과 유사하다고 생각할 정도이다. '비만 유행병obesity epidemic'이라 부를 만하다. 1970년대까지는 세계적으로 비만은 문제가 되지 않았다. 그러다가 1980년대부터 비만은 선진국을 중심으로 확산하기 시작하였고, 이제는 사하라 이남 아프리카와 아시아 남부를 제외한 전 세계에 비만이 확산되고 있다.

미국인들이 비만하게 된 원인으로 처음에는 과도한 육식이 꼽혔다. 육식이 지방을 많이 함유하는 점 때문에 의구심을 샀다. 하지만 연구가 진행되면서 육식보다 설탕이 첨가된 청량음료와 가공식품이 주된 원인으로 밝혀졌다. 청량음료를 먹게 되면 칼로리 과잉으로 체중이 증가하게 된다. 가공식품은 값싼 먹거리로 제공되면서 높은 인기를 얻었다. 그러나 식품의 가공 과정에서 탄수화물은 많고, 섬유질이나 영양소가 낮아지는 문제가 발생한다.

가공식품은 스낵과 피자, 흰 빵, 시리얼, 쿠키, 케이크, 캔디, 아이스크림, 마가린, 소시지 등 우리가 일상적으로 접하는 수많은 식품이 이 범주에 속한다. 이 식품들은 배부르게 먹지 않아도 영양 과잉섭취로 비만을 초래할 수 있다. 물론 가공하지 않은 식품을 사서 조리해서 먹으면 이런 식이 위험에서 벗어날 수 있지만 이러한 유기농 식품은 가격이 비싸고 조리에 상당 시간이 소요되기 때문에 저소득층은 선택하기 어렵다.[20]

결국 식품산업의 성장에 따라 저렴한 청량음료와 가공식품이 대량으로 공급되어 누구나 보편적으로 접할 수 있게 된 공급 요인과 가족 구조의 변화, 맞벌이 가구 증가 등으로 쉽게 조리할 수 있거나 바로 섭취 가능한 가공식품에 대한 수요가 증가하면서 식이 구조의 대변화가 일어났고, 그 결과로 비만의 폭발적 증가가 시작된 것이다.

비만은 식량 생산방식의 변화와도 맞물려 있다. 특히 육식을 위해서는 대량의 곡식을 소, 돼지, 닭의 사료로 사용해야 한다. 세계 식량 생산량의 약 3분의 1이 선진국 인구의 육식을 위해 동물 재배에 사용된다. 이것은 개발도상국에 식량 부족을 초래할 수 있고, 식량 생산에 막대한 물이 사용되면서 기후위기의 원인으로도 작용한다. 선진국은 에너지 섭취 과잉에 의한 비만이 문제이고 개발도상국은 식량 부족으로 영양실조에 걸리는 것이 현실이다.

멕시코는 1980년 비만율이 7%였는데 2016년에 20.3%가 되었고, 2021년에 전 인구의 약 74%가 비만 또는 과체중 상태로 미국을 추월하여 OECD 1위가 되었다. 멕시코의 비만은 1994년 미국, 캐나다와 맺은 자유무역협정_{NAFTA} 이후 값싼 설탕과 가공식품이 대량으로 수입되면서 생겨났다. 멕시코는 빈부격차가 극심한 나라이고 가난한 대중은 값싼 미국산 식품에 의존하게 되었다. 함께 수입된 청량음료는 식수보다 더 쌌고, 안전한 식수 공급이 부족한 멕시코에서 청량음료는 일상적인 음료가 되었다. 갓난아이들도 모유보다는 수입된 분유를 애용하게 되었다. 이러한 식이 구조의 변화는 비만과 당뇨병의 급격한 증가로 귀결되

었다.[21]

식이의 변화는 우리나라에서도 진행되었다. 이제 육식이 일상화되었다. 육식을 위해 많은 식량을 수입하다 보니 우리나라는 만성적인 식량 부족 국가가 되었다. 또한 식품산업이 성장하면서 각종 간편식과 과자, 케이크 등이 생산 판매되었고 청량음료 역시 청소년들에게는 필수품처럼 인식되었다. 더욱이 최근에 코로나19를 겪으면서 음식 배달이 급증한 점도 불균형한 식이 구조에 영향을 줄 것으로 생각된다. 성인도 아침식사 결식률이 34%에 이르고, 하루 1회 이상 외식률(남자) 31.7%, 가족과 함께 저녁 먹는 사람이 61%에 불과했다.[22]

사전에 준비된 식사 계획에 따르지 않고 결식, 외식, 혼식, 간식, 야식을 즐기면 영양소의 불균형 섭취나 과잉섭취의 가능성이 커진다. 이러한 식사 형태는 결국 생활이 바쁘게 돌아가니까 식사를 편의적으로 하다 보니 생긴 결과이다.

[연령별 건강식생활 실천율]은 지방 섭취, 나트륨 섭취, 과일·채소 섭취, 가공식품 구매 시 영양 표시 확인 등 네 가지 중 두 가지 이상 실천율을 나타낸다. 성인 남자의 경우 약 40%에 머물러 있다. 성인 여자는 전반적으로 남자보다 높다. 40대와 50대 여자는 60%를 넘고 있다. 건강한 삶을 위해 한국 사람의 식습관 개선이 꼭 필요해 보인다.

한편 [비만 유병률 추세] 그래프는 우리나라의 비만율

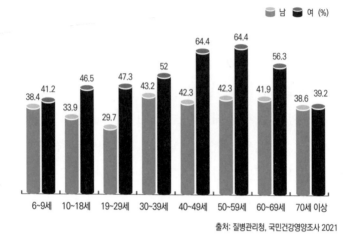

연령별 건강식생활 실천율
(2021년)

● 남 ● 여 (%)

연령	남	여
6~9세	38.4	41.2
10~18세	33.9	46.5
19~29세	29.7	47.3
30~39세	43.2	52
40~49세	42.3	64.4
50~59세	42.3	64.4
60~69세	41.9	56.3
70세 이상	38.6	39.2

출처: 질병관리청, 국민건강영양조사 2021

을 나타낸다. 비만율이 남자는 계속 상승하고 있고, 여자는 23~27% 사이에서 증감을 반복하고 있다. 남자는 30대와 40대의 비만율이 가장 높고, 여자는 60대와 70대가 가장 높다. 남자는 소득수준에 따른 비만율 차이가 분명하지 않으나 여자는 소득이 높을수록 비만율이 낮아진다. 여자 하류층의 비만율이 32.6%였는데 여자 상류층은 21.9%에 불과했다. 이러한 경향은 흡연과 음주 행태에서도 발견된 바 있다. 여자는 소득수준에 따른 생활방식 차이가 상당히 큰데 비하여 남자는 그렇지 않을 수 있음을 짐작할 수 있다.

우리나라 비만율 기준은 BMI 25 이상인데 국제적으로

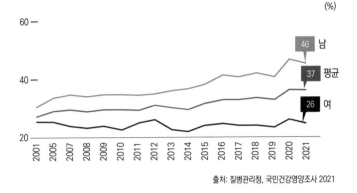

비만 유병률 추세

(%)

출처: 질병관리청, 국민건강영양조사 2021

는 과체중에 해당하고 비만은 BMI 30 이상을 사용한다. 국제 기준으로 비교했을 때 15세 이상 인구 전체의 비만(과체중 포함)의 유병률은 일본이 27%로 가장 낮고, 다음으로 한국 36.7%인데 유럽 국가들은 대부분 50~65%이며, 미국 73.1%, 멕시코가 74.1%로 가장 높다.[23] 우리가 서구인들의 식생활을 계속 닮아간다면 전 국민이 비만인 상태에 도달할 수도 있기에 획기적인 대비가 필요해 보인다.

신체활동은 걷기와 운동으로 실천할 수 있다. '걷기 실천율'은 하루 30분 이상 1주일에 5일 이상 걸은 경우를 의미한다. 2021년에 걷기 실천율은 남자 37.9%, 여자 41.4%였다. 남녀 모두 20대에 많이 걷다가 경제활동 시기에는 감소하고 장년, 노년기에 다시 증가하는 양상을 보인다. 지역별로는 도시 지역 사람들이 더 많이 걷는다. 서울 시민의

비만율 분포
(2021년)

연령별

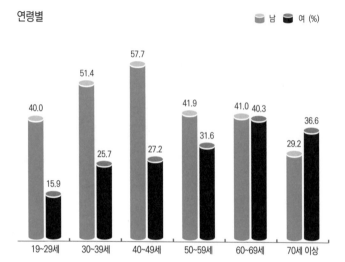

소득수준별

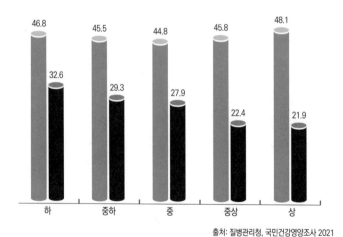

출처: 질병관리청, 국민건강영양조사 2021

젊게 늙는 사회

걷기 실천율이 62.3%이고, 도시화가 많이 진행된 경기도가 49.7%인데, 산간 지역인 강원도는 35.6%이다. 특히 정선군은 22.8%에 불과하다. 정선군은 '강원랜드'라는 카지노가 있고, 주변에 관광업이 발전한 지역으로 이러한 환경적 요인이 건강행동을 약화시키는 것이 아닐까 추정해 볼 수 있다.

[유산소 신체활동 실천율]은 호흡이 약간 빨라지는 정도의 중강도 신체활동을 일주일에 150분 이상 하거나 호흡이 매우 빨라지는 고강도 신체활동을 75분 이상 하거나 혹은 두 가지를 섞어서(고강도 1분은 중강도 2분) 실천한 경우를 의미한다. 숨이 차고 땀이 날 정도의 운동을 한다면 하루 25분씩 주 3일 운동하면 채워지는 기준이다. 2021년에 남자 50.2%, 여자 45.4%를 보였다. 한국 사람 절반은 신체활동이 부족하다는 것을 의미한다. 유럽 국가들은 2016년에 중강도 신체활동 실천이 150분에 미달하는 인구가 대략 30~40% 정도였다.

이런 추세가 지속되었다고 가정하면 한국인은 유럽인보다 신체활동 실천율이 훨씬 낮다고 할 수 있다.[24] 나이가 들수록 신체활동은 감소하는 경향을 보인다. 특히 70세 이상 신체활동은 극히 부진하다. 소득수준별 분포는 남자의 경우 소득수준별 신체활동의 차이가 크지 않고 상층의 경우만 높은 실천율을 보인다. 여자의 경우는 소득수준이 높아질수록 신체활동 실천율도 높아진다.

유산소 신체활동 실천율
(2021년)

연령별

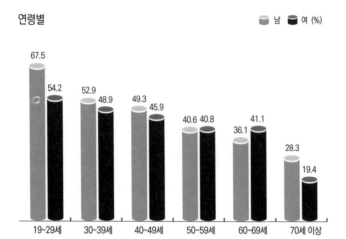

남 여 (%)

구분	남	여
19~29세	67.5	54.2
30~39세	52.9	48.9
40~49세	49.3	45.9
50~59세	40.6	40.8
60~69세	36.1	41.1
70세 이상	28.3	19.4

소득수준별

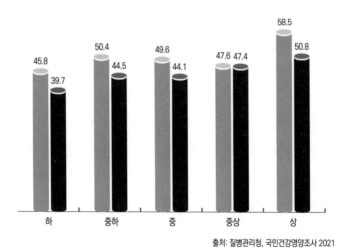

구분	남	여
하	45.8	39.7
중하	50.4	44.5
중	49.6	44.1
중상	47.6	47.4
상	58.5	50.8

출처: 질병관리청, 국민건강영양조사 2021

젊게 늙는 사회

신체활동이 감소한 것은 도시화된 문명과 자동차를 이용한 지리적 이동 습관의 형성이 주원인이다. 게다가 회사나 가정에서의 노동 과정도 자동화 기기의 도움을 받게 되면서 신체활동이 감소된 것에 기인한다. 이를 보완하기 위하여 주기적인 스포츠와 목적의식을 갖고 움직이는 신체활동이 강화되어야 하는데 이러한 노력이 크게 부족한 것이 현실이다.

Chapter 04

질병病, 발생의 불평등

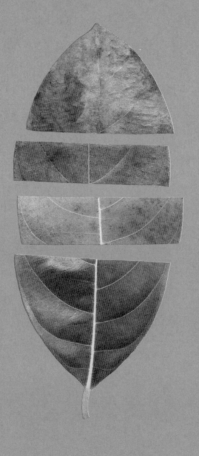

이 장에서는 질병이 어떻게 분포되어 있는지를 다룬다. 질병이 우연하게 걸리는 것이라면 질병은 사회경제적 지위에 따라 차이가 없을 것이다. 그런데 실제로는 사회경제적 지위가 낮은 사람이 더 많이 병에 걸린다. 즉 질병 발생도 사회적 불평등의 영향을 크게 받는다. 감염병을 비롯한 주요 신체적 질병과 함께 정신병과 정신장애가 사회적으로 어떻게 분포되는지를 알아보자.

질병 발생에 대한 사회적 관점들

혹시 본인이나 주변 사람이 어떤 병에 걸리면 여러분은 무슨 생각이 드는가? 아마도 아프다는 사실에 걱정과 연민이 앞설 것이다. 그런데 한 걸음 떨어져서 사회 속의 질병을 생각해 보자. 질병이 어떻게 보이는가? 암은 암적인 존재로, 코로나19는 뿔 달린 괴물처럼 보이는가?

오래전 개봉했던 영화 〈러브 스토리〉(1971년 작)는 두 청춘남녀의 사랑 이야기를 다루는데 여주인공이 백혈병으로 죽는다. 여기서 백혈병은 꽤 낭만적인 대상으로 등장한다. 이렇게 질병은 보는 관점에 따라서 다양한 모습으로 등장한다. 여기서 한 걸음 더 뒤로 가서 질병의 사회이론 차원에서 생각해 볼 수 있다. 어떤 사회이론의 관점에서 생각하는가에 따라 질병은 매우 다른 모습으로 재구성될 수 있다.

호주의 보건사회학자인 데보라 럽튼Deborah Lupton은 코로나19의 위기를 겪으면서 《코로나 사회COVID Societies》란 저작을 발표하였다.[1] 코로나19라는 질병에 함축되어 있는 서로 다른 모습의 사회를 그려 냈다고 할 수 있다.

그녀는 크게 사회를 다섯 가지로 분류했다. 첫째, 사회는 정치경제 사회이다. 코로나19는 주로 산업화, 도시화, 세계화된 사회에 더 큰 충격을 가했다. 경제적 교환과 분업의 관계로 밀접하게 연결되어 있는 산업사회들은 고도화된 문명 세계이면서 동시에 코로나19 바이러스에는 한없이 취약하고 좋은 먹잇감이 되는 사회였다.

둘째, 사회는 생명 권력_{biopower}의 사회이다. 코로나19는 생사를 가늠하는 권력이 국가가 아니라 공중보건과 의료 체계에 내재한 생명 권력임을 여실히 보여 주었다. 공중보건 예산을 감축했던 이탈리아 등 서부 유럽 국가들이 코로나 유행 초기에 제대로 대응하지 못하고 높은 사망률을 보였다.

셋째, 사회는 위험사회이다. 원전 사고와 기후재난 등 현대의 위험은 과거와 달리 그 영향이 전 지구적인 규모로 다가온다. 신종 바이러스의 창궐도 전 지구적 위험이다. 우리는 그러한 위험에 성찰하고 대비하고 있을까?

넷째, 사회는 특정한 몸을 차별하는 사회이다. 세계 곳곳에서 에이즈 감염인을 차별하듯이 코로나 감염인을 차별했다. 심지어 비만한 사람은 코로나 감염이 더 잘된다는 연구 보고도 있고, 비만한 코로나 감염자에게 산소호흡기를 제공할 필요가 있는가에 대한 논쟁도 있었다고 한다.

다섯째, 바이러스라는 비인간 존재가 주요 행위자로 등장하는 새로운 물질주의_{new materialism} 사회이다. 그동안 사회과학은 인간의 행위만을 주목해 왔다. 그런데 이제부터는 인간과 비인간이 서로 반목하고 또 어울려서 세상을 흔들고 바꿔 나가는 과정을 보게 될 것이다. 즉 코로나19를 바라보는 관점도 다양할 수 있고, 코로나19가 드러내는 세상의 질서와 취약점도 여러 가지이다.

이 장에서는 질병을 바라보는 관점을 설명할 것이다. 질병을 사물처럼 간주하고 질병의 분포와 원인을 찾는 역학적 관점은 보건학의 기본적 관점이다. 특히 만성병은 인간 행동과 습관을 원인으로 간주하는 경향이 있다. 이와 관련하여 질병 발생의 책임을 개인에게 묻는 개인 책임론과 사회적 구조에서 찾는 근본적 원인론에 대하여 설명할 것이다.

역학적 관점과 개인 탓

역학epidemiology은 질병의 원인과 기원을 찾는 학문 분야이다. 약 150년 전에 런던에서 유행했던 콜레라의 원인을 연구했던 존 스노우John Snow(1813~1858)가 시작했다. 박테리아의 존재가 알려지지 않았던 당시에 그는 특정 우물을 이용한 그룹에서 콜레라가 주로 발생하는 것을 파악했고 감염된 우물물을 나눠 먹으면서 콜레라가 전파되는 것으로 추론하였다. 역학은 박테리아나 바이러스 같은 병리적 원인 요소, 감염 대상이 되는 인간 신체 숙주, 그리고 환경 여건의 3요소에 따라 질병이 발생하고 확산할 수 있다고 본다.

최근에 발생했던 코로나19의 경우 코로나 바이러스가 치명력이 높으면서 전파력도 높아서 매우 위험했다. 여기에 호흡기로 감염되다 보니 인간 대 인간의 일상적 접촉이 감염 경로가 되어 매우 빠르게 확산되었다. 감염 확산을 방지하려고 사회적 거리두기를 실시했고 일부 국가에서는 통행금지를 실시하기도 하였다. 코로나19와 같은 신종 감염병이 등장한 것은 지구 온난화와 기후변화로 생태계가 변화한 것과 연관성이 높다는 분석들이 많다.

감염병뿐만 아니라 만성질환도 역학적으로 분석할 수 있다. 비만의 원인을 유전자 분석을 통하여 밝히려는 시도가 있으나 아직 확실하지는 않다. 그러나 자유무역협정FTA에 의한 경제 환경의 변화가 식이 구조의 변화를 촉발했고 이것이 비만의 증가로 이어진 일련의 과정은 역학적 분석으로도 충분히 밝힐 수 있다. 코로나19 또는 비만과 당뇨에 의한 초과사망이 얼마나 되는지를 계산하는 것도 역학 연구의 일환이다.

보건학에서는 유전자나 바이러스 등 미생물 이외에 개인의 행동을 불건강의 원인으로 생각한다. 흡연과 음주, 과식과 비만 등이 대사성 질환이나 다른 만성질환의 발생에 영향을 미치는 것으로 추론한다. 사회학적으로 보자면 불건강의 원인을 개인 행동에서 찾는 것은 건강의 개인책임론이라 할 수 있다. 개인책임론은 자신의 몸을 잘 다스리고 욕구를 절제하는 것을 미덕으로 삼는 문화에서 쉽게 수용될 수 있다.

개인책임론은 개인을 동기화시켜 건강행동을 하도록 만드는 데 유리하다. 건강검진을 정기적으로 받도록 하는 제도는 건강을 모니터링할 책임이 개인에게 있는 것으로 보고, 비용까지 국가가 부담하는데 이를 이행치 않으면 시민의 책무를 망각한 무책임한 존재로 간주하게 된다. 또한 건강관리를 상업화하여 이를 개인이 구매토록 하는 데에도 좋은 여건이 된다. 길거리에 즐비한 헬스장은 결국 건강의 개인책임론을 근거로 사업화한 것으로 볼 수 있다. 암 같은 중대한 만성질환에 걸린 사람들 중에는 자신의 어떤 잘못 때문에 이렇게 위중한 병을 얻게 된 것이 아닌가 하고 한탄하는 경우가 많다. 그렇지만 타인을 구박하거나 차별하는 등의 행동은 보건학적 건강행동에는 해당하지 않는다. 다만 그런 행위가 사회관계에서의 웰빙에 저해될 수는 있다.

건강불평등

그런데 흡연과 음주는 순전히 개인의 선택으로 이루어지는 행위일까? 사회학자들은 이것이 외면적으로는 개인의 선택처럼 보이지만 내면적으로는 계급의 선택일 수 있다고 본다. 피에르 브루디외는 아비투스habitus라는 개념을 제시했다. 인간 행위의 무의식적 성향을 의미한다. 개인이 속한 계급적 지위와 사회구조 속에서 사회화되면서 무의식으로 내면화한 행동 기재로 문화적 취향 또는 소비 성향을 의미한다. 이러한 문화적 취향은 은연중에 자신의 계급적 지위를 반영하면서 다른 계급 성원과 자신을 구별 짓게 된다.

근로자들이 축구 경기 관람에 열중인 것과 상위계급이 오페라와 미술전람회를 선호하는 것은 문화적 취향의 차이이면서 동시에 계급적 차별화이기도 하다. 흡연과 음주 같은 건강행동이 상위계급 구성원들에게 덜 선호되는 것은 상위계급의 문화적 취향에 어울리지 않는 것으로 사회화되었기 때문으로 해석할 수 있다. 즉 개인의 선택은 그의 계급적 지위와 집안의 양육 방식에 영향 받으면서 형성된 문화적 취향에 따라 선택된 것이다. 이렇게 사회학자들은 개인의 선택 배경에 존재하는 '근본적 원인'을 고려하고자 한다.

근본적 원인으로는 교육과 소득 같은 사회경제적 지위가 우선 꼽힌다. 아울러서 성별, 연령, 지역 같은 요인도 개인의 건강 특성을 다르게 만드는 근본 원인으로 볼 수 있다. 통계청의 건강 지표들이 성별, 연령, 소득, 지역 등으로 구분하여 제시되는데 이것은 근본적 원인의 중요함을 함축한다고 볼 수 있다. 성별이나 연령에 따라서 건강행태나 질병 및 사망 구조가 근본적으로 달라지기 때문이다. 여성은 남성보다 병이 많지만, 사망률은 남성이 더 높다. 또 나이가 들수록 병이 많아지고, 건강위험이 높아진다. 즉 성별과 연령의 건강영향은 주어지는 것이지만 계급적 지위에 따라서 그 위험은 축소되거나 확대될 수도 있다.

부자가 가난한 사람보다 오래 사는 것은 이미 오래된 상식이 되었다. 같은 대학을 나와도 어느 지역에 사는가에 따라서 건강상태는 달라질 수 있다. 지역은 단순히 지리적 분포가 아니다. 시골 사람이 서울을 바라보는 것이나 같은 서울에서도 강남 지역의 선호는 그 지역에 온갖 물질적 투자와 생활기회, 교육기회가 집약되어 있어서 나타나는 현상이다. 지역이 계급과 다르지 않을 때 지역에 따라 건강상태가 달라지는 것은 너무나 자연스러운 현상이다. 근본적 요인들은 나의 삶에서 내가 어떤 행동을 선택할 수 있는 범위를 제한해 준다. 여성의 흡연율이 낮은 이유, 흡연할 자유를 마음껏 누릴 수 있는 지역, 건강한 식단을 선택할 수 있는 능력, 스트레스가 적은 일자리를 가질 기회는 모두 근본적 원인에 의하여 영향 받아 정해진다고 볼 수 있다.

근본적 원인 중에서도 사회학자들은 물질적 요소, 즉 소득, 계급, 빈곤 등에 의한 건강 불평등에 관심이 많다. 계급 지위가 낮을수록, 빈곤할수록 덜 건강하다. 비만도 빈곤한 사람들이 더 많고, 소득이나 학력이 낮을수록 불건강을 더 많이 경험한다. 코로나19도 사회경제적 주변부에서 더 많은 타격을 가한 것으로 나타났다. 한 예로 콜센터는 대기업으로부터 소비자 상담 업무를 수행하는 하청기업인데 보통 수십, 수백 명의 상담자가 밀집해서 근무하며 소비자와 전화상담을 하는 과정에서 바이러스가 비말(침방울) 형태로 공기 중에 쉽게 전파될 수 있는 조건을 갖추고 있었다. 그래서 코로나19 유행 초기에 이들 분야에서 많은 환자가 발생하였다. 이것은 하도급 관계에서 방호 조치가 안전하지 못한 작업환경이 초래되었고, 직업능력이 낮은 여성 근로자들이 충원되어 낮은 임금을 받으면서 일하였다.

이렇게 일련의 사회적 조건들이 결합하면서 건강위험이 고조되고 코로나19와 같은 감염병에 가장 취약한 대상이 되었다. 역학적 연구에서도 작업환경에 내재한 위험 요소에 관하여 연구한다. 다만 환경 요인의 하나로 다루어진다. 사회학에서는 사회적 요인들이 어떻게 상호 관련을 맺거나 인과성에 의하여 구조화되는지에 관심이 있고 이런 과정의 결과로 위험이 만들어진다는 것에 관심을 둔다.

이외에 사회적 고립과 통합, 사회적 지지, 종교 같은 사회적 요인들도 건강과 질병에 영향을 미친다. 사회적으로 고립될수록, 사회적 통합이 와해될수록, 사회적 지지가 부족할수록 불건강이 심화될 가능성이 커진다. 예를 들어 사회적 재난에 의하여 심각한 정신적 외상(트라우마)을 입었다고 할 때 지역사회에서 슬픔을 공감하고, 위로와 지지를 보낼 경우에는 외상 스트레스가 우울증이나 분노의 질병으로 발전하지 않고 해소될 가능성이 커진다. 반면 지역사회의 통합이 와해되어 사회적 지지와 공감을 보내지 않고, 오히려 피해자를 비난하는 경우가 된다면 그는 심각한 정신 장애에 빠질 수도 있다.

종교가 건강에 미치는 영향도 적지 않은 것으로 알려져 있다. 꼭 제도화된 종교모임(교회나 사찰 등)에 정기적으로 출석하지 않아도 영성을 깊이 추구할수록 건강한 경향이 있다. 종교는 교인들 간의 우의를 증진하고 사회적 연결망을 두텁게 만들어 사회적 지지 기능을 수행하기도 한다. 종교인들은 신체적으로 더 활동적이고, 양호한 식이 습관을 추구하며, 건강 행동을 지향하고 위험 행동을 멀리하는 것으로 알려져 있다. 혼인을 안 한 경우에도 성관계 파트너 수가 적다고 한다.[2] 반면 사이비 종교집단의 경우에 오히려 집단 압력에 의하여 정신적 스트레스가 커질 수도 있다.

질병의 사회적 의미

영어 단어 Disease와 Illness는 우리말로 둘 다 질병이라는 의미로 해석되지만, 영어권에서는 서로 다른 차원을 지칭한다. Disease는 생물학적·의학적 차원의 질병을, Illness는 개인이 경험한 질병을 의미한다. 두 사람이 같은 Disease에 걸렸다고 해도 서로 경험한 Illness는 다를 수 있다.

교통사고를 당한 두 사람을 예로 들어 보자. 교통사고를 당해서 손목을 다친 A씨는 평소 연금 생활자로 생활에 불편함은 없었다. 그런데 손목을 다치는 바람에 몇 달 동안 조리, 컴퓨터 작업, 옷 입기, 목욕하기 등 일상생활이 어려워져서 큰 불편을 겪었다. 치료비와 보상은 받았지만 삶의 질은 크게 하락했다. 반면 B씨는 영업용 택시 운전을 한다. 하루 열심히 일해서 그 일당으로 살아간다. 그는 접촉사고를 당해서 목과 어깨에 부상을 입었고 이로 인하여 한

달 간 병원에 입원하여 치료받았다. 그의 월수입은 보험회사에서 그대로 보상해 주었다. 한 달 간 치료받는 것이 불편하기는 하였지만 그 기간 동안 휴식을 취할 수 있어서 좋았다. A씨에게 부상은 생활의 즐거움을 빼앗는 악몽 같은 것이었지만 B씨에게는 갑작스러운 선물과 같았고, 일상의 고단함으로부터의 해방이었다. 즉 같은 교통사고 부상이지만 두 사람에게 다가온 사회적 의미는 전혀 달랐다. 이렇게 질병Illness은 사회적으로 의미가 부여되고 만들어지는being constructed 것이다.

질병은 여러 가지 사회적 의미를 담고 있다. 첫째로 질병은 사회적 일탈을 의미한다. 질병에 걸리면 신체적 능력에 제한이 오거나 신체에 흔적이나 표식이 생기기도 한다. 이에 따라 업무를 수행하거나 타인과 교제하는 데 제한을 받게 된다. 이렇게 질병이 개인의 행동에 제한을 가하여 사회적 규범 또는 정상적 행위에서 벗어나게 만듦으로써 사회적 일탈을 초래한다. 사회적 일탈행위에는 적절한 규제가 가해진다. 질병의 경우에는 병원을 찾아 치료받을 의무가 부과된다.

둘째로 질병은 낙인을 초래할 수 있다. 큰병에 걸린 사람들은 흔히 친구나 동료, 이웃에게 그 사실을 숨기는 경향이 있다. 자신의 취약함을 감추려고, 또는 주변의 거부감이나 따돌림을 피하기 위하여 질병 사실을 감춘다. 에이즈 감염자는 주변의 거부감이 너무 심해서 에이즈로 죽을지 모른다는 공포감보다는 주변의 따돌림에 의한 소외감과 스트레스가 더 크다고 한다. 즉 에이즈 감염인은 의학적 사망보다 사회적 사망을 더 먼저 겪게 된다. 한센병, 정신병 등도 낙인화된 대표적 사례이다.

셋째로 일상생활이 의료화되어 새로운 질병이 인위적으로 만들어지기도 한다. 의학적 관심 대상이 아니었던 현상이 점차 의학적 대상으로 바뀌어 질병처럼 다루어지는 것을 의료화라 한다. 임신과 출산은 예전에는 가정 내의 일이었지만 이제는 질병처럼 정기적으로 관찰되고 모든 이상이 질병 증상으로 의심받아 의학적으로 처치를 받게 된다. 대머리나 발기부전 같은 현상도 과거에는 나이가 들면서 생기는 자연스러운 신체 변화로 생각하였는데 이제는 마치 질병처럼 간주하여 의학적 치료를 받게 되었다.

우리나라에서는 공부 못하는 것도 병처럼 인식하여 '공부 잘하는 약'이 판매되고 있다. '총명탕'이라는 이름의 한약도 있고, 주의력결핍 과잉행동 장애ADHD 치료약이 공부 집중력을 높여 준다고 알려져 학부모의 관심 대상이 된 지 오래이다. 의학이 일상생활에 깊이 개입할수록 우리는 사회적 문제를 사회적으로 해결할 기회를 버리게 됨으로써 오히려 사회적 불건강을 초래할 수도 있다.

병에 걸리는 빈도

질병의 분포를 나타내는 통계지표로는 발생률과 유병률이 있다. 발생률은 특정 질환이 일정 기간에 새롭게 발생한 환자 수를 의미한다. 예를 들어 2020년의 암 발생률은 인구 10만 명당 남자 510, 여자 455명이었다. 이것은 2020년 한 해 동안 새롭게 암 환자가 된 사람이 남자의 경우 13만 명인데 이것을 인구 10만 명당 환산하면 510명이 된다는 것이다. 코로나19처럼 대규모로 유행하는 감염병의 경우에는 매일 신규 환자 수를 공표하던 것을 기억할 것이다. 보통 질병의 경우에는 연 단위로 신규 환자 수를 계산한다.

유병률prevalence rate은 특정 시점에 생존한 환자 수를 의미한다. 2021년 1월 1일에 암 유병자는 227만 명이었고 당시 총인구 5,134만 명으로 나누면 4.4%가 된다. 이 중 경과가 좋아 대부분 치료되는 갑상선암을 제외하면 암 유병률은 3.5%가 된다. 2주간 유병률은 질병 종류를 막론하고 국민 중에서 지난 2주간 아팠던 적이 있는 사람의 백분율을 의미한다. 통계청 사회조사에 의하면 2022년에 2주간 유병률은 26.5%였다. 아울러 유병 기간 9.6일, 와병 기간은 0.4일이었다. 여기에는 급성질환과 만성질환 모두 포함하고, 와병 상태가 아니고 단순히 투약만 할 경우에도 유병자로 포함하였다.

유병률을 성별, 연령별, 교육 상태별로 나누어 보면 [2

주간 유병률의 배경 변수별 분포]와 같다. 우선 남자보다 여자의 병이 많았다. 여성이 병이 많은 것은 세계적으로 비슷한 추세를 보인다. 이에 대해서는 여성이 실제로 병이 더 많이 걸린다는 견해도 있지만 사회심리적으로 여성이 남성에 비해 자신의 상태를 질병으로 잘 표현하고 그럴수록 의료 이용을 더 잘하기 때문에 과잉 추산된 결과라는 견해도 있다. 반면 남자들은 질병 상태를 자신의 취약함으로 인식하여 이를 남들에게 내보이려 하지 않기 때문에 상대적으로 병이 적은 것처럼 보인다는 것이다.

사회경제적 지위에 따른 유병률의 차이를 살펴보면 지역별로 읍면(농촌 34.5%)이 동(도시 24.8%)보다 높고, 가구별로는 1인 가구(38.3%)가 2인 이상 가구보다 높았다. 연령별로는 65세 이상(64.7%)이 50대(28.6%)나 다른 연령대보다 높고, 학력별로는 초졸(56.7%) 〉 중졸(39%) 〉 고졸(26.1%) 〉 대졸(18.7%) 순으로 나타났다. 혼인상태별로는 미혼(12.3%)이나 기혼(31.3%)보다는 이혼(36.9%)이나 사별(69%)이 더 높았다.

사회학자들은 사회적으로 결속되고 통합된 경우가 그렇지 않은 경우보다 더 건강한 경향이 있다고 본다. 저학력자나 이혼-사별자가 상대적으로 더 많은 질환 상태에 있는 것은 그러한 징표로 유추해 볼 수 있다. 연령대가 높거나 읍면의 경우에 유병률이 높은 것은 아무래도 노령화될수록 신체기능이 약화된 이들이 농촌에 더 많이 거주하기 때문에 비롯된 결과로 생각된다.

2주간 유병률의 배경 변수별 분포 (%)

성별

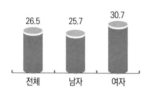

가구원 수

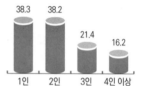

연령별

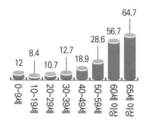

교육 정도

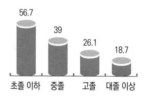

혼인상태

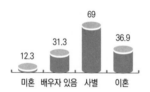

경제활동

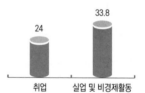

주관적 만족도

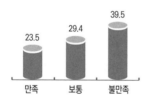

가구소득

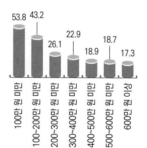

출처: 통계청, 사회조사, 2022

젊게 늙는 사회

감염병과 보건안보

감염병은 1960년대까지 유행하다가 위생 상태가 개선되고 예방백신이 공급되면서 60년대 이후에는 발생이 거의 사라졌다가 2000년대부터 다시 증가하고 있다. 과거에 유행하던 콜레라, 장티푸스 등은 최근에는 국내 발생이 거의 없고 해외 감염자가 국내 입국한 사례가 몇 건 있을 뿐이다. 새로 유행한 감염병으로는 유행성이하선염, 수두, 성홍열, 쓰쓰가무시병 등이 있다. 어린이가 잘 걸리는 수두는 2018년에 대유행하여 약 10만 명의 환자를 발생시켰다. 침, 바늘, 면도기를 사용할 때 상처를 통해 감염되는 C형 간염도 매년 약 1만 명 정도의 환자를 발생시킨다.

신종 감염병의 발생은 전 세계적 현상이다. 그동안 국내에서도 2003년 사스SARS, 2009년 신종플루, 2015년 메르스MERS, 2020~2023년 코로나19covid-19 등이 유행했다. 외국에서는 라싸열Lassa fever, 에볼라Ebola, 지카 바이러스zika virus, 뎅기열Dengue fever, 라임병Lyme disease 등이 유행했다. 감염병 중에서 감염 전파와 치명률이 높은 감염병을 법정 감염병으로 지정하여 국가가 관리한다. 감염병은 치명률과 전파 가능성을 고려하여 1급에서 4급까지 구분하여 관리한다.

결핵은 흔히 후진국 병으로 불린다. 동남아와 아프리카 개발도상국에서 주로 유행하는데 우리나라는 선진국으로 발전했음에도 매년 OECD 국가 중 결핵 발생률 1위를 기

감염병의 등급별 특성과 사례

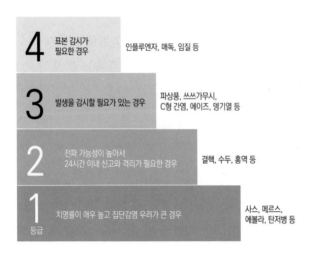

4 표본 감시가 필요한 경우 — 인플루엔자, 매독, 임질 등

3 발생을 감시할 필요가 있는 경우 — 파상풍, 쓰쓰가무시, C형 간염, 에이즈, 뎅기열 등

2 전파 가능성이 높아서 24시간 이내 신고와 격리가 필요한 경우 — 결핵, 수두, 홍역 등

1 등급 치명률이 매우 높고 집단감염 우려가 큰 경우 — 사스, 메르스, 에볼라, 탄저병 등

록하고 있다. 2011년에 3만 9,557명이 신규 발생하여 정점을 찍었고 이후 감소세를 보이고 있었으나, 2022년에 1만 6,264명이 되었다. 다른 감염병과 달리 발생도 많고 사망률도 높다. 2021년에 1,430명이 결핵으로 사망하였다. 결핵 감염 시 6개월간 엄격하게 처방대로 투약해야 하지만 이를 지키지 않으면 치료제 내성이 생겨서 이후 치료가 어려워지고, 사망에 이르게 된다. 과거 매년 3만 명이 발생하고 3,000명씩 죽던 상황보다는 많이 개선되었으나 아직도 위험한 병으로 존재한다.

HIV는 주로 성관계로 감염되고 악수나 키스, 식사, 수영 같은 일상적인 접촉에서는 감염되지 않는다. 감염자와 한

번의 성관계로 HIV에 걸릴 확률은 0.1% 이하로 매우 낮다. 그러나 안전하지 않은 성관계로 인하여 작은 상처라도 생기면 감염 위험이 매우 크다. HIV는 몇 년 동안 잠복기를 거쳐 면역기능이 저하되어 질병 증상을 보이면 후천성 면역결핍 증후군AIDS이라 부른다. 역사적으로 에이즈 유행 초기에는 동성애 그룹에서 많이 발생했으나 이후 일반인의 감염이 더 많아졌다. 즉 에이즈는 안전하지 않은 성관계를 한다면 누구라도 감염 위험이 있다. 에이즈는 바이러스 감염

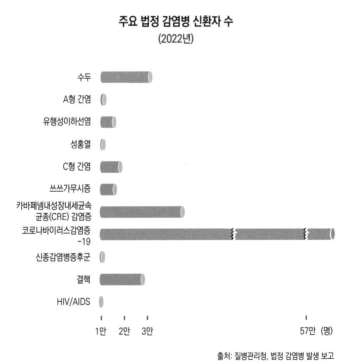

주요 법정 감염병 신환자 수
(2022년)

출처: 질병관리청, 법정 감염병 발생 보고

으로 면역기능이 저하되어 기회감염이 증가하여 사망까지 이르는데 현재는 조기 투약으로 면역기능을 유지하는 치료제가 보급되어 있어 투약만 잘 하면 장기간 생존이 가능하다.

공중보건의 관점에서 볼 때 결핵은 일상생활에서 대인 접촉에서 감염될 수 있고, 투약과 치료가 까다롭고 그렇다고 임의로 중단하면 사망의 위험이 커지게 된다. 반면 에이즈는 대부분 성관계로 감염되기 때문에 일상생활의 접촉으로 감염되는 경우는 없고 감염 이후에도 치료제 복용으로 장기 생존이 가능하다. 에이즈로 인한 사망률은 매우 낮다. 결핵은 예방이 쉽지 않지만, 에이즈는 콘돔 사용만으로도 예방할 수 있다. 한마디로 공중보건 측면의 위험은 결핵이 훨씬 높다. 그런데 사람들은 결핵보다 에이즈에 공포심이 더 크다. 질병 공포감은 언론 보도 등 여러 요인에 의해 실제 위험보다 크게 부풀려질 수 있음을 잘 보여 준다.

코로나19는 장기적으로 유행했고 치명력이 높았던 역사적인 유행병으로 기록될 만하다. 2020년 1월부터 시작된 코로나19의 세계적 유행은 약 3년간 지속되었고 2023년 12월 말 현재 누적 감염 7억 명, 사망 696만 명을 기록하였다. 2022년 1월 20일 신환자 384만 명을 기록하였다. 한국은 3,457만 명이 감염되었고, 3만 5,934명이 사망하였다. 인구 100만 명당 코로나19 사망률을 보면 미국 3,555, 프랑스 2,556, 독일 2,144, 브라질 3,289, 이탈리아 3,227,

코로나19 전 세계 매일 발생 현황

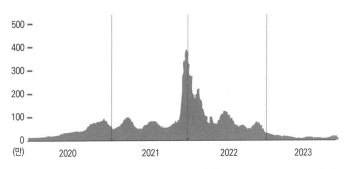

출처: Worldometer, coronavirus pandemic

영국 3,389명 등이고 한국은 700이다. 페루가 6,595로 가장 높았다.[3]

그리고 불가리아 5,659, 헝가리 5,103, 보스니아 5,042, 북마케도니아 4,789, 크로아티아 4,604 등 동유럽 국가들의 코로나 사망률이 특히 높았으며 그다음으로 페루, 브라질, 아르헨티나, 콜롬비아 등 남미 국가들이 높았다. 남아시아와 아프리카 빈곤국은 오히려 코로나19 감염과 사망이 낮았다. 이것은 코로나 바이러스가 산업화, 도시화 수준이 높은 국가에서 유행했던 것과 관련이 있다. 산업사회의 특성을 지니고 있으나 공중보건과 의료수준은 높지 않은 나라들이 높은 사망률을 보였다.

한국은 2022년 초까지 감염 확산을 성공적으로 억제하였는데 여기에는 조기 검사, 접촉자 추적조사, 감염자 격리와 치료의 3요소가 잘 작동한 결과로 생각된다. 또한 사회적 거리두기와 마스크 착용 등 국민의 적극적 참여가 감염 전파를 억제하는 데 크게 기여하였다. 정부는 코로나19를 1급 전염병으로 지정하여 모든 환자의 발생, 이송, 치료를 국가가 전적으로 관리하였고, 모든 비용을 부담하였다. 일반 질환의 경우에는 환자가 스스로 병원을 찾아가서 진단받고 치료해야 하는 것과 크게 대비된다. 감염병의 경우 짧은 시간에 광범위하게 전파되고 대규모 사망자를 발생시킬 수 있어 무엇보다 신속한 대응이 중요하기 때문이다. 이 것은 마치 전쟁이나 재난 상황에 대응하는 것과 유사하며 학술적으로는 보건안보health security라고 부른다.

만성질환에 시달리는 노년

급성질환은 대체로 박테리아나 바이러스 같은 원인균의 감염에 의한 질병이다. 며칠 또는 수주 이내에 회복되거나 사망하면서 질병 에피소드가 종료된다. 반면 만성질환은 발병 시점이 불명확하다. 즉 무엇이 원인이고 언제부터 발병했는지가 명확하지 않은 것이다. 고혈압이나 당뇨병 같은 경우 며칠 사이에 증상이 악화하는 것이 아니라 수년에 걸쳐서 서서히 혈압과 혈당이 오른다. 만성질환은 흡연과 음주 또는 식이 같은 생활습관이 그 원인으로 추정된다. 따라서 만성질환은 생활습관병이라 불리기도 하는데 일단

30세 이상 국민의 고혈압·당뇨병 유병률

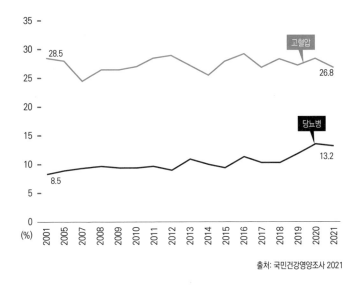

출처: 국민건강영양조사 2021

발병하면 완치가 어렵고 평생 투약하면서 생활습관을 개선하고 관리하면서 증세 악화를 방지하는 것이 최선의 치료일 수 있다.

[30세 이상 국민의 고혈압·당뇨병 유병률] 그래프는 30세 이상 국민의 고혈압과 당뇨병 유병률을 보여 준다. 고혈압 수축기 혈압 140mmHg수은주밀리미터 이상이고 이완기 혈압 90mmHg 이상, 또는 혈압약을 복용할 경우이다. 당뇨병은 공복혈당 126mg/dL 이상 또는 당화혈색소 6.5% 이상이거나 의사의 당뇨병 진단을 받은 경우이다. 당뇨병은 지난 20년간 8.5%에서 13.2%로 증가하였다. 고혈압은

25~28% 범위에서 증감을 반복하고 있다. 고혈압이나 당뇨병은 자체로도 위중한 상태가 될 수 있지만 기저질환으로서 다른 증상의 악화 또는 합병증을 부를 수 있다. 코로나19 유행 때도 고혈압이나 당뇨병 같은 기저질환이 있는 경우에 사망률이 높았다.

이 질환은 비만, 운동 부족, 과잉영양 등 생활습관이 원인이 되어 나타나는데 이후 발생할 다양한 만성질환의 가늠자 같은 역할을 하여 중장년 건강 악화의 경고 신호와도 같다. 30세 이상 성인의 3분의 1 이상이 고혈압 또는 당뇨병이 있을 정도로 흔하고, 발병 단계에서는 일상생활에 지장을 주지 않지만, 방치하면 서서히 악화하고, 각종 만성질환 발생에 영향을 준다. 예방과 치료를 위해서는 생활방식, 음주, 흡연 및 식이, 신체활동의 개선이 필요하다.

만성질환은 불건강한 생활습관이 오랫동안 유지된 후에 발병하는 것으로 보인다. 따라서 노인들에게 만성질환이 많다. 2020년 노인실태조사에 의하면 만성질환이 없는 노인은 16%에 불과했고, 1개 29.2%, 2개 27.1%, 3개 이상 27.8%에 달했다. 종류별로는 고혈압 56.8%, 당뇨병 24.2%, 고지혈증 17.1%, 관절염 16.5%, 요통-좌골신경통 10%, 골다공증 8.5%, 백내장 5.3%의 순이었다. 따라서 노인들은 만성질환으로 인하여 생활의 제약을 받게 되고 장기적인 치료와 투약을 받게 된다.

2022년에 65세 이상 노인들이 사용한 의료비는 44조

원으로 전체 의료비의 43%에 해당한다. 노인 1인당 월평균 42만 원의 진료비를 사용하는 셈이다. 노인 인구는 전체 인구의 16%이지만 노인들은 입원 일수와 외래 이용 일수가 두 배 이상이었다.[4] 우리나라 노년들은 건강 불안에다가 노후 준비가 부족한 경제적 빈곤, 자식과의 교류 감소 등 여러 불안 요인이 겹치면서 어디에서도 환영받지 못하는 우울한 노년을 보낼 가능성이 크다. 또한 우리나라에서 노인 자살률이 특히 높다는 사실은 노인들의 신체적, 정신적, 사회적 웰빙이 크게 저하된 상태라는 점과 관련이 깊다. 노년기에 건강해지려면 청년, 장년기에 건강관리와 건강증진에 더욱 노력해야 한다.

암

암은 현재 질병 사인 1위이며 일반인들에게 크게 주목받는 질병이다. 암의 이환 지표로 암 발생률이 있는데 이것은 매년 신규 발생 암 환자 수(한 해의 중간(年央) 인구수로 나누고 10만 명 단위로 곱해 준 값)를 의미한다. 2001년 이래 암 발생은 지속해서 상승해 왔고 2019년에 암 발생률이 인구 10만 명당 500명에 이르렀는데 2020년에는 482.9명으로 약간 감소했다. 신규 환자 수는 남자 13만 명, 여자 11.7만 명이었다. 현재 인구 중 암을 앓고 있는 사람 수를 의미하는 암 유병률은 인구 10만 명당 1,769명으로 최근 5년간 약 90만 명이 암을 앓고 있었다. 암 종별로 보면 남자는 폐암, 위암, 전립선암, 대장암 순이며, 여자는 유방암, 갑상선암, 대장암, 폐암 순으로 많았다.

다른 암 이환 지표로는 암 5년 생존률이 있는데 암 치료를 시작한 지 5년 이내에 그 암으로 사망하지 않을 확률을 의미한다. 암은 치료 시작 5년 이내에 재발이나 전이가 발생하기 때문에 이 시기에 생존하게 되면 치료가 효과적임을 보여 준다. 암 5년 생존률은 1990년대에 42.9%(1993~1995)이던 것이 최근에는 71.5%(2016~2020)까지 상승하여 그동안 암 치료 기술이 크게 발전하였다. 남성보다(65.5%) 여성이(77.8%) 암 생존율이 더 높다.

그동안 암은 치료의 어려움으로 인하여 질병 공포의 대명사였고 '암적인 존재'라는 사회적 은유의 대상이기도 하

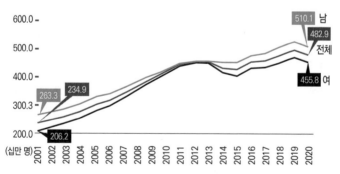

암 발생률 추이

출처: 국가암정보센터, 암등록통계 2023

젊게 늙는 사회

였다. 그러나 최근에 국내의 암 치료 기술이 세계적 수준으로 발전하면서 생존율이 크게 향상되었다. 또한 암 치료는 고난도의 의학 기술이 필요하고, 치료약도 고가인 경우가 많아서 과다한 암 치료비 지출로 환자 가족에게 큰 경제적 부담을 지웠다. 이에 대응하려고 많은 국민이 개인적으로 암 보험에 가입하는 경우가 많았다. 그러나 최근에는 국민건강보험에서 암 치료비의 많은 부분을 부담하고 있어서 과거보다는 경제적 부담이 완화되었다.

흔해져 버린 정신장애

정신병은 오래전부터 존재했으나 무엇이 정신병의 범주에 속하는지는 시대에 따라, 사회에 따라 변화하였다. 원시사회에서는 1) 몸에서 정신/혼이 빠져나가든지 2) 악령이 몸속에 들어오든지 3) 그 사회의 금기를 위반하여 처벌받든지 4) 마술의 희생자일 경우 정신병에 걸린 것으로 간주했다.[5] 원시사회에서 정신병은 흑마술이나 초자연적인 힘과 연관된 것이었다. 무당의 굿은 초자연적 힘에 대응하여 백마술을 실행하여 희생자를 구해 내는 의식이었다.

　서양 중세에서는 악령에 의한 귀신 들림이 주된 정신병이었고 가톨릭 사제들이 구마 의식을 실행하여 악령을 퇴치하였다. 교회에 의하여 악령의 대리인으로서 마녀witch로 규정된 사람들이 처단되었다. 그런데 이들은 주로 여성들로서 힘이 약하고, 불신자이고, 별나고, 정신적으로 아픈 사람들이었다. 드라마에서는 숲속에서 혼자 살며 약초를 재배하고 마술을 부리는 인물로 묘사되기도 한다. 이들은 마술을 행한 죄로 법정에서 화형을 선고받고 처형되었다.

17세기 이후 서양에서는 근대사회가 형성되고 중세의 신에 대한 숭배에서 벗어나 인간의 이성에 대한 믿음이 중시되었다. 이에 정신병도 이성이 없는 경우로 재규정되었다. 정신병자는 사회에서 격리해야 된다는 새로운 방책이 만들어졌다. 중세 때 마녀를 처형하던 것과 비교해 격리는 진일보한 것으로 볼 수도 있으나, 실제로는 감옥이나 다름 없는 장소에 묶어 놓고 동물처럼 대하는 비인간적 감금이었다.

18세기에 필리프 피넬Philippe Pinel(1745~1826)이라는 프랑스 의사는 정신건강은 정서적 안정에 달려 있다고 믿었다. 정신병자를 친절하게 대하고 공감하는 도덕적 치료를 해야 한다고 주장하였다. 그의 주장이 널리 퍼지고 수용되면서 정신병자는 감옥에서 풀려나와 정신요양원에서 도덕적 치료를 받게 되었다. 그런데 도덕적 치료는 실현이 어려웠다. 도덕적 치료를 위한 구체적이고 효과적인 프로그램이 개발되지 못했다. 또한 정신요양원에는 정신이상자는 물론 알코올중독자, 범죄자, 방랑

필리프 피넬

자, 빈민 등이 뒤섞여 있었다.

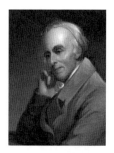

벤자민 러시

벤자민 러시Benjamin Rush(1746~1813)는 정신이상자만을 대상으로 전문적으로 치료하는 정신의학 체제를 주장하였다. 이후 점차 범죄자 등을 구분하여 다른 시설로 보내고 정신병원에서는 정신병만을 치료하게 되었다. 1970년대에 정신병원에 수용된 환자들의 인권 억압에 대한 문제가 제기되면서 중증의 정신장애를 제외한 경증 환자들을 지역사회로 돌려보내 재활을 돕는 지역사회 정신보건 제도가 만들어졌다. 우리나라에서도 현재 정신병원 이외에 각 시군구에 정신건강복지센터가 설치되어 정신장애인의 재활과 국민의 정신건강 상담을 진행하고 있다.

과거에는 사회적 관심이 주로 중증의 정신장애에 한정되어 있었다. 그리고 중증 정신장애인은 정신병원이나 요양원에 수용되어 일반 사회와 격리되었기에 정신병은 일반인이 경험하기 어려운 질병이었다. 정신병은 특별한 사람들의 문제이고 내 삶과 유리되어 있었다. 우리나라에서 2000년대 이전의 건강 문제는 곧 신체적 건강의 문제였을 뿐이다. 일반인의 정신건강이 사회적으로 관심을 받게 된 것은 2000년대 이후의 일이다. 일상에서 점차 다수의 사람이 스트레스와 우울감을 느끼게 되었고, 연예인의 잇단 자살, 세계적 수준의 자살률, 세월호 사건처럼 재난 발생과 집단적 트라우마가 생겨나면서 일반인들의 정신건강이 사회적으로 중요한 관심사로 대두하게 되었다.

선진국들은 이미 1970년대부터 정신건강에 관한 관심이 높았고, 이제는 사회적 건강에까지 관심을 쓰고 있다. 사회적 건강은 낙인과 차별, 집단 따돌림, 무차별 폭력 등 사람들 사이의 사회적 관계로부터 유래하는 건강 문제로 우리나라에서는 여전히 제대로 대응하지 못하고 있다. 미국에서는 학교에서 인종과 관련된 낙인이나 차별적 언사와 행동이 발생할 경우 교사가 즉각적인 제재를 한다.

예를 들어 아시아계 사람이 총을 난사하여 다수를 살상하는 사건이 생겼을 때 아시아계 사람 전체를 매도하는 경향이 있다. 학교에서는 교사들이 즉각적으로 대응하여 그것이 개인의 잘못일 뿐임을 강조하여 교육한다. 우리나라에서는 낙인과 차별이 잘못된 것임을 즉각적으로 지적하고 교육하는 기능이 미약한 편이다. 제도적으로도 차별을 구제받을 수 있는 방법도 제대로 갖추어져 있지 못하다. 이런 문제에 대응할 수 있는 제도적 장치인 차별방지법은 일부 종교인들의 반대 때문에 입법이 되지 않고 있다. 소수의 반대를 넘어설 수 있을 만큼 우리나라 국민의 차별에 대한 인식 수준이 성숙되지 않았다고 할 수도 있다.

스트레스 인지율이 가장 높은 30대 여성

스트레스란 외부 자극에 대한 신체적, 정신적 반응을 의미하는 것으로 생리학에서 유래됐다. 예를 들어 공포감이나 위협감을 느끼면 스트레스 호르몬이 분비되어 몸이 긴장되고 혈압과 맥박이 빨라지며 도주 또는 반격을 할 수 있게 팔다리 근육이 준비 태세에 들어가지만, 위장에는 혈액이 적게 공급되어 소화가 잘 안 될 수 있다. 스트레스가 만성적으로 지속되면 근력 감소, 지방 증가, 면역기능 약화 등 부작용이 초래된다. 당뇨와 고혈압의 발병 위험이 높아지며 식욕부진과 만성피로 등도 발생한다.

스트레스는 우리가 사회생활을 하면서 얻게 된다. 학생은 공부를 잘해야 한다는 중압감이 스트레스가 되고, 직장인들은 성과를 내고 승진해야 한다는 스트레스를 받게 되며, 가족 간의 원만하지 못한 관계가 지속되는 것도 중대한 스트레스 요인이 된다. 이러한 스트레스 원인들을 생활사건이라 한다. 많은 스트레스는 일회성으로 끝나지만, 어떤 스트레스는 수년간 장기적으로 지속되기도 한다. 실업자가 취업이 어려워지고 생활고를 겪게 되면서 여러 가지 추가적인 가족적·사회적 어려움을 겪을 수 있다. 또 예전에 시어머니와 며느리 간의 고부갈등도 장기적으로 지속되는 경우가 많았다. 이러한 장기적 스트레스는 '만성적 긴장chronic strain'이라 한다. 사실 건강상의 위험은 일회적 스트레스보다는 만성적 긴장 때문에 더 문제가 된다.

사람에 따라서는 동일한 환경에 처해서 동일한 스트레스에 노출되었음에도 불구하고 스트레스로 인한 신체적, 정신적 불건강이 크지 않은 경우가 있다. 이것은 개인별로 스트레스에 대한 극복 능력coping이 다르고, 또 어려운 지경에 있을 때 주변에서 도와줄 수 있는 사회적 지지의 정도가 달라서 생긴 결과이다. 개인의 극복 능력과 사회적 지지는 스트레스의 충격을 완충 또는 완화시켜 건강에 미치는 부정적 영향을 줄여 주는 역할을 한다. 예를 들어 실업을 당했을 때 이것을 새로운 삶의 기회로 생각할 수 있다면 실업의 충격은 완화될 것이다.

'스트레스 인지율'은 평소 일상생활 중에 스트레스를 '대단히 많이' 또는 '많이' 느끼는 사람들의 백분율로서 보통 국민건강영양조사 같은 조사에서 스트레스를 느끼는지를 질의 응답한 결과에 근거하여 계산한다. 2021년 통계에 의하면 전체 국민의 28.7%가 평소에 스트레스를 느끼고 있었다. 여자가(31.3%) 남자보다(26.2%) 스트레스 인지 정도가 높았다. 연령별로는 남자는 40대와 30대가 가장 높았고, 여자는 30대와 20대가 특히 높았다. 30대 여성의 스트레스 인지율은 42.4%에 달할 정도로 높았다. 또 소득이 낮을수록 스트레스 인지율이 높았다.

30대 여성의 스트레스가 특히 높은 것은 젊은 여성이 겪어야 하는 삶의 현실이 만만치 않음을 암시한다. 같은 또래 남성들이 주로 취업과 직장생활 도전에 집중하지만 여성에게는 결혼과 육아라는 또 다른 도전이 기다리고 있다. 취업도 힘들지만 결혼하면서 육아를 병행하는 것은 더 힘든 과제이다. 취업과 직장생활에서는 남성들이 겪지 않는 성차별을 겪어야 한다. 결혼생활도 시댁 식구들과 새로운 사회적 관계를 형성해야 하는 부담이 크게 다가온다.

이러한 현실은 대학생 때까지 추구하던 자신의 정체성과는 상당히 다른 현실의 요구들에 적응하면서 '나는 누구인지' 정체성의 혼란과 위기를 겪을 수 있다. 이 스트레스들이 때로는 '허리가 꺾이는 아픔'으로 나타나기도 하고, 몸이 시름시름 아프거나, '이대로 죽었으면 좋겠다'는 생각까지 하게 만든다.[6] 예전보다 평균적인 삶은 풍요로워졌지만 자아를 실현하고 웰빙을 누리기에는 턱없이 부족한 한국 사회의 현실이 30대 여성에게 특히 가혹하게 다가오고 있다. 30대 여성의 높은 스트레스는 그 반증으로 볼 수 있다.

[스트레스 인지율 추이]를 보면 2013년에 예년과 다르게 낮아진 것을 제외하면 지난 10년간 대체로 25~30% 내외의 분포를 보였다. 즉 스트레스 인지율이 특별히 높아지거나 낮아지는 추세를 보이지는 않았다.

통계청의 사회조사 2022에 의하면 지난 2주간 일상생활에서 스트레스를 느낀 경우가 44.9%였고, 가정 스트레스 34.9%, 직장 스트레스 62.2%, 학교 스트레스 35.2%였다. 전반적으로 국민건강영양조사보다 높게 측정되고 있다. 학교나 가정보다 직장이 훨씬 큰 스트레스의 원천임을 알 수 있다. 인구학적 특성별 스트레스 인지율 분포를 보면 30대 여자(56.8%)와 40대 여자(56.6%)가 가장 높았다. 40대 남자(53.3%)도 높은 편이었다. 학력이 높을수록 스트레스도 높았다. 초졸(36.5%) 〈 중졸(41.9%) 〈 고졸(45.5%) 〈 대졸(47.8%) 순이었다. 혼인상태별로는 이혼자(51%)가 가장 높았지만 기혼자(47.5%)도 미혼자(41.5%)나 사별자(33.9%)보다 높았다. 실업자(41.1%)보다 취업자(47.9%)가 높았다. 음주 횟수가 많을수록 스트레스 인지율도 높아졌다. 즉 사회경제적 지위가

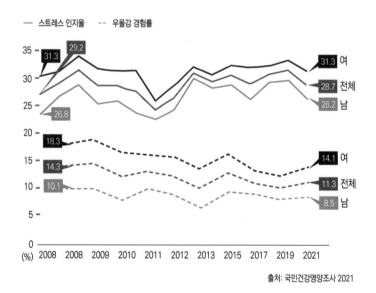

스트레스 인지율 · 우울감 경험률 추이

출처: 국민건강영양조사 2021

젊게 늙는 사회

높을수록 더 많은 사회적 관계를 갖고, 생활사건을 더 많이 겪게 되어 스트레스도 더 많이 경험하는 것으로 추론되었다. 사회경제적 지위에 비례하여 일반적인 건강상태나 건강행동이 양호해지는 양상과는 달랐다.

직장인들이 겪는 스트레스는 직무 스트레스라는 척도로 별도로 측정할 수 있다. '한국인의 직무 스트레스 측정 도구의 개발 및 표준화'에 의하면 직무 스트레스 척도는 직장의 공기오염, 작업 방식의 위험성 등 물리적 환경, 직무 요구도, 직무자율성, 직무불안정, 조직체계, 보상체계, 직장 문화, 관계 갈등의 8개 영역에서 43문항으로 측정을 한다.[7] 직종 또는 직업별로 직무 스트레스가 다양하게 측정되고 있으나 아직 국가 통계로는 작성되고 있지 않다.

모든 스트레스가 건강에 나쁜 영향을 미치는 것은 아니다. 적당한 스트레스는 삶에 긴장을 주어 적극적이고 생산적인 대응을 할 수 있게 도와 삶의 활력을 제공한다. 그러나 개인이 극복할 수 있는 범위와 수준을 넘어서는 장기적이고 강력한 스트레스는 건강에 해롭다. 스트레스 호르몬의 과다분비에 의한 부작용과 만성피로, 소진 현상은 전형적인 스트레스 부작용이기에 적절한 대응과 해결책을 모색할 필요가 있다.

우울감 경험률 높은 70대 여성

우울depression은 스트레스보다 훨씬 강도 높게 정신적 장애를 유발한다. 우울감은 생활의 의미와 활력을 잃고, 사는 게 무의미하고, 일할 의욕이 나지 않으며, 무기력하고, 슬프고 절망감을 느끼는 상태를 말한다. 우울감은 하루 이틀 나타났다가 사라지는 것이 아니라 최소한 2주, 보통은 그 이상으로 우울함을 느끼는 상태를 말한다. 통계적으로는 1년 중에서 연속적으로 2주 이상 일상생활에 지장이 있을 정도의 우울감을 경험한 사람의 백분율을 의미한다. 스트레스보다는 심각하지만, 의학적인 우울증보다는 약한 상태를 말한다.

앞서 제시한 [우울감 경험률 추이] 그래프를 보면, 2021년의 우울감 경험률은 남자 8.5%, 여자 14.1%로 여자가 훨씬 높았다. 2008년 이후 항시 여자의 우울감 경험률이 높게 나온다. 이것은 세계적 추세와도 부합한다. 우울감 경험률은 2008년 이래로 약간 감소하는 것으로 보인다. 스트레스가 연령이 높아질수록 감소했던 것과 달리 우울감은 40대와 50대에 오히려 낮아졌다가 60대와 70대에 높아지는 양상을 보인다. 연령대별로는 70대가 13.6%로 가장 높다.

최근의 코로나19 유행병이 장기간 지속되면서 '코로나 블루'라는 용어가 만들어질 정도로 많은 사람이 일시적으로 우울감을 느꼈다. 코로나19로 외부 활동의 제약을 받고, 신체활동이 줄어들면서 정서적으로 지치고 고갈되거나(40.6%) 우울감을 느끼게 되었다(41.1%).[8] 특히 20대 여성의 자살자가 전년 대비 43%가 증가하였다는 통계나 우울증으로 치료받은 여성이 2021년에 상위에 올랐다는 국민건강보험 통계는 코로나19가 유행하는 상황에서 젊은 여성들이 더 심하게 정서적으로 영향받고 있는 것처럼 보였다. 그러나 국민건강영양조사나 정신건강역학조사에서 20대 여성의 우울증이 더 증가하지는 않았다. 즉 20대 여성이 코로나19 유행에서 일시적으로 우울감을 더 느꼈을 수는 있지만 이것이 의학적인 우울장애 수준에 이른 것으로 보이지는 않는다.

삶의 조건과 정신건강 그리고 극단적 선택

국립정신건강센터는 5년마다 전 국민의 정신건강실태조사를 실시한다. 여기서는 의학적으로 질병으로 진단되는 수준의 정신장애 유병률을 조사한다. 2021년 조사는 18~79세 국민 5,511명을 대상으로 방문 면접조사 방식으로 진행하였다. 여기서는 정신장애를 크게 우울장애, 불안장애, 알코올 사용 장애, 니코틴 사용 장애로 구분하였다.

우울장애는 2주 이상 매일 우울한 기분, 흥미 상실, 식욕 저하, 수면 장애, 피로, 자살 생각 등으로 일상생활에 어려움을 겪는 경우를 말한다. 불안장애는 다양한 형태의 병적인 불안과 공포로 일상생활의 어려움을 겪는 경우를 말한다. 강박증, 외상 후 스트레스, 공황장애, 광장공포 등이 해당한다. 알코올 사용 장애는 과다한 음주로 금단 증상을 겪고 있음에도 지속해서 음주하는 경우가 해당한다. 니코틴 사용 장애는 오랫동안 흡연을 해 왔고, 흡연을 중단하거나 줄일 경우 의존 증상과 금단현상이 나타나는 경우를 말한다.

모든 정신장애의 1년 유병률은 8.5%(남 8.9%, 여 8.0%)이고 평생 유병률은 27.8%(남 32.7%, 여 22.9%)였다. 남자의 정신장애율이 여자보다 비교적 크게 높았다. 그런데 남자는 니코틴 의존과 알코올 사용 장애가 많았고, 여자는 불안장애, 우울장애가 많았다. 남자에게 유독 많은 니코틴 의존과 알코올 사용 장애를 제외하면 1년 유병률은 여자(6.6%)가 남자(2.2%)보다 더 높았다.

정신장애 유병률

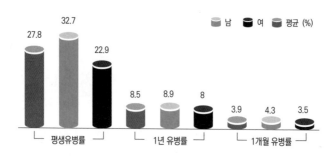

출처: 보건복지부, 정신건강 실태조사, 2021

젊게 늙는 사회

정신장애 1년 유병률의 특성별 분포를 살펴보면 연령대별로는 남자는 30대(2.8%)와 60대(2.9%)가 높았고, 여자는 20대(8.3%), 50대(7.3%)와 70대(7.8%)에서 높았다. 통계적으로는 정신장애가 연령과 무관하게 발생하는 것처럼 보인다. 혼인상태별로는 남녀 모두 미혼자가 기혼자나 사별자보다 높았다. 가족의 정신적 위기에 대한 보호 효과가 작용하는 것처럼 보였다. 그렇지만 기혼자의 유병률이 남자(1.7%)에 비하여 여자(5.8%)가 월등하게 높아서 여성에게는 혼인의 보호 효과가 상대적으로 약한 것을 짐작할 수 있다.

교육수준별로는 남녀 모두 고졸자에게서 유병률이 가장 높았고, 중졸 이하에서 가장 낮았다. 학력이 낮을수록 신체적 건강은 더 나쁜 경향이 있는데 정신장애의 경우에는 반대의 경향을 보였다. 취업상태별로는 남녀 모두 정규직일 경우가 유병률이 가장 낮았다. 남자는 무직일 경우 유병률이 가장 높았고, 여자는 비정규직일 때 가장 높았다. 비정규직이나 무직일 경우 정신건강에 심각한 위험을 초래함을 알 수 있다. 거주 지역별로는 남자는 농촌(읍면)의 유병율이 높았고, 여자는 도시(동)일 경우 높았다. 소득별로는 남녀 모두 중위소득 미만일 경우, 즉 저소득일 경우에 유병률이 높았다. 거의 모든 세부 특성에서 여자는 남자보다 유병률이 크게 높아서, 성별에 따른 다른 삶의 구조가 정신장애 발생에 큰 영향을 미치는 것을 알 수 있다.

여성에게 특히 흔한 우울장애와 불안장애의 특성별 분

정신장애 특성별 분포
(1년 유병률)

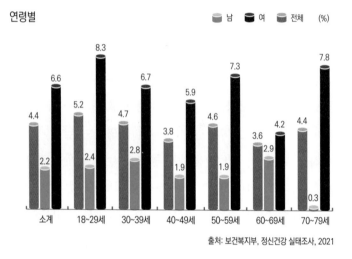

연령별

범례: 남 여 전체 (%)

구분	남	여	전체
소계	2.2	6.6	4.4
18~29세	2.4	8.3	5.2
30~39세	2.8	6.7	4.7
40~49세	1.9	5.9	3.8
50~59세	1.9	7.3	4.6
60~69세	2.9	4.2	3.6
70~79세	0.3	7.8	4.4

출처: 보건복지부, 정신건강 실태조사, 2021

포를 보면 우울장애는 30대와 70대, 불안장애는 20대와 50대에서 높았다. 혼인상태별로는 이혼-사별자에게서 높았고 불안장애는 미혼자에게서 높았다. 학력별로는 중졸 이하에서 높았고, 불안장애는 대졸 이상에서 높았다. 취업상태별로는 우울장애는 무직에서 높았고, 불안장애는 비정규직에서 높았다. 소득수준별로는 두 장애 모두 저소득자에게서 높았다.

정신건강서비스를 이용해 본 사람은 전체 응답자의 1.8%에 불과하였다. 정신장애 진단을 받은 사람 중에서도 7.4%만이 정신건강서비스를 이용한 것으로 나타났다. 이

젊게 늙는 사회

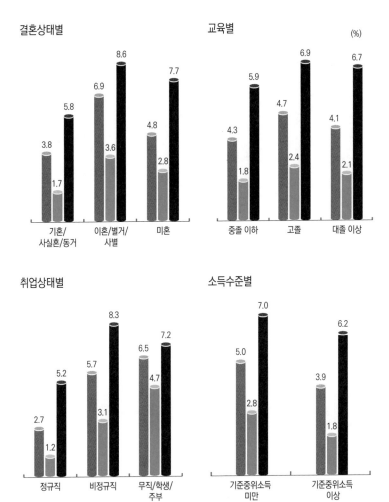

결혼상태별

교육별 (%)

취업상태별

소득수준별

렇게 낮은 정신건강서비스 이용률은 신체 질환의 경우 높은 의료 이용을 보이는 것과 대비된다. 유형별로는 우울장애 환자의 이용률이 비교적 높았다.

우울장애와 불안장애의 여성 유병률 특성별 분포

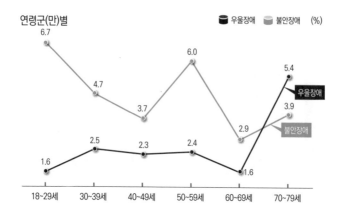

연령군(만)별

● 우울장애　● 불안장애　(%)

| 18~29세 | 30~39세 | 40~49세 | 50~59세 | 60~69세 | 70~79세 |

불안장애: 6.7, 4.7, 3.7, 6.0, 2.9, 3.9

우울장애: 1.6, 2.5, 2.3, 2.4, 1.6, 5.4

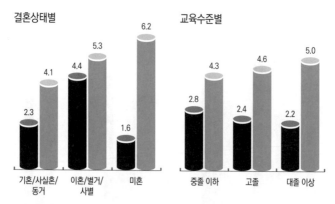

결혼상태별

기혼/사실혼/동거: 2.3, 4.1
이혼/별거/사별: 4.4, 5.3
미혼: 1.6, 6.2

교육수준별

중졸 이하: 2.8, 4.3
고졸: 2.4, 4.6
대졸 이상: 2.2, 5.0

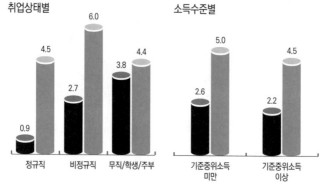

취업상태별

정규직: 0.9, 4.5
비정규직: 2.7, 6.0
무직/학생/주부: 3.8, 4.4

소득수준별

기준중위소득 미만: 2.6, 5.0
기준중위소득 이상: 2.2, 4.5

출처: 보건복지부, 정신건강 실태조사, 2021

젊게 늙는 사회

자살 관련 행동으로는 자살사고(자살 생각), 자살계획, 자살시도가 있다. 평생 유병률 기준으로 자살 행동은 남자 9.4%, 여자 12%로 여자들이 더 많이 했다. 자살사고, 자살계획, 자살시도 모두 여자가 높았다. 자살시도를 한 사람이 정신장애를 갖고 있는지를 살펴보면 남자는 니코틴 사용 장애자 중 자살을 시도한 경우가 43.4%였고, 우울장애자 중 자살시도자가 42%였다. 여자는 우울장애자 중 자살을 시도한 경우가 60.3%였고 불안장애자 중 자살을 시도한 경우가 34%였다. 알코올 장애, 니코틴 장애, 우울장애, 불안장애를 가진 사람 전체 중 자살시도자가 남자 68.1%, 여자 74%였다.

즉 어떤 형태이든지 정신장애를 가진 사람은 자살 위험이 높다는 것을 알 수 있다. 특히 우울증을 앓는 여성이 자살을 시도할 가능성이 높다. 따라서 우울증을 앓는 여성의 경우 주변 사람들이 일상에서 계속해서 관심을 가지고, 보살피고 사회적 지지를 제공하는 것이 중요하다.

자살예방사업의 일환으로 전국에 자살예방센터 등이 설치되어 있고, 상담 활동을 하고 있다. 그런데 사회적 지지 효과는 분명하지 않은 것 같다. 자살예방사업을 위하여 법률에 근거하여 설립된 한국생명존중희망재단은 주요 사업의 하나로 심리부검을 실시하고 있다. 자살자의 생전 삶에 대한 정보를 수집하고 가족 등 관계자들 면담 등을 통하여 자살에 이르게 되는 상황을 재구성하여 자살의 영향

자살 행동의 정신장애 진단별 특성 분포

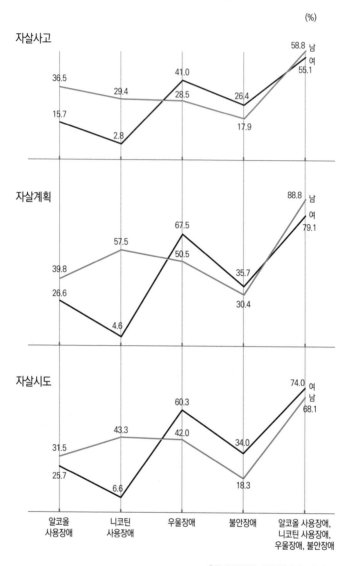

(%)

자살사고

36.5   29.4   41.0   28.5   26.4   58.8 남
15.7   2.8   17.9   55.1 여

자살계획

39.8   57.5   67.5   50.5   35.7   88.8 남
26.6   4.6   30.4   79.1 여

자살시도

31.5   43.3   60.3   42.0   34.0   74.0 여
25.7   6.6   18.3   68.1 남

알코올 사용장애 / 니코틴 사용장애 / 우울장애 / 불안장애 / 알코올 사용장애, 니코틴 사용장애, 우울장애, 불안장애

출처: 보건복지부, 정신건강 실태조사, 2021

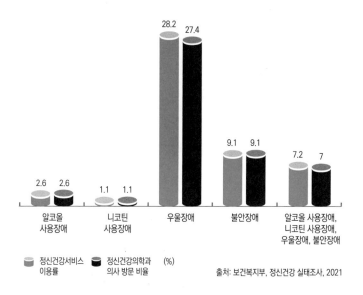

정신장애 유형별 정신건강서비스 이용

28.2 27.4

9.1 9.1

7.2 7

2.6 2.6

1.1 1.1

알코올
사용장애

니코틴
사용장애

우울장애

불안장애

알코올 사용장애,
니코틴 사용장애,
우울장애, 불안장애

정신건강서비스
이용률

정신건강의학과
의사 방문 비율

(%)

출처: 보건복지부, 정신건강 실태조사, 2021

요인을 파악하고 대책을 세우게 된다. 그런데 가족의 자살 상황을 떠올리기를 힘들어 하는 가족들은 심리부검 참여가 저조하다. 그러다 보니 효과적인 예방책 수립도 어렵게 된다.

자살예방 상담에 대해서도 경험자들의 부정적 경험 진술이 많다. 당사자들의 심각한 진술에 대하여 상담자들이 사무적이고 틀에 박힌 응답이 별로 도움되지 않는다는 것이다. 앞서 언급한 심리부검을 진행한 자살사망자 956명 중 정부가 운영을 지원하는 정신건강복지센터나 자살예방센터를 방문한 사례는 12건뿐이었다. 상담전화 이용도 3건에 그쳤다.[9] 자살사망자들이 자살 전 3개월 동안 정신과 병의원, 금융기관, 법률자문기관, 종교기관 등 다양한 기관들을 방문하는데 결과적으로는 자살예방에 도움을 얻지는 못하는 것으로 보인다. 상담센터는 아예 방문 대상도 되지 못한다. 자살 위기에 처한 사람들이 하소연할 곳이 없다는 것이다.

우리나라는 '연줄 공화국'이라 할 만큼 이런저런 인연으로 맺어진 사회적 연결망이 잘 발달되어 있고, 각종 모임도 많다. 그런데 정작 생의 위기에 처할 때 이들의 하소연을 들어줄 사람이나 기관이 사실상 부재하다는 것은 매우 역설적인 상황이다. 공동체의 통합기능이 심각하게 허물어졌음을 암시하는 것으로 보인다. 이럴 경우 사회적 지지 기능이 약화되어 정신적 스트레스가 완화될 수 있는 기전이 미약하다는 것으로 해석되어, 결국 당분간 정신건강의 악화 현상은 지속될 것으로 생각된다.

Chapter 05

웰다잉을 위한 의醫,료

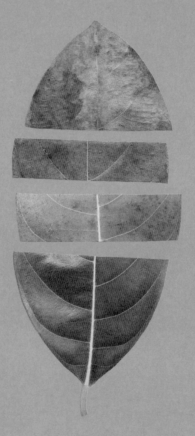

이 장에서는 질병 치료를 위한 제도적 장치에 대하여 알아본다. 질병을 치료
하려면 기본적으로 의사와 병원이 필요하다. 또한 의료비 지불 부담을 완화
해 주는 건강보험제도도 필요하다. 우리나라는 의사 수는 적은데 병상 수는
많고, 의료 이용 횟수도 많은 기형적인 모습을 보인다. 양질의 의료서비스가
과잉으로 제공될 경우 필연적으로 의료비의 상승을 부르게 된다. 의료계계
전반의 구조에 대하여 알아보기로 한다.

1990년, 국가의 본격 개입

우리가 아플 때 원활하게 치료받기 위해서는 의료인력, 의료시설과 장비, 약품, 조직, 재원 조달, 거버넌스 등의 요소들이 잘 준비되고 서로 조화롭게 맞물려 돌아가야 한다. 1970년대까지 우리나라는 농촌 지역에 광범위하게 무의촌無醫村이 존재했다. 즉 의사가 없는 지역이 많았다. 의료 공급이 절대적으로 부족하였고, 국민은 경제적 능력이 부족하여 의료서비스를 이용하기 어려웠다. 1980년대에 의료보험제도의 적용 인구가 확대되면서 1990년에는 전 국민이 의료보험을 이용할 수 있게 되었다. 의료보험제도의 도입은 그때까지 의사와 환자 간의 사적 거래로 이루어지던 의료서비스를 국가가 개입하여 공적인 거래로 바꾸고 국민에게 의료보험료를 부과하는 대신 의료 이용의 권리를 제공해 주는 제도였다.

즉 이전까지 환자는 치료받은 후에 의사에게 치료비를 직접 냈다. 치료비의 가격은 의사가 임의로 정했다. 그런데 의료보험제도가 도입된 이후에는 모든 의료행위의 가격이 국가 주도로 사전에 정해졌고, 의사는 의료서비스를 제공한 이후 의료보험조합으로부터 정해진 기준에 따라 치료비를 지불받는 방식으로 바뀌었다. 환자는 의료 이용 시 전체 진료비의 일부만을 직접 부담하면 되었다. 환자들은 과거보다 크게 낮아진 비용 부담을 지게 되면서 그동안 억제했던 의료욕구_health care needs_를 실현하게 되었고, 이로 인해 국민의 의료 이용은 크게 증가하였다. 환자의 증가에 대응하여 국가는 의대 정원을 확대하였고, 의료공급자들도 병원을 신설하고 병상을 늘리는 방식으로 의료 공급을 확대하였다.

국민의 의료 이용이 보편화되면서 무의촌 문제는 빠르게 해결되었다. 그런데 계층 간 의료보험료 납부의 형평성을 둘러싸고 농촌 주민들의 반발이 일어났다. 농촌 주민들은 비교적 연령대가 높아 의료 이용이 많았던 반면 수입이 낮은데도 불구하고 높은 의료보험료를 납부해야 됐다. 당시는 지역별, 직장별로 의료보험조합이 구성되어 있었고, 각 조합이 자체적으로 수입과 지출을 책임져야 했다. 그래서 농촌조합은 의료 이용이 높아 급여비 지출이 많았고 따라서 보험료를 높게 책정할 수밖에 없었다. 반면 도시의 직장 의료보험조합은 젊은 사람들이 많아 의료 이용이 적었고, 따라서 보험료도 낮은 수준으로 책정되었다.

도시와 농촌, 직장과 지역별로 상이한 보험료 부과가 다수 국민의 불만을 샀고 시민단체를 중심으로 모든 조합을 하나로 통합하고 보험료를 형평성 있게 책정하자는 시민운동이 전개되었다. 1990년대 말에 의료보험조합 통합운동이 성공하여 단일적인 국민건강보험공단이 만들어졌다. 의료보험은 건강보험으로 명칭을 변경하였다.

건강보험은 가입자가 납부하는 건강보험료를 재원으

로 의료비를 지출한다. 또한 의료행위의 가격을 인상하거나 인하하여 의료의 수요와 공급을 조절하는 주체가 되며, 의료기관의 질을 평가하고 의료서비스의 질을 높여 가는 거버넌스의 책임자이기도 하다. 의료기관에서 이루어지는 대부분의 의료행위는 건강보험제도의 틀 안에서 기록되고 누적되어 거대한 데이터베이스로 만들어져 있다. 즉 지난 30여 년간 국민이 무슨 병을 앓았고, 무슨 치료 방법을 적용하였으며, 어떻게 죽고 살았는지에 대한 기본적인 정보가 축적된 것이다. 즉 질병을 개인의 문제로 두지 않고 국가가 개입하여 치료하고, 이를 위해 인력, 시설, 장비와 약품, 조직, 거버넌스를 유기적으로 결합시킨 제도를 의료체계라고 한다.

의료체계가 얼마나 효과적으로 작동하는지, 그리고 국민건강의 관리와 증진에 얼마나 기여하는지를 평가하는 것도 중요하다. 행정학적 평가의 개념을 도입하여 의료체계의 투입, 산출, 성과를 살펴보자.

의료체계의 기능 또는 작동 순서로 보면 제일 먼저 인력, 시설, 장비, 약품의 투입input이 있어야 한다. 양질의 의료서비스를 만들기 위해서는 교육훈련을 잘 받은 의료인력을 양성해야 한다. 아울러 필수장비와 시설이 갖추어진 의료기관들이 설립되어야 한다. 이렇게 의료인력과 시설이 갖추어져 의료체계의 투입이 완료되면 다음 단계로 환자들이 의료기관을 이용할 수 있게 된다. 환자는 필요에 따라

당일로 진료 받고 진료비를 내고 귀가하는 외래 이용 환자와 입원하여 검사와 수술, 집중적인 치료를 받는 입원환자로 나뉜다. 의료체계의 기능 순서로는 산출output에 해당한다. 치료를 받고 나면 병이 낫고 회복 단계에 들어간다. 때로는 치료의 효과가 좋지 않아 사망에 이르기도 한다. 병원에서 양질의 의료서비스를 받고 치료 결과도 양호할 경우 환자의 의료서비스 만족도가 높아진다. 치료 결과와 만족도를 의료체계의 성과outcome라고 할 수 있다.

의료서비스의 질은 여러 지표로 측정할 수 있는데 예를 들어 암 환자에게는 치료 시작 후 5년 생존 여부가 질을 가늠하는 지표가 된다. 또 수술환자가 1개월 이내에 재입원하여 재수술을 받게 된다면 양질의 서비스를 받지 못한 것으로 볼 수 있다. 과거에는 의사를 양성하고 배치하는 것으로 의료체계의 성과를 가름했다. 지금도 국민 1,000명당 의사 수는 의료체계의 수준을 가늠하는 중요한 지표이다. 그런데 의사를 배치하는 것만으로 좋은 성과를 담보하지 못할 수도 있다. 의사가 얼마나 열심히 일하는가에 따라 국민의 의료 이용이 수월할 수도 있고 아닐 수도 있다. 따라서

의료체계의 과정

젊게 늙는 사회

산출 지표인 의료 이용 빈도, 의료비 지출 규모 같은 통계로 산출의 질을 따지게 된다. 끝으로 성과지표에 의하여 의료의 질과 국민건강증진에 기여 정도를 따지게 된다.

의사는 부족한가

의료인력은 꾸준히 증가하고 있다. 의료인력의 통계지표는 의사 수, 간호사 수로 측정한다. 2000년에 비하여 2022년에 의사 수는 7.2만 명에서 13.4만 명으로 두 배 가까이 증가하였다. 한의사는 두 배 이상, 간호사는 3배 증가하였다. 의료인력 등록 수는 의대 등 의료계 대학을 졸업하고 의료인 면허를 취득한 수를 의미한다. 그중 일부는 의료업 이외의 일을 하거나 휴직 또는 은퇴 상태에 있다.

이들을 제외하고 등록자 수 대비 의료기관에 고용된 수를 계산해 보면 의사, 치과의사, 한의사는 약 80% 수준이고 간호사와 약사는 약 50% 수준에 그쳤다. 간호사는 병원에 단기간 근무하고 퇴직하는 경우가 많다. 병원 일이 고된 것에 비하여 임금이 낮아서 간호사의 조기 이직으로 이어지는 것으로 보인다. 의료의 전문적 수준이 높아지려면 의사의 역량이 높아지는 것은 물론 간호사의 수준도 높아져야 한다.

그런데 간호사의 조기 이직으로 경험이 많은 숙련 간호사가 제대로 양성되지 못하는 것은 단기적으로 간호인력의 부족을 초래하고, 장기적으로 의료서비스 수준의 고도화에 어려움을 초래할 가능성이 있다. 아울러 간호사의 공급이 절대적으로 부족한 것이 아니라 업무구조와 보상체계에 문제가 있는 것으로 보인다.

간호사는 병원 이외에도 학교나 보험회사 등 비의료 분야에 취업하거나 휴직하고 가사에 종사하는 예도 많다. 지금처럼 병원의 간호사 부족 문제를 단순히 간호학과 신설과 증원을 통하여 공급을 증가하는 것으로는 해결하기 어려운 것으로 보인다. OECD 통계에 의하면 OECD 평균 인구 1,000명당 간호사 수는 9.2명이고 한국은 8.8명이다. 최근 10년 사이에 간호사 인력 공급이 크게 증가하면서 OECD 평균에 근접하고 있다.

약사도 비슷한 사정에 처한 것으로 보인다. 약사는 주로 약국에서 근무하는데 종일 서서 업무를 수행하는 노동 방식이 피로감을 유발할 수 있다. 의약품을 다루는 일은 전문가의 식견이 필요하다. 그런데 제한된 종류의 약품을 반복하여 조제하고 판매하는 일은 단조로울 수 있다. 간호사와 약사의 고용률이 낮은 것은 이들의 직업 만족도가 낮다는 것을 함축한다. 전문직 면허를 사장하는 것은 의료체계의 비효율성을 드러내는 것이다. 따라서 이들의 고용구조와 업무 관행을 면밀하게 조사하고 개선책을 마련할 필요가 있다.

이외에도 의료기관에서 일하는 여러 종류의 의료기사

면허 의료인력과 현직 종사인력 수

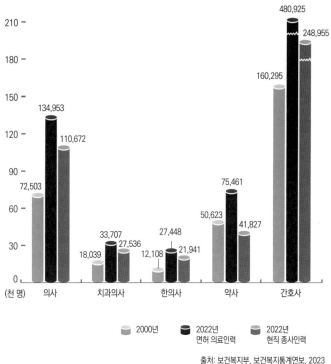

(천 명)

| | 2000년 | 2022년 면허 의료인력 | 2022년 현직 종사인력 |

출처: 보건복지부, 보건복지통계연보, 2023

들이 있다. 치과위생사, 임상병리사, 물리치료사가 가장 많은 인력 분포를 보인다. 의료기사 인력도 최근 10년간 급격한 증가세를 보였는데 물리치료사와 치과위생사는 약 2배이상 증가하였다. 의료기사 인력의 증가는 그동안 병원급 의료기관들이 많이 신설됨으로써 이를 충족하기 위하여 공급이 증가한 것으로 보이지만 의료기사의 일자리보다는

인구 10만 명당 의료인 수 추이

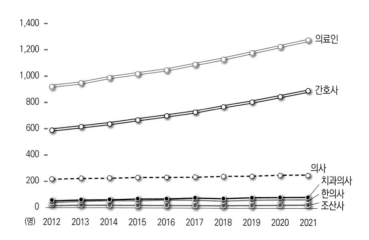

출처: 보건복지부, 보건복지통계연보, 2023

공급 인력이 더 많아서 의료기사 유휴인력도 적지 않을 것이다.

　최근 의사 수 증원 문제를 둘러싸고 의견이 엇갈렸다. 여기서 OECD의 보건 통계가 쟁점이 되었다. 이에 의하면 우리나라는 인구 1,000명당 2.6명의 의사가 있다. 이 통계에는 한의사도 포함되어 있어 이를 제외하면 OECD 최하위 수준이다. OECD 평균은 3.6명 수준이다. 공공의료가 발전한 독일, 스페인, 이탈리아는 인구 1,000명당 의사 수가 4명이 넘고, 의사 수가 비교적 적은 영국과 프랑스도 3명이 넘는다. 우리보다 적은 의사 수를 가진 나라는 멕시코,

젊게 늙는 사회

의료기사의 분포

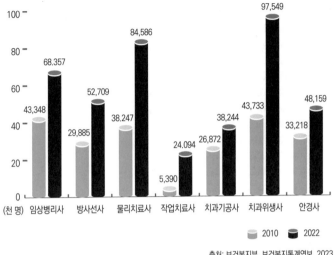

출처: 보건복지부, 보건복지통계연보, 2023

브라질, 튀르키예 등 우리보다 경제수준이 낮은 나라들이다. 적정 의사 수는 의사인력의 생산성, 제공되는 의료서비스의 양과 질, 의료전달체계의 구조 등 여러 요인의 영향을 받는다.

정부와 보건학계에서는 의사 수가 크게 부족하며, 특히 내과, 소아과, 산부인과, 외과 등 필수의료 부문, 공공 부문 및 의료취약지에서 일할 의사들의 수급 문제가 시급하다고 주장한다. 의사인력의 공급이 절대적으로 부족하며, 의사 증원이 필요하다고 주장한다. 반면 의사회는 우리나라 의사들의 근무시간이 길고, 열심히 일하여 더 많은 환자를

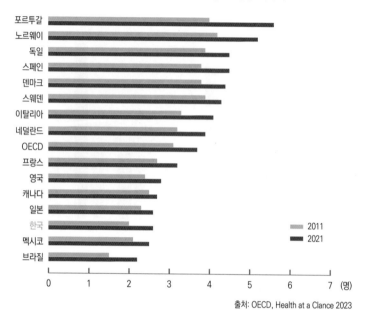

OECD 주요 국가의 인구 1,000명당 의사 수

포르투갈
노르웨이
독일
스페인
덴마크
스웨덴
이탈리아
네덜란드
OECD
프랑스
영국
캐나다
일본
한국
멕시코
브라질

0 1 2 3 4 5 6 7 (명)

2011
2021

출처: OECD, Health at a Clance 2023

진료하기 때문에 의사 수가 부족하지 않다고 주장한다. 지방에 의사가 부족한 것은 의사 증원으로 해결하기 어렵다고 주장한다. 의사를 증원해도 다시 수도권으로 몰릴 것으로 예상되기 때문이다.

따라서 이 문제는 의사 증원과 관계없이 의사에 대한 인센티브 제공 등 별도의 정책으로 해결할 사안이라고 주장한다. 종합하면 외국의 예에 비추어 보아도 의사인력의 절대수가 부족한 것은 사실이며, 의사 수 증원과 함께 의사의 근무 방식과 보상체계 등을 전반적으로 개선하고 합리화

젊게 늙는 사회

하지 않고는 의사 부족 문제를 근본적으로 해결하기는 어려울 것으로 보인다.

의사의 근무지는 개인의원 42.2%, 상급종합병원 20.3%, 종합병원 20.4%, 병원 10.3%의 분포를 보인다. 즉 자영업에 해당하는 개인의원 개설자보다 병원(상급종합병원+종합병원+병원)에 근무하면서 봉급을 받는 의사가 더 많다. 보건소 등 공공기관에 종사하는 의사는 1.7%에 불과하였다. 간호사들은 대부분 병원에 근무하고 있다. 상급종합병원 26.7%, 종합병원 34.6%, 병원 16.5%의 분포를 보이고, 개인의원 근무자는 6.4%에 불과하다. 개인의원은 업무의 전문성 수준이 낮아서 정규 간호사보다 간호조무사들이 많이 근무한다. 개인의원에 근무하는 간호사는 1만 3,756명이었으나 간호조무사는 9만 9,844명에 달했다.

의사와 간호사의 근무 유형

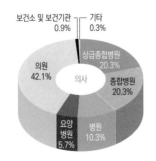

출처: 보건복지부, 보건의료인력실태조사, 2020

인구 1,000명당 의사 수 지역별 분포

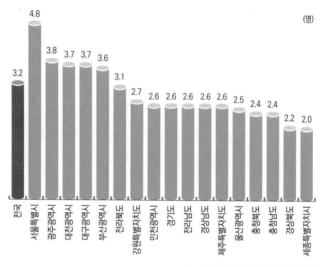

(명)

전국 3.2
서울특별시 4.8
광주광역시 3.8
대전광역시 3.7
대구광역시 3.7
부산광역시 3.6
전라북도 3.1
강원특별자치도 2.7
인천광역시 2.6
경기도 2.6
전라남도 2.6
경상남도 2.6
제주특별자치도 2.6
울산광역시 2.5
충청북도 2.4
충청남도 2.4
경상북도 2.2
세종특별자치시 2.0

출처: 건강보험심사평가원, 건강보험통계, 2022

종별 의료기관 분포와 병상 수

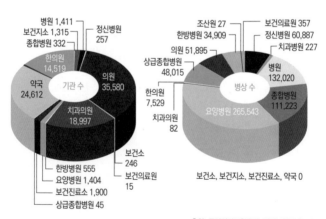

기관 수

병원 1,411
보건지소 1,315
종합병원 332
정신병원 257
한의원 14,519
약국 24,612
의원 35,580
치과의원 18,997
한방병원 555
요양병원 1,404
보건진료소 1,900
상급종합병원 45
보건소 246
보건의료원 15

병상 수

조산원 27
한방병원 34,909
의원 51,895
상급종합병원 48,015
한의원 7,529
치과의원 82
보건의료원 357
정신병원 60,887
치과병원 227
병원 132,020
종합병원 111,223
요양병원 265,543

보건소, 보건지소, 보건진료소, 약국 0

출처: 국민건강보험공단, 건강보험통계, 2023

젊게 늙는 사회

의사의 지역별 분포를 보면 인구 1000명당 의사 수는 서울이 4.8명으로 가장 많았고, 세종시가 2.0명으로 가장 적었다. 대도시는 3.6~3.8명대이고 도 지역은 대부분 3명 이하였다. 인천과 울산은 대도시임에도 의사 수가 적은 편이었고, 전북은 도 지역 중 가장 의사 수가 많았다.

'세계 최고의 병상 수'의 속뜻

의료시설의 통계지표는 의료기관 수와 병상수로 측정한다. 가장 고난도의 시술을 하는 기관이 상급종합병원으로 보통 대학병원이라 부른다. 45개 기관이 있고 총 4만 8,015 병상을 보유하고 있어서 병원당 병상 수가 1,000개가 넘는 대형병원들이다. 다음으로 동네의 큰 병원에 해당하는 종합병원이 332개로 11만 개의 병상을 갖고 있다. 종합병원당 평균 335개 병상을 갖고 있다. 다음으로 '병원'으로 구분되는 작은 병원이 1,411개 있고 13만 2,020개 병상을 갖고 있다. 병원당 평균 93개 병상을 갖고 있다. 장기요양환자를 위한 요양병원이 1,404개, 정신병 257개, 의원 3만 5,580개가 있다. 보건소와 보건지소 등 공공보건기관이 3,461개 있고 약국이 2만 4,612개 있다. 전체적으로 볼 때 대형병원은 숫자가 적고, 규모가 작은 병원급 의료기관들이 많은 특징이 있다.

　병원급 의료기관들은 대체로 의사 개인이 세운 것으로

건강검진, 대장항문, 척추관절 등 특정 서비스에 특화된 형태를 취하는 경우가 많다. 경쟁이 치열한 의료시장에서 생존을 위한 전략의 일환으로 보인다. 그런데 특정 서비스에 해당하는 환자가 충분하지 않을 경우 공급자가 유발하는 의료화를 통하여 환자가 실제적 필요 이상으로 의료서비스를 받게 될 가능성도 있다. 작은 병원들은 높은 비용(특히 인건비) 지출 부담이 있고, 시설투자를 원활하게 할 수 있는 여유가 없어서 질 관리도 어렵다. 수익 구조가 열악해서 과도한 진료를 통해 운영 수익을 올리려 한다. 이 병원들은 사망과 재입원율이 상대적으로 높은 것으로 알려져 있다. 즉 개인의원과 종합병원 사이에서 적절한 역할을 찾지 못하고 있다.

또한 코로나19 대응 과정에서 부족했던 요인 중의 하나는 감염병 환자를 수용하려면 병원 내에 감염 방지를 위한 시설을 해야 하고, 감염병 환자를 전문적으로 치료할 수 있는 전문의료진이 갖추어져 있어야 한다. 이러려면 의료기관의 규모가 500병상 이상으로 커야 하는데 이런 규모와 시설, 인력을 갖춘 종합병원이 상대적으로 부족한 실정이다. 또 대부분 의료기관이 민간에서 설립하여 운영하는 관계로 수입이 많지 않은 전문 진료과의 설치를 꺼리는 실정이어서 흉부외과 등 일부 전문의는 일할 곳을 찾기 어렵고, 이것이 다시 전문과 레지던트 지원을 꺼리는 원인이 된다. 또한 전문의 체제를 확립한 지 50년이 지났는데도 전문 과

목별 진료 영역의 구분이 제대로 지켜지지 않는 경우가 많다. 소위 인기과로 불리는 성형외과나 피부과 진료를 이를 전공한 전문의만이 아니라 의사 면허를 가진 누구라도 시술에 명확한 법적 제한이 없는 점도 의료시장이 혼란스러워지는 원인이 된다.

기능적으로는 의료기관의 규모와 전문성에 따라 진료의 위계를 설정하고 하급 의료기관의 추천에 따라 상급 의료기관의 진료가 가능하게 하는 의료전달체계가 만들어져 있으나 실제로는 의료기관 간, 의사들 간의 치열한 경쟁과 면허된 범위를 넘어서는 진료 관행 때문에 의료전달체계는 실효성 있게 운영되지 못하고 있다.

병원 병상은 단순한 침상이 아니라 고급 의료인력 및 시설 장비와 연결되어 있다. 병상이 많아지면 그만큼 유지 비용은 매우 커질 수밖에 없다. 따라서 서구의 국가들은 증가하는 의료비를 절감시키기 위하여 병원 병상 증설을 매우 엄격하게 통제하는 정책을 구사해 왔다. 의료기술을 발전시켜 환자를 수술 당일 바로 퇴원토록 하는 외래 수술제도나 입원환자에 대하여 철저한 임상 경로를 준수해 치료 기간을 단축하고 재원일수를 줄이도록 하는 것은 병상을 가능한 한 감축하려는 정책에서 비롯된 것이다.

그런데 우리나라에서는 정책당국이 병상 감축을 통한 의료비 절감에 대하여 아직 확고한 정책을 갖고 있지 않다. 또한 시장경쟁의 선두에 있는 작은 병원들이 빠르게 증가하면서 전체 병상이 증가하는 양상을 보인다. 반면 중환자실 병상은 OECD 평균보다 적어서 더 필요한 실정이다. 우리나라는 OECD 국가 중에서 거의 유일하게 병상이 빠르게 증가하였다. 2011년과 2021년 인구 1,000명당 병상 수를 보면, 다른 나라들은 2011년에 비하여 2021년 병상 수가 감소하는 양상을 보이는데 우리나라는 반대로 2011년에 비하여 2021년에 병상 수가 급격히 증가하여 세계 1위를 차지하였다. 과거에는 병상 수 증가를 의료복지의 향상으로 생각하기도 했다. 그러나 이제는 병상을 의료비를 불필요하게 낭비하는 원인으로 보는 관점이 우세하다.

시도별 병상 수 분포도 특이한 양상을 보인다. 의료인력이 서울에 집중하는 것과 달리 병상은 오히려 지방에 더 많이 분포되어 있다. 인구 1,000명당 병상 수가 서울이 9.3개, 경기도 10.4개인 것과 비교해서 전북 22.1, 전남 22.1, 경남 19.2, 광주 27.4, 부산 20.9 등 지방 도시와 도 지역에 더 많은 병상이 분포되어 있다. 서울에 대형병원이 집중해 있는 것과 달리 지방 도시에 작은 병원들이 많이 만들어지면서 결과적으로 병상 수가 더 많아지게 된 것으로 보인다.

우리나라는 고급 진단장비도 많이 보유하고 있다. 우리나라 병원은 인력 고용을 적게 하려 하고, 반면 진단 장비는 많이 갖추려고 한다. 진단에 대한 수가가 비교적 높은 점도 의료기관이 진단장비 도입에 열중하게 만드는 요인이 되었다. CT, MRI, PET 스캐너 등 3개 진단장비의 인구

OECD 국가별 1,000명당 병상 수

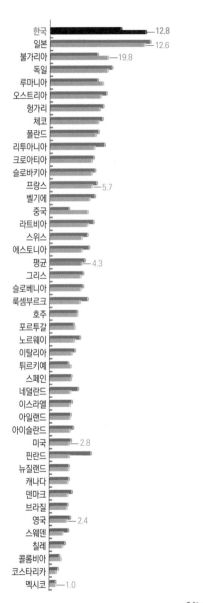

출처: OECD, Health at a Glance 2023

OECD 국가의 진단 장비 100만 명당 보유대수

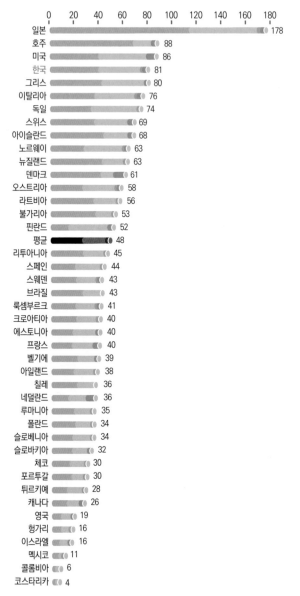

국가	보유대수
일본	178
호주	88
미국	86
한국	81
그리스	80
이탈리아	76
독일	74
스위스	69
아이슬란드	68
노르웨이	63
뉴질랜드	63
덴마크	61
오스트리아	58
라트비아	56
불가리아	53
핀란드	52
평균	48
리투아니아	45
스페인	44
스웨덴	43
브라질	43
룩셈부르크	41
크로아티아	40
에스토니아	40
프랑스	40
벨기에	39
아일랜드	38
칠레	36
네덜란드	36
루마니아	35
폴란드	34
슬로베니아	34
슬로바키아	32
체코	30
포르투갈	30
튀르키예	28
캐나다	26
영국	19
헝가리	16
이스라엘	16
멕시코	11
콜롬비아	6
코스타리카	4

출처: OECD, Health at a Glance 2023

100만 명당 보유 대수는 일본이 178대로 월등한 1위이고, 호주 88대, 미국 86대에 이어 한국이 81대로 4위를 차지하였다. 한국의 병원은 세계적으로 좋은 의료장비를 갖추고 있는 것이다. 그 결과 치료 기술이 높아져서 세계적인 경쟁력을 갖추는 긍정적 효과도 있고, 반면 의료비가 급증하는 부정적 효과도 있다.

질병의 사회적 성격

아프면 일단 참고 기다려 보다가 증상이 심상치 않게 느껴지면 약을 먹거나 의료기관을 찾게 된다. 사회학에서는 질병이 생겼을 때 그에 대응하여 수행하는 일련의 행위를 질병 행동illness behavior이라 한다. 질병 행동은 스스로 돌보는 자기 관리self care 단계와 의사에게 치료받는 단계인 '도움추구 행동help seeking behavior'으로 구성된다. 대개는 증세가 가벼워서 자기 관리를 하다가, 증세가 심해지면 의료기관을 찾는 것이 보통이다. 다른 한편 만성질환이 많아지면서 의사의 진단과 처방만으로 부족하고 환자 개인이 스스로 식이를 조절하고 신체활동을 강화하느라 자기 관리의 범위가 커지기도 한다. 요즈음에는 인터넷에 질병과 치료의 정보가 축적되어 있어 개인이 쉽게 활용할 수 있고, 또 질병 경험자들의 조언을 나눌 기회도 많아서 자기 관리도 상당히 높은 수준에서 진행되기도 한다.

'아프면 병원에 가라'는 일반적 상식을 곰곰이 따져 보면 아파도 병원에 가지 않는 경우가 많아서 생겨난 듯하다. 사람들이 어떤 증상이 있다고 해서 곧바로 병원을 찾기보다는 어떤 추가적 조건이 있을 때 병원에 간다고 볼 수 있다. 단순한 느낌상으로 안 좋은 것이 아니라 구체적인 증상이 나타나야 한다. 또한 그 증상이 평소와 달리 위중한 것으로 생각되어야 한다. 증상이 갈수록 더 심화되거나 통증이 수반될 경우, 또는 그 증상으로 인하여 일을 하는 데 지장을 받게 되면, 증상 때문에 불안과 걱정이 커지면 병원에 갈 가능성이 높아진다. 이런 조건이 충족되면 그는 병원에 갈 준비 태세가 마련되었다고 할 수 있다.

그런데 이 단계에서 중요한 역할을 하는 것이 '유의미한 타자' 또는 주변 사람의 확인과 조언이다. 사회학자들은 질병illness도 사회적 성격을 갖는 것으로 파악한다. 나 혼자 아프다고 생각하다가, 옆에서 누군가 '너 아픈 것 같다' 하고 거들어 주면 병원을 찾는 발걸음을 떼기가 수월해진다. 아프다는 것을 인정받았고 병원에 가는 것이 자연스러운 다음 행동으로 기대되기 때문이다. 이렇게 함으로써 나중에 자신의 아픈 상태에 대해 주변의 공감과 위로를 받을 수 있고, 주변과의 사회적 관계를 더욱 돈독히 유지해 나갈 수 있게 된다.

그런데 도움 추구 또는 의료 이용의 과정은 당사자의 인구학적, 사회경제적 특성에 의하여 좀 더 빨라지거나 지체

될 수 있다. 교육수준과 수입, 성별, 연령, 사회적 연결망, 의료기관 접근성, 건강보험 가입 여부 같은 요인들이 의료 이용에 영향을 미칠 수 있다. 우리나라에서 의료서비스는 기본적으로 시장적 원리를 따라 제공되는 상품과도 같다. 따라서 교육과 소득수준이 높으면 의료 이용이 더 원활할 것으로 예측할 수 있다. 그런데 국민건강보험제도 덕분에 의료 이용할 때 본인 부담이 적어서 경제적 이유로 인한 의료 이용 지체는 적은 편이다. 오히려 질병이 많은 하층민이 더 많은 의료 이용을 하기도 한다. 비용 부담이 큰 고난도 치료나 보험급여가 되지 않는 경우(비급여)에는 경제적 부담 능력이 중요하게 작용한다.

일반적으로 여성은 남성보다 더 많은 의료를 이용하는 경향이 있다. 앞 장에서도 살펴본 대로 여성은 남성보다 병이 더 많다. 또한 여성은 남성과 달리 관계 형성을 중시하고 건강 위기 상황에서 도움을 청하는 경향이 있어서 아플 때 의료 이용에 자연스럽게 나선다. 반면 남성은 자신의 질병을 취약점으로 생각하여 잘 드러내려 하지 않아서 의료 이용이 지체되는 경향이 있다. 나이가 들수록 건강 문제가 많아지고 그에 따라 의료 이용이 증가한다.

의료 이용을 할 때 주변 사람의 의견을 들을 기회가 많으면 의료 이용이 보다 수월하게 이루어질 가능성이 크다. 아플 때 주변 사람의 자문을 구하는 행위를 '일반인 의뢰 lay referral system'라고 한다. 일반인 의뢰는 특정 병원을 선택할 때 유의미하게 작동한다. 즉 어떤 병원을 선택하는가를 두고 특정 병원의 말단 직원이라도 아는 사람이 있는 병원을 찾는 경향이 있다. 만일 의료기관이 낮 시간에만 진료를 할 경우 직장인들은 병원 이용이 지체될 가능성이 크다. 또 가까운 곳에 자신이 찾는 전문과 병원이 없을 경우에도 지체 현상이 생긴다. 반대로 교통수단의 발전으로 먼 곳의 병원 진료가 증가하기도 한다. 서울과 지방을 연결하는 고속열차KTX가 개통하면서 지방의 암 환자들이 대거 서울의 큰 병원으로 몰리는 현상도 있었다. 국민건강보험이 의료 이용을 수월하게 만든 점은 이미 설명하였다.

최근에는 민간 보험회사에서 판매하는 '실손보험'이 의료 이용을 과도하게 부추기는 현상이 있다. 실손보험은 원래 국민건강보험 이용 시 본인 부담을 되돌려 주려는 목적으로 개발된 상품이었다. 그런데 본인 부담금 환급을 넘어서 일부 비급여 서비스를 남용하는 경향이 발생했다. 정형외과나 재활의학과에서 척추 관절 환자에게 마사지를 제공하는 '도수치료'가 비급여 상품으로 회당 약 10만 원씩 받는 고가의 서비스였는데 여기에 실손보험이 적용되어 본인 부담의 장벽이 제거되자 이를 남용하여 반복적으로 치료받는 환자가 급격히 증가한 바 있다. 실손보험은 원래 국민건강보험을 보조하기 위한 목적에서 허용된 것인데 현재는 의료서비스를 과용하여 전체 의료비를 과도하게 부풀리는 부작용을 낳고 있다.

젊게 늙는 사회

경쟁, 병원에 자주 가게 되는 이유

우리나라 사람들의 연간 의료기관 방문 횟수는 2022년에 20회에 달했다. 코로나19로 인하여 2020년과 2021년에 의료기관 이용이 감소했다가 다시 증가하였다. OECD 보건 통계에 의하면 2021년에 평균 6회였는데 한국은 15.7회로 월등하게 높은 1등이었다. 독일 9.6회, 프랑스 5.5회, 덴마크 3.8회, 미국 3.4회, 스웨덴 2.3회 등이었다. 이 통계에 의하면 우리나라에서 의료를 너무 과용하는 것처럼 보인다.

우리나라가 의사 수는 적은데도 불구하고 의료 이용은 더 많은 이유는 무엇일까? 공급자 요인으로는 의사들의 노동시간이 길고 짧은 진료 시간에 더 많은 환자를 진료하고 있다는 점을 지적할 수 있다. 대학병원이나 동네병원을 막론하고 우리나라에서는 의사가 환자 1명을 진료하는 시간

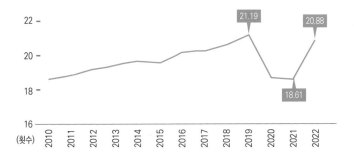

인구 1명당 연간 의료기관 방문 횟수

OECD 국가의 의사 방문 횟수

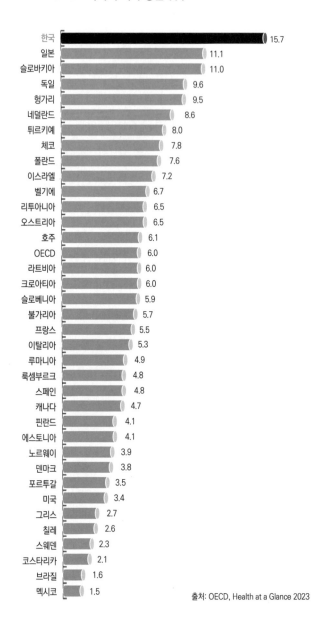

한국	15.7
일본	11.1
슬로바키아	11.0
독일	9.6
헝가리	9.5
네덜란드	8.6
튀르키예	8.0
체코	7.8
폴란드	7.6
이스라엘	7.2
벨기에	6.7
리투아니아	6.5
오스트리아	6.5
호주	6.1
OECD	6.0
라트비아	6.0
크로아티아	6.0
슬로베니아	5.9
불가리아	5.7
프랑스	5.5
이탈리아	5.3
루마니아	4.9
룩셈부르크	4.8
스페인	4.8
캐나다	4.7
핀란드	4.1
에스토니아	4.1
노르웨이	3.9
덴마크	3.8
포르투갈	3.5
미국	3.4
그리스	2.7
칠레	2.6
스웨덴	2.3
코스타리카	2.1
브라질	1.6
멕시코	1.5

출처: OECD, Health at a Glance 2023

젊게 늙는 사회

이 5분을 넘지 않는다. 그 시간 동안 의사는 검사 결과를 확인하고, 환자 상태를 살피고, 처방전을 작성하는 등의 업무를 능숙하게 처리한다. 의사와 환자는 핵심적인 몇 마디를 주고받을 뿐이며 사실상 대화는 존재하지 않는다.

의사들이 이러한 노동 관행을 갖게 된 데에는 수가제도의 특성이 상당히 작용하는 것으로 보인다. 우리나라 건강보험에서는 '행위별 수가제'를 적용한다. 의사가 시행하는 모든 의료행위 하나하나에 가격이 매겨져 있다. 이러한 수가제도는 의사가 열심히 진료할수록 더 많은 수입을 얻게 하여 의사를 동기화시키는 데 유리하다. 이러한 수가제도가 30년 넘게 실시되면서 의료는 박리다매 같은 상품이 되었고, 의사는 하루에 100명씩도 진료하는 데 익숙해졌다.

또한 의료기관들은 서로 환자 유치를 두고 경쟁하는 관계에 있기 때문에 환자가 요구할 때 빠른 진료를 제공하려 한다. 최근에는 개원한 의사들이 밤늦게까지 진료하는 경우가 많다. 서구 사회에서는 의사 진료를 받으려면 며칠씩 기다리는 것이 보통이다. 반면 우리나라에서는 원하는 당일 진료하는 것이 보통이다. 일부 대학병원에만 진료 대기 환자들이 있다.

의료 이용의 환자 측 요인으로는 작은 증상도 의료에 의존하여 해결하는 관행을 들 수 있다. 미국에서는 감기로 병원에 가는 경우가 매우 드물다. 웬만한 감기 증상에는 의사가 약을 처방해 주는 경우가 없기 때문이다. 사회적 경쟁이 치열해질수록 작은 증상이 나타날 때 참고, 쉬면서 천천히 회복할 여유를 갖지 못한다. 과도한 경쟁구조는 작은 증상에도 민감하게 반응하여 빨리 치료받고 업무를 수행하도록 동기화시켜 필요 이상으로 의료에 의존하게 만드는 경향이 있다. 이것이 의료 이용도를 높이고 약의 남용을 부른다.

종별 진료 환자 수와 요양급여비

의료기관 종류별 진료 환자 수 통계는 [건강보험 요양기관 종별 진료 환자 수]와 같다. 의원의 환자가 모두 459만 명으로 가장 많았다. 다음으로 병원과 종합병원이 153만 명과 166만 명이었고, 상급종합병원이 83만 명이었다. 이것은 증상이 경미한 환자는 수가 많고 위중한 환자는 수가 적어 증상의 피라미드 현상이 존재함을 보여 준다. 상급종합병원은 환자 수는 상대적으로 적으나 진료비, 일명 요양급여비[1]는 많아서 진료 내용이 고난도의 비싼 고급 의료가 많음을 짐작할 수 있다. 개인의원은 환자 수나 요양급여비 모두 가장 많은 몫을 차지하고 있음을 알 수 있다. 즉 전체 의료체계에서 개인의원이 차지하는 비중이 매우 큰 것을 확인할 수 있다.

서구에서 원래 병원은 입원환자 진료에 특화되어 있고, 의원(클리닉)은 외래환자 진료에 전념한다. 그런데 우리나라는 종합병원이나 대학병원도 외래환자 진료 비중이 적지

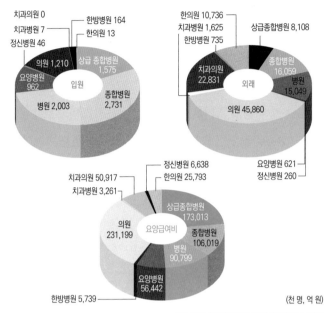

건강보험 요양기관 종별 진료 환자 수

입원
- 치과의원 0
- 치과병원 7
- 정신병원 46
- 한방병원 164
- 한의원 13
- 의원 1,210
- 요양병원 962
- 병원 2,003
- 상급 종합병원 1,575
- 종합병원 2,731

외래
- 한의원 10,736
- 치과병원 1,625
- 한방병원 735
- 치과의원 22,831
- 상급종합병원 8,108
- 종합병원 16,059
- 병원 15,049
- 의원 45,860
- 요양병원 621
- 정신병원 260

요양급여비
- 치과의원 50,917
- 치과병원 3,261
- 정신병원 6,638
- 한의원 25,793
- 의원 231,199
- 상급종합병원 173,013
- 종합병원 106,019
- 병원 90,799
- 요양병원 56,442
- 한방병원 5,739

(천 명, 억 원)

출처: 건강보험심사평가원, 건강보험진료통계, 2023

않다. 또한 입원환자를 진료하는 개인의원도 상당수 있다. 치과 병의원은 대부분 외래환자 진료를 하고 있다. 한방 의료기관은 전체 환자 494만 명 중 115만 명을 차지하여 약 23%의 비교적 큰 비중을 보인다. 그러나 그 대가로 지불받은 진료비, 즉 요양급여비는 전체 진료비 총액의 3%에 불과하다. 이것은 한방 진료의 내용이 양방에 비하여 비교적 단순하고 부가가치가 낮음을 의미한다. 물론 한방 진료에는 첩약 등 건강보험 급여가 적용되지 않는 진료 내용이 많아서 단순 비교는 어렵다.

경상의료비

경상의료비는 국민 전체가 보건의료서비스를 구매하는 데 지출한 총비용을 말한다. 여기에는 건강보험으로 지출된 비용 이외에 개인적으로 부담한 모든 의료 관련 지출이 포함된다. 2022년의 경상의료비는 약 209조 원이나 된다. 건강보험, 장기요양보험, 산재보험 등 공적 보험으로 지출된 의료비가 131조 원이다. 경상의료비는 흔히 GDP 대비 비율로 환산하여 국제 비교를 한다. 1974년에 GDP 대비 경상의료비가 1.6%에 불과했다. 건강보험조합이 통합된 1990년에 3.7%였다. 2000년 3.9%, 2010년 5.8%이던 것이 이후 가파르게 상승하여 2020년 8.3%였고 2022년에 9.7%까지 상승하였다.

OECD 평균이 9.2%인데 우리나라는 평균보다 높은 나라가 됐다. OECD 국가 중에서도 의료비 증가 속도가 가장 빠른 편이다. OECD 평균 경상의료비는 2015년 이후 연평균 약 3% 증가로 증가하였으나 한국의 경상의료비는 연평균 약 8% 증가로 OECD의 두 배 빠른 속도로 증가하였다.

의료비는 의료서비스 가격과 이용량으로 결정된다. 지금까지 한국의 의료비 증가는 의료기술의 발전과 고급의료 이용 경향으로 '의료서비스 가격의 상승'과 건강에 대한

OECD 국가의 GDP 대비 경상의료비

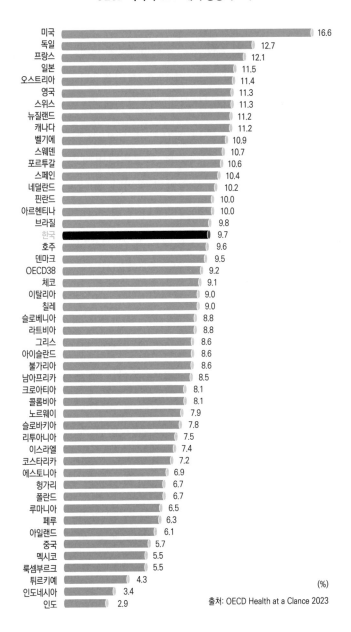

미국	16.6
독일	12.7
프랑스	12.1
일본	11.5
오스트리아	11.4
영국	11.3
스위스	11.3
뉴질랜드	11.2
캐나다	11.2
벨기에	10.9
스웨덴	10.7
포르투갈	10.6
스페인	10.4
네덜란드	10.2
핀란드	10.0
아르헨티나	10.0
브라질	9.8
한국	9.7
호주	9.6
덴마크	9.5
OECD38	9.2
체코	9.1
이탈리아	9.0
칠레	9.0
슬로베니아	8.8
라트비아	8.8
그리스	8.6
아이슬란드	8.6
불가리아	8.6
남아프리카	8.5
크로아티아	8.1
콜롬비아	8.1
노르웨이	7.9
슬로바키아	7.8
리투아니아	7.5
이스라엘	7.4
코스타리카	7.2
에스토니아	6.9
헝가리	6.7
폴란드	6.7
루마니아	6.5
페루	6.3
아일랜드	6.1
중국	5.7
멕시코	5.5
룩셈부르크	5.5
튀르키예	4.3
인도네시아	3.4
인도	2.9

(%)

출처: OECD Health at a Glance 2023

관심 증가, 민간 주도의 의료 공급 체계로 인한 공급의 확대, 민간 보험을 통한 '의료서비스 이용량 증가'가 함께 작용하였다. 노인 인구의 증가는 지금도 의료비 증가에 영향을 주고 있지만 앞으로는 더 크게 영향을 줄 것이다. 2030년대 초반까지 베이비붐 세대(제2차 세계대전 이후 태어난 1950년대생~1960년대생)가 노인 세대로 유입되어 상대적으로 젊고 건강한 노인이 증가하는 것으로 경상의료비에 미치는 영향은 2030년대 중반부터 본격화될 것이다. 또한 한국의 의료 체계는 건강관리나 질병 예방보다 질병 치료에 초점을 둔 체계로 이에 대한 개편이 없다면 한국 의료비는 앞으로도 OECD 평균 이상으로 증가할 것이 예상된다.

의료비 증가는 사회적 체계의 지속가능성을 위협할 것이다. 가용자원이 제한된 상황에서 의료에 너무 많은 자원이 투입되는 것은 국방이나 교육, 사회복지에 투입될 자원의 부족을 초래할 수도 있다. 의료 분야는 기술개발이 매우 빠른 편이기 때문에 의료비는 빠르게 증가하는 관성을 갖고 있다. 따라서 의료비에 투입되는 자원을 적절하게 조절하는 것이 정부의 중요한 과제가 된다.

또한 개인의 의료비 부담이 증가할 것이다. 일견 의료기술이 발전하고 환자들에게 원하는 모든 서비스를 제공하면 환자의 기대를 충족시키므로 아주 좋은 의료제도로 생각될지 모른다. 하지만 개인의 건강보험료 인상이 불가피할 것이며, 이용 시 지불하는 의료비 부담도 증가할 것이다. 가구의 직접부담 증가는 필요한 의료 이용에 접근하는 데 어려움으로 작용할 수 있고 가구의 지출 가능 수준을 넘는 과도한 의료비(재난적 의료비)를 지출하게 할 수 있다. 미래 의료기술은 발달할 것이지만 정작 필요한 사람들이 양질의 의료에 접근하지 못하는 배분의 문제가 발생할 것이기에 앞으로 의료비 지출 증가를 억제하고, 의료제도를 개편하는 것이 정부의 주요 정책과제가 될 전망이다.

Chapter 06

실현 가능한 건강노老,화

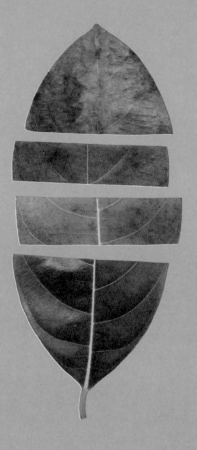

전체 인구 중 65세 이상 인구 비중이 7% 이상이면 '고령화사회', 14% 이상 인 경우 '고령사회'로, 20% 이상이라면 '초고령사회'로 분류한다. 한국은 65 세 이상 인구 비중이 빠르게 증가하여 2000년에는 고령화사회에, 2017년 에는 고령사회에 진입하였다. 2024년 말~2025년이면 초고령사회에 진입 할 것으로 통계청은 전망하고 있다. 초고령사회 진입 시기를 2026년으로 예상했으나 감소한 출산율이 회복되지 못하면서 그 속도가 훨씬 빨라지고 있다. 고령사회 진입도 당초 2018년으로 예상했으나 그보다 1년 빨리 진행 됐었다. 이렇게 노년의 시간이 길어지는 때, 노년 건강은 어떻게 관리해야 하 는지에 대한 화두를 던져 보려 한다.

85세 넘는 인구의 증가

고령화 현상은 사회경제적으로 발전한 국가에서 주로 두드러진다. 일본의 경우, 1970년에 고령화사회, 1994년에 고령사회, 2005년에 초고령사회에 진입했다. 일본은 장기간 유지된 낮은 출산율과 빠르게 진행된 고령화 현상의 대표 국가가 되었다. 일본은 고령화사회에서 초고령사회로 가기까지 약 35년이 걸려 지금까지 다른 어떤 OECD 국가보다 빨랐다. 하지만 지금 한국은 고령화사회에서 초고령사회까지 약 25년이 걸려 세계적으로 유래를 찾기 어려울 정도로 빠른 상황이다.

한국은 2010년대 후반부터 급격히 낮아진 출산율, 위생과 의료의 발전, 2020년부터 베이비붐 세대의 노년 세대 진입 등으로 전체 인구에서 노인이 차지하는 상대적 비중이 급격히 증가했다. 앞으로도 한국의 노인 인구 비중은 계속 높아질 것으로 예상된다. 65세 이상 인구 비율이 30%를 넘는 시기는 2034년, 40%를 넘는 시기는 2045년, 2060년이면 50%를 넘을 것으로 예상된다.

한국의 고령화 현상에서 주목할 점은 요양 필요 인구 규모가 빠르게 증가한다는 점이다. 노인은 연령을 기준으로 초기 노인(65~74세), 중기 노인(75~84세), 후기 노인(85세 이상)으로 나눌 수 있다. 초기 노인보다 중기 노인, 후기 노인에게서 질병, 신체적·정신적 기능 저하로 인한 문제가 증가하며 사회적 보호, 요양, 돌봄, 의료서비스 등의 필요가 더 높게 나타난다.

한국 장기요양실태조사 통계를 보면 장기요양수급자 중 80세 이상 비율이 70.4%[1]로 80세 즈음 요양, 돌봄의 필요가 본격화된다. 한국의 80세 이상 인구는 2021년에 3.9%에서 점진적으로 증가하다가 베이비붐 세대가 80세에 진입하는 2035년 전후에 가파르게 증가하여 2050년에는 16.5%로 추정된다. 이는 OECD 국가에서 가장 높은 수준이고 가장 빠른 증가로, 일본(80세 이상 2021년 9.5%, 2050년 15.8%)보다도 높은 수준이다.[2]

노년부양비

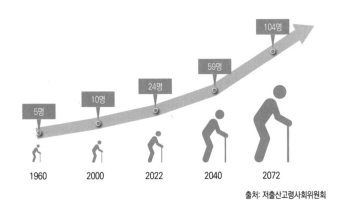

$$노년부양비 = \frac{65세 이상 인구}{15{\sim}64세 생산가능인구} \times 100$$

출처: 저출산고령사회위원회

인구 구조의 급격한 변화는 노인 부양, 돌봄, 의료 필요에 대응할 수 있는 시스템을 갖추는 데 남은 시간이 많지 않다는 것을 의미한다. 노인 부양은 개인과 사회가 같이 준비해야 한다. 노인부양비와 노령화지수로 한 사회의 노인에 대한 사회적 부양 수준을 파악할 수 있다. 노년부양비란 생산가능인구(15~64세) 100명에 대한 65세 이상 인구의 비이다. 예를 들어, 65세 이상 인구 대 생산가능인구비가 1대 5인 경우의 노년부양비는 20(=1/5×100)이 된다.

노년부양비는 2019년 20.8로 생산가능인구 5명이 노인 1명을 부양했다. 2065년 노년부양비는 88.6으로 생산가능

노령화지수

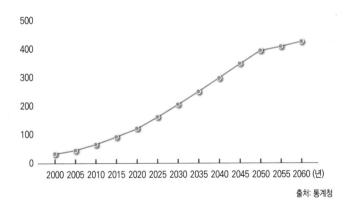

$$노령화지수 = \frac{65세\ 이상\ 인구}{유소년\ 인구(0\sim14세)} \times 100$$

출처: 통계청

인구 1.1명이 노인 1명을 부양할 것이 예측된다. 한편 노령화지수는 유소년 인구(0~14세) 100명에 대한 65세 이상 인구의 비로 인구 구조의 측면에서 미래 노동 인력과 부양 부담을 조명한다. 2019년 한국의 노령화지수는 118로 노인 인구가 유소년 인구보다 1.18배 많다는 것을 의미한다. 노령화지수는 2010년 67.2에서 2050년에 456.2로 대폭 증가할 것이 예측된다. 이는 젊은 세대의 노인 부양 부담 증가로 한국의 세대 갈등 증가의 요인이 될 우려가 있다. 이들 지표는 가까운 미래에 대비하는 한국 사회 시스템 구축을 위한 기초자료로 활용할 필요가 있다.

한국, 기대수명 90세 돌파하는 최초의 국가

32개국의 미래 인구 구조를 추계한 연구[3]에서 한국이 평균 기대수명 90세를 돌파하는 최초의 국가가 될 것이라는 예측을 했다. 높은 확률로 2030년에 한국 여성의 기대수명이 90세를 돌파할 것이고 한국 남성의 기대수명은 80대 중반 정도가 될 것으로 예측했다. 예측대로라면 인류 역사상 가장 긴 기대수명을 기록하는 것이다. 기대수명이란 특정 연도에 태어난 0세 아이가 사망까지 이르는 기간을 말한다. 세계에서 가장 긴 기대수명을 짧은 기간에 달성한 것은 보건학적 성과라고 할 수 있다. 다만 이제 오래 사는 것만을 원하지 않고, 보다 건강하게 오래 사는 것을 바란다.

젊게 늙는 사회

65세 이상 및 80세 이상 인구 비율

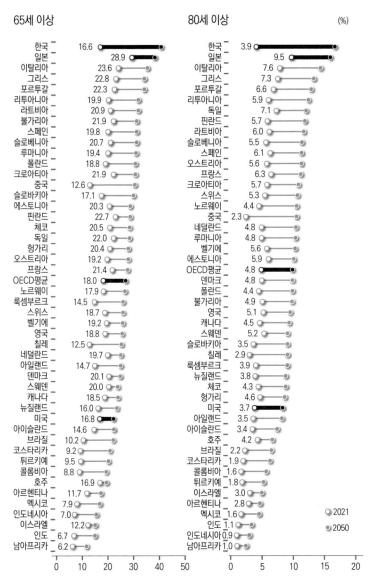

65세 이상

국가	2021
한국	16.6
일본	28.9
이탈리아	23.6
그리스	22.8
포르투갈	22.3
리투아니아	19.9
라트비아	20.9
불가리아	21.9
스페인	19.8
슬로베니아	20.7
루마니아	19.4
폴란드	18.8
크로아티아	21.9
중국	12.6
슬로바키아	17.1
에스토니아	20.3
핀란드	22.7
체코	20.5
독일	22.0
헝가리	20.4
오스트리아	19.2
프랑스	21.4
OECD평균	18.0
노르웨이	17.9
룩셈부르크	14.5
스위스	18.7
벨기에	19.2
영국	18.8
칠레	12.5
네덜란드	19.7
아일랜드	14.7
덴마크	20.1
스웨덴	20.0
캐나다	18.5
뉴질랜드	16.0
미국	16.8
아이슬란드	14.6
브라질	10.2
코스타리카	9.2
튀르키예	9.5
콜롬비아	8.8
호주	16.9
아르헨티나	11.7
멕시코	7.9
인도네시아	7.0
이스라엘	12.2
인도	6.7
남아프리카	6.2

80세 이상 (%)

국가	2021
한국	3.9
일본	9.5
이탈리아	7.6
그리스	7.3
포르투갈	6.6
리투아니아	5.9
독일	7.1
핀란드	5.7
라트비아	6.0
슬로베니아	5.5
스페인	6.1
오스트리아	5.6
프랑스	6.3
크로아티아	5.7
스위스	5.3
노르웨이	4.4
중국	2.3
네덜란드	4.8
루마니아	4.8
벨기에	5.6
에스토니아	5.9
OECD평균	4.8
덴마크	4.8
폴란드	4.4
불가리아	4.9
영국	5.1
캐나다	4.5
스웨덴	5.2
슬로바키아	3.5
칠레	2.9
룩셈부르크	3.9
뉴질랜드	3.8
체코	4.3
헝가리	4.6
미국	3.7
아일랜드	3.5
아이슬란드	3.4
호주	4.2
브라질	2.2
코스타리카	1.9
콜롬비아	1.6
튀르키예	1.8
이스라엘	3.0
아르헨티나	2.8
멕시코	1.6
인도	1.1
인도네시아	0.9
남아프리카	1.0

◐ 2021 ◐ 2050

출처: OECD Health at a Glance 2023

건강수명은 건강하게 얼마나 사는지를 나타내는 지표이다. 즉, 기대수명에서 질병 혹은 부상으로 인해서 활동하지 못하는 기간을 제외한 수명을 의미한다. 한국은 기대수명만큼 건강수명이 증가하지 못했다. 세계보건기구의 통계[4]에 따르면 2000년에 한국 남성의 기대수명은 72.3세, 건강수명은 64.9세로 차이가 7.4년이었고 한국 여성의 기대수명은 79.7세, 건강수명은 69.7세로 차이는 10년이었다. 2019년에는 기대수명과 건강수명의 차이가 더 커졌다. 이를 반전하기 위해 노년기 이전부터 건강을 챙기고 건강에 유리한 여건을 만드는 일을 해야 한다.

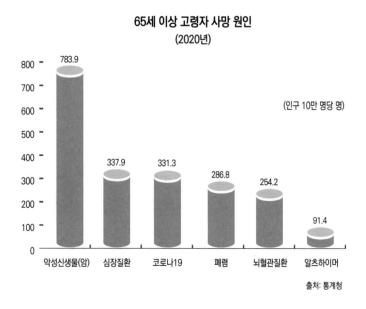

65세 이상 고령자 사망 원인
(2020년)

(인구 10만 명당 명)

악성신생물(암)	심장질환	코로나19	폐렴	뇌혈관질환	알츠하이머
783.9	337.9	331.3	286.8	254.2	91.4

출처: 통계청

젊게 늙는 사회

노인의 기대수명이란 65세 기준에서 사망까지의 평균 기간을 말한다. 2021년 OECD 국가 평균 노인의 기대수명은 남성 17.8년, 여성 21.2년인 데 비해, 한국 평균 노인 기대수명은 남성 19.3년, 여성 23.7년으로 OECD 평균보다 각각 1.5년, 2.5년 더 길었다. 2022년 65세 이상 고령자 10만 명당 사망 원인별 사망자 수는 악성신생물암 783.9명, 심장질환 337.9명, 코로나19 331.3명, 폐렴 286.8명, 뇌혈관질환 254.2명 순이었다. 즉 노인의 주요 사망 원인은 1순위 암, 2순위 심장질환, 3순위는 코로나19이고, 예년의 경우에 3순위는 폐질환이었다.

알츠하이머가 앗아간 인지건강

주관적 건강평가는 스스로 건강상태가 좋다고 생각하는 인구의 비율인데, 통계청에서 주관적 건강상태가 '좋음'으로 분류하는 기준은 '매우 좋다', '좋은 편이다'로 응답한 경우이다. 한국 65세 이상 노인의 주관적 건강상태 '좋음' 비율은 다른 나라에 비해서 낮은 편이고, 특히 여성에서 더 낮다. 2020년 주관적 건강상태 '좋음' 비율은 남성 노인 32.0%, 여성 노인 18.5%로 남녀 간에 10%p 이상 차이가 난다. 2010년과 비교하여 3%p의 개선이 있었다.

주관적인 건강평가가 높아졌다고 하여도 노년층의 인지건강은 위험한 수준이라 볼 수 있다. 2020년부터 치매의

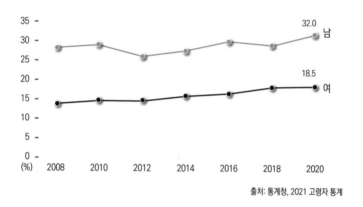

주관적 건강상태 '좋음' 비율

32.0 남

18.5 여

출처: 통계청, 2021 고령자 통계

하나인 알츠하이머병이 노인 사망 원인 5순위로 등장했다. 한국 치매환자의 수는 지속적으로 증가할 것이 예상된다. 2018년도의 치매환자 수는 75만 명(노인 인구의 9.9%)으로 추정되고, 2021년도는 88만 명(10.3%), 2060년도는 332만 명(17.3%)으로 추정된다. 2021년 한국의 치매유병률(인구 1,000명당 치매환자 수)이 OECD 평균보다 낮았지만, 2050년 치매유병률 추정은 OECD 평균 29.4, 한국 41.2로 급격한 증가가 예상된다.

2020년 추정치매환자의 비율은 남성 37.7%보다 여성이 62.3%로 24.6%p 높게 나타났다. 연령별로는 60~64세(2.7%), 65~69세(4.4%), 75~79세(20.7%), 80~84세(26.7%), 85세 이상(36.7%) 순으로 높은 연령대에서 비중이 높았다. 치매 유형으로는 알츠하이머 치매가 76.04%로 조사되어 가장

젊게 늙는 사회

전국 성별 추정치 치매 환자 비교

316,426.17명

523,765.65명

남　37.7%　62.3%　여

전체 840,191.82명
(65세 이상)

추정치매환자 추이 변화

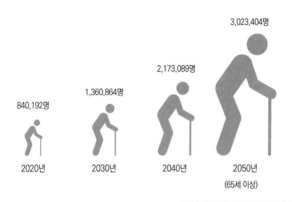

3,023,404명

2,173,089명

1,360,864명

840,192명

2020년　　2030년　　2040년　　2050년
(65세 이상)

출처: 보건복지부, 대한민국 치매 현황, 2021

높은 비중이었다.

　한국의 치매 관리 총비용은 GDP 대비 치매 관리 비용으로 산출하는데, 2019년에는 0.86%이었으나 2030년에는 약 두 배 증가할 것으로 예상된다. 전문가들은 전국 65세 이상 추정치매환자 수는 2020년 약 84만 명이고, 2030년 136만 명. 2040년 217만 명, 2050년에는 약 300만 명을 넘을 것으로 추정하고 있다. 빠른 속도로 계속 증가할 것으로

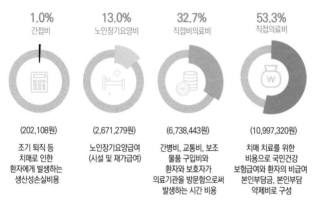

치매환자 1인당 연간 관리 비용의 구성
(2010년)

1.0%	13.0%	32.7%	53.3%
간접비	노인장기요양비	직접비의료비	직접의료비
(202,108원)	(2,671,279원)	(6,738,443원)	(10,997,320원)
조기 퇴직 등 치매로 인한 환자에게 발생하는 생산성손실비용	노인장기요양급여 (시설 및 재가급여)	간병비, 교통비, 보조 물품 구입비와 환자와 보호자가 의료기관을 방문함으로써 발생하는 시간 비용	치매 치료를 위한 비용으로 국민건강 보험급여와 환자의 비급여 본인부담금, 본인부담 약제비로 구성

출처: 중앙치매센터

예상되므로 개인과 국가 모두 이에 대비할 필요가 있다.

치매라는 용어에 찍힌 낙인은 치매환자로 하여금 본인의 치매 증상을 부인하고 치료를 기피하게 하기도 한다. '인지증' 등으로 바꾸어 부르는 등 치매에 찍힌 낙인을 지우려는 제안이 나오는 이유이다. 경도인지장애와 같이 경증일 때부터 관리하여 중증으로 악화되지 않도록 대응하는 것이 필요하다. 인지건강 관리는 개인의 건강한 삶을 위해서뿐만 아니라 개인과 후속 세대를 위한 의료비 부담도 줄일 수 있기 때문이다.

노인 의료비 부담 증가는 당연한가

노인 인구가 증가하니까 노인이 쓰는 의료비도 증가하는 게 당연한 것이라 생각할 수도 있다. 하지만 문제는 노인 인구의 증가 폭보다 더 노인의 의료비가 가파르게 증가하고 있다는 것이다. 2017년에 노인이 사용하는 진료비가 약 28조 원에서 2021년 41조로 1.5배 증가했다. 이는 노인 인구의 증가 폭보다 더 빠른 노년 의료비의 증가로 의료시스템의 문제에서 원인을 찾을 수 있다.

한국의 의료시스템은 건강관리, 건강증진, 질병 예방보다 질병 치료에 초점을 두고 있다. 질병 치료 중심의 체계는 급성질환의 시대에서는 상당한 성과를 얻었지만 만성질환과 노인성 질환의 비중이 커진 지금에는 의료비 증가의 원인이 되고 있다. 한국은 노년기 의료비만 커지는 것이 아니라 전체 인구가 사용하는 의료비도 증가하는 나라이다. 한국은 2013~2018년의 의료비 증가 폭이 OECD 중에서 약 7.3%로 1위를 차지했다. 2008~2013년의 전체 인구 의료비 증가율인 5.4%보다 빨라지고 있다.

이 역시 치료 중심의 의료 체계에서 원인을 찾을 수 있다. 질병 예방, 건강관리를 개인의 몫으로 두고 사회적 차원의 자원 투입과 체계 마련이 부족한 만큼 질병 치료에 의존하고 있다. 앞으로 의료 필요가 증가하는 노인이 본격적으로 증가하는 시기에는 한국 사회에서 의료비는 상당한 부담이 될 수밖에 없다.

노인 의료비용을 좀 더 가치 있게 쓰기 위한 체질 개선이 필요하다. 건강관리와 예방 중심으로 건강보장 제도를 정비하고 대중이 건강관리에 관심을 두고 실천할 수 있도록 생활터를 중심으로 여건을 마련해야 한다. 질병을 완전히 예방할 수 없지만 발병 초기에 적극적으로 질병 관리를 하는 것으로 중증으로의 이환을 더디게 할 수 있다. 특히 만성질환과 노인성 질환의 초기에 적극적 관리로 계획되지 않은 입원·응급실 방문을 줄이고, 불필요한 의료비 지출도 줄일 수 있다. 장기요양은 이를 위한 하나의 방법이라 할 수 있다.

안전한 의약품 사용을 위한 전략

노인 인구가 증가하면서 만성질환과 노인성질환의 유병률이 증가하여 노인 환자에 대한 의약품 처방도 늘어날 것으로 예상된다. 노인 10명 중 9명이 만성질환을 앓고 있고, 만성질환자 10명 중 8명이 지속적으로 약을 복용한다. 일반 의약품과 한약 등을 포함하면 실제 사용되는 의약품은 통계치보다 많다.

한국의 의약품 소비량은 실제로 증가 추세다. 2018년 기준 924(DDD/1,000명/일)에서 2020년 1,078(DDD/1,000명/일)로 높아졌다. 2020년 기준 의약품 중 소비량이 가장 많은 상위

10가지의 의약품 소비량은 11,398(백만DDD)로 전체 의약품 소비량인 20,376(백만DDD)의 55.9%를 차지한다. 그중 1위는 비타민C로 복합제를 포함해서 약 2,100(백만DDD), 2위는 지질완화약물로 단일제 기준으로 1,500(백만DDD), 3위는 위궤양 및 위·식도 역류성 질환 치료제로 약 1,300(백만DDD)이다.

그렇다면 DDD란 무엇인가? DDD는 Defined Daily Dose의 약자로 일일 복용량을 말하며, 의약품의 주성분이 효력을 발휘하기 위해 성인이 복용하는 하루 평균 용량을 의미한다. 예를 들어, 진통제 아스피린의 경우 3,000mg이 1DDD로 아스피린 한 알당 1,000mg 정도라 했을 때 성인 하루 복용량은 세 알인 셈이다. DDD를 의약품 소비량 측정 단위로 사용하는 이유는 비교를 위해서이다. DDD를 사용하여 단위 용량이 다른 의약품 간 비교가 가능할 뿐 아니라 인구집단 간 복용량 비교가 가능해진다. 인구 1,000명당 DDD는 인구집단 간 의약품 소비량을 비교하기 위해 사용하는 지표이다.

$$\text{인구 1,00명당 } DDD = \frac{\text{1년 동안 소비된 의약품 양}}{DDD \times 365\text{일} \times \text{총인구 수}} \times 1{,}000\text{명}$$

예를 들어, 위궤양 및 위식도 역류성 질환 치료제에 대한 인구 1,000명당 DDD가 80.9라 함은 인구 1,000명 중 해당 의약품을 매일 복용하는 수가 80.9명으로 해당 인구집

단의 약 8%가 매일 해당 의약품을 복용하고 있다는 의미로
해석할 수 있다는 것이다.

$$80.9 = \frac{1,300백만\ DDD}{DDD \times 365일 \times 4,400만\ 명(2020년\ 기준\ 성인\ 인구} \times 1,000명$$

　요양기관 종별 의약품 소비량(인구 1,000명당 DDD)을 살펴
보았다. 종합병원 이상에서 56.6, 병원에서 25.4, 요양병원
에서 29.7, 의원에서 51.0, 치과에서 2.5, 보건 기관에서 8.7,
약국에서 897.6, 기타 6.5로 나타나며 약국, 종합병원, 의원,
요양병원, 병원 순으로 의약품 소비량이 많은 것을 알 수

요양기관 종별 의약품 소비량

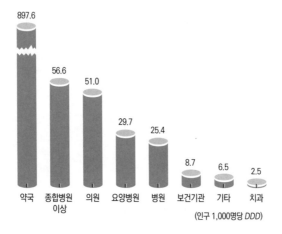

출처: 보건복지부, 건강보험심사평가원, 의약품 소비량 심층분석, 2015

젊게 늙는 사회

있다.

의약품 소비량을 비용으로 환산한 것을 약품비라고 한다. 약품비는 지난 10년 동안 7.3조 증가하여 가파른 증가 추세를 보인다. 연평균 증가율은 전체 4.9%로, 약 5%의 약품비가 매년 꾸준히 증가하고 있다. 특히 입원(2.3%)에 비해 외래(5.4%)에서의 연평균 증가율이 높게 나타나 외래에서의 약품 지출 규모가 빠르게 증가하고 있다. 1인당 약품비 또한 2019년에는 44.2만 원으로 2010년부터 꾸준히 증가하고 있다(연평균 1인당 약품비 증가율 4.1%).

고령화와 더불어 전체 처방 환자 수도 0.8% 증가하여 약품비의 증가 추세의 당위성을 짐작해 볼 수 있겠다. 또한, 고령층 환자가 다른 환자들에 비해 사용하는 약품비 비율이 높은 편이다. 2019년 기준 65세 이상 고령층 환자의 수는 전체 환자의 16.6%인 데 반해, 약품비 소비율은 43.4%로 약 3배 높은 편이며, 이를 종합하였을 때 10년 전에 비해 외래 및 고령층에서의 약품비 증가가 두드러지는 것임을 알 수 있다.

노인은 노화로 인한 생리기능 저하로 약물 이상 사례 발생 가능성이 높다. 노인은 복합적인 증상에 따라 복용하는 의약품 종류가 많고, 장기간에 걸쳐 복용하는 경우가 흔하다. 약에 의한 문제가 발생할 가능성도 크고 회복 불가능한 상태에 이를 수 있을 만큼 위협적이다. 문제 발생 이후에 대응하는 것보다 사전에 문제를 예방하는 것이 중요하

의약품 안전 사용 서비스(DUR) 운영 절차

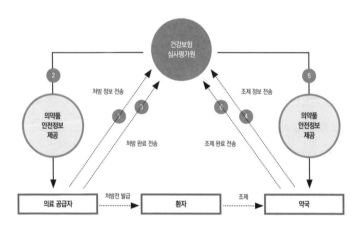

다. 치료의 유익성과 위험성을 비교하여 확실한 효과가 있을 경우에 처방하는 것을 일반적 원칙으로 한다. 이와 같이 의약품 처방을 관리하는 시스템이 건강보험심사평가원(심평원)에서 운영하는 Drug Utilization Review(DUR, 실시간 환자 투약 이력 점검 시스템)이다.

DUR은 의사와 약사의 처방, 조제 시 의약품 안전성과 관련된 정보를 실시간으로 제공하여 부적절한 약물 사용을 사전에 점검할 수 있도록 지원하는 시스템이다. 의사가 환자에게 의약품을 처방하면 심평원에 실시간 전송되어 환자의 투약 이력 및 DUR 기준과 비교하여 문제 상황이 있는 경우 의사 컴퓨터 화면에 경고 메시지(금기, 주의)를 전송한다. 의사는 이 경고에 따라 처방을 변경할 수 있고, 또는 환자에게 이전에 복용하던 특정 약물을 함께 복용하지 않도록 한 후 처방 할 수 있다. 노인과 같이 특정 연령에서 사용하면 안 되는 금기 의약품에 대한 365일 무중단 실시간 모니터링을 하고 있다.

물론 모든 약과 관련된 문제를 DUR로 막을 수 없다. 노인(보호자)은 스스로 복용하는 약에 대해서 관심을 가지는 것이 위험으로부터 보호하는 출발이다.

먼저 처방의약품, 일반의약품, 한약, 건강기능식품 등 노인 환자가 치료 목적으로 사용하는 약 이름을 기록한다. 의약전문가와 상의할 때 복용하는 약 이름이 필요하다. 과거 약물 알러지, 약물 유해반응도 알릴 필요가 있다. 다음으로 충분히 치료할 필요가 있다. 막연한 약 부작용에 대한 불안으로 의약전문가를 거치지 않은 투약 중단 판단을 하지 않도록 하며, 치료 가능한 질병을 노화의 한 모습으로 오해하여 투약하지 않고 방치하지 않도록 한다. 마지막으로 새롭게 처방받은 약을 복용할 경우에는 복용 방법, 복용 방법에 따른 복용 여부, 이상반응 여부 등을 기록하여 주의해야 한다.

장기요양, 요양병원, 장기요양기관

장기요양Long-term care은 통상 고령이나 노인성 질병 등으로 일상생활을 혼자 수행하기 어려운 노인 등에게 제공하는 신체활동 또는 가사활동 서비스를 의미한다. 장기요양은 일정 기간 이상 신체적 또는 인지적 장애로 일상생활을 타인에 의해 의존하여 살아가는 자를 대상으로 한다.

장기요양서비스는 크게 요양병원과 장기요양기관(요양시설, 재가서비스)에서 제공하는 형태로 나눌 수 있는데 전자는 의료서비스, 후자는 사회서비스를 제공한다. 장기요양 대상자는 신체기능 저하 및 만성질환 등으로 의료서비스와 사회서비스를 동시에 필요로 한다. 그러나 요양병원과 장기요양기관은 적용받는 법과 관여하는 사회적 보험제도, 관리하는 기관이 상이하여 동시에 서비스를 받는 데에 현실적인 어려움이 있다. 사회보장제도를 재정비하여 제도 중심적 서비스 제공보다 대상자 중심의 서비스를 제공함이 필요하다 하겠다.

요양병원은 의사, 간호사 등의 의료진이 치료, 재활 등 장기입원이 필요한 환자를 대상으로 의료서비스를 주로 제공한다. 돌봄을 제공하는 간병인의 비공식 서비스도 포함된다. 요양병원은 의료법, 국민건강보험제도에 적용을 받으며 국민건강심사평가원과 의료기관평가인증원 등 기관의 관리하에 서비스를 제공한다.

요양병원은 노인장기요양보험법 이전부터 존재했던 병원의 형태다. 30개 이상의 병상 또는 요양병상을 갖추어야 한다고 규정되어 있으며, 요양병원 입원 대상은 노인성질환자, 만성질환자, 외과적 수술 후 또는 상해 후 회복기간에 있는 자로 입소를 위한 별도의 조건, 인정 절차가 없다.

장기요양기관은 노인장기요양보험법의 적용을 받는다. 노인장기요양보험법의 목적은 "고령이나 노인성 질병 등의 사유로 일상생활을 혼자서 수행하기 어려운 노인 등에게 신체활동 또는 가사활동 지원 등의 장기요양급여를 제공하여 노후의 건강증진 및 생활 안정을 도모하고 그 가족의 부담을 덜어 줌으로써 국민의 삶의 질을 향상하도록 함"에 있다. 2002년 노인요양보장제도 계획이 발표되고, 노인장기요양보험법이 2008년 시행되었다.

장기요양기관은 요양시설, 재가서비스 기관으로 구분한다. 요양시설에서는 입소서비스를 제공하고, 재가서비스 기관은 대상자의 집으로 찾아가 사회서비스를 제공한다. 장기요양기관의 서비스를 이용하기 위해서는 일정 수준 이상의 돌봄이 필요하다는 조건을 인정받아 '장기요양 인정자'가 되어야 하며 사회복지사, 간호인력(간호사, 간호조무사), 요양보호사 등의 인력에게 서비스를 제공받는다. 장기요양기관의 공식적 인력은 돌봄 제공 인력이 대부분이며 의료적 필요에 대한 대응은 간호사 또는 간호조무사가 한다. 장기요양기관은 장기요양보험제도하에 국민건강보험공단의 관리를 받고 있다. 장기요양기관에서는 의사의 진료를 받을 수 없으므로 필요시 요양병원이나 일반 병원을 방문해 치료받아야 한다.

장기요양기관 중 시설급여기관(요양시설)의 수는 2018년

사회복지사업법상 사회복지시설

입소시설		재가기관	
노인요양시설	노인요양 공동생활가정	노인복지법상 재가노인복지시설	노인장기요양보험법상 재가장기요양기관
노인복지법 34조 1항 1호	노인복지법 34조 1항 2호	노인복지법 38조	노인장기요양보험법 32조
2,933개소	2,130개소	1,640개소	11,233개소

5,320개소에서 2022년 6,032개소로 증가하였으며, 재가 급여기관(재가서비스기관)의 수 역시 같은 기간 동안 약 5,000 개소 증가하였다. 요양병원 수 역시 빠르게 증가하여 과거 2008년 690개소에서 2019년 1,577개소로 증가하였고, 입원수진자 수도 18만 명에서 50만 명으로 증가하였다. 입원진료비 역시 1조 3,600억 원에서 7조 5,600억 원으로 증가한 양상을 보인다.

장기요양서비스는 일정 수준 이상의 돌봄 필요가 인정되어야 장기요양 인정자로 분류되어 장기요양서비스를 이용할 수 있는 권한이 생긴다. 등급은 5단계로 구분하는데, 1등급이 가장 높은 돌봄 요구도가 있고, 5등급이 낮은 돌봄 요구도가 있는 대상으로 볼 수 있다. 전체 장기요양 인정자 비율이 점차 증가하고 있으며 그중 80세 이상의 노인이 많은 비중을 차지하는 것을 알 수 있다.

OECD 국가 중 한국은 장기요양 병상 수가 여섯 번째로 많다. 65세 이상 인구 1,000명당 병상 수를 비교해 보면

한국 장기요양 인정자 변화와 연령별 분포

장기요양 인정자 비중

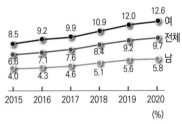

연령별 장기요양 인정자

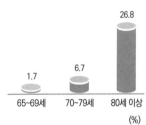

출처: OECD Health Statistics 2021

OECD 평균 45.6 병상에 비해 한국은 60.4 병상으로 많은 편임을 알 수 있다. 그러나 OECD 기준의 다른 국가들은 주로 장기요양 병상 수가 대부분을 차지하는 데 반해 우리나라는 요양병원 병상 수가 절반 이상을 차지하고 있다.

한국의 장기요양 병상은 빠르게 증가했다. OECD 국가에서 감소하는 추세인 데 반해 한국의 경우 OECD 국가 중에서 두 번째로 빠른 증가를 보인다. 노인 인구의 증가 속도보다 더 빠르게 느는데 이는 재가서비스의 종류가 많지 않고, 가족이 돌봄 부담을 줄이려는 경향 속에서 시설·입원 서비스가 증가하며, 요양병원처럼 장기요양 등급이 없어도 장기 입원할 수 있는 점들이 요인으로 작용했다고 볼 수 있다. 또한, 한국은 재활이나 급성 부분을 담당하는 의료기관이 많지 않아 요양병원에서 이를 담당하기도 하는 점이 장

OECD 장기요양 병상 규모
(2019년 요양병원+요양시설)

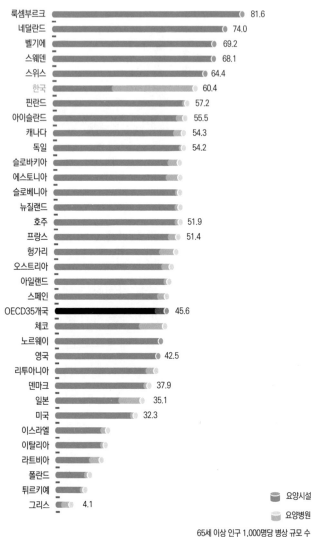

룩셈부르크	81.6
네덜란드	74.0
벨기에	69.2
스웨덴	68.1
스위스	64.4
한국	60.4
핀란드	57.2
아이슬란드	55.5
캐나다	54.3
독일	54.2
슬로바키아	
에스토니아	
슬로베니아	
뉴질랜드	
호주	51.9
프랑스	51.4
헝가리	
오스트리아	
아일랜드	
스페인	
OECD35개국	45.6
체코	
노르웨이	
영국	42.5
리투아니아	
덴마크	37.9
일본	35.1
미국	32.3
이스라엘	
이탈리아	
라트비아	
폴란드	
튀르키예	
그리스	4.1

요양시설

요양병원

65세 이상 인구 1,000명당 병상 규모 수

출처: OECD Health Statistics 2021

기요양의 빠른 증가에 영향을 미쳤다.

OECD에서 장기요양 분야에서 가장 시급한 문제로 손꼽는 것은 이용자의 안전 문제이다. 사회 전반으로 안전 문제가 중요해진 것처럼 장기요양 분야에서는 이용자 안전 문제에 관심이 커지고 있다. 취약한 상태에 있는 장기요양 이용자에게 적절하지 않은 돌봄이 제공되면 안전 문제가 나타날 수 있으므로 서비스 제공자의 주의가 필요하고, 제도적 장치 또한 보완될 필요가 있다.

대표적 사례로는 낙상을 생각해 볼 수 있다. 이용자의 낙상 사고는 골절로 이어져 회복이 어려운 상태가 될 가능성이 있으므로 주의가 필요하다. 또, 약물 문제도 관심을 가져야 한다. 한 번에 여러 약을 먹는 다약제 복용인 대상자가 많으며 이 경우 약물 상호작용의 위험도가 높아 안전 문제가 발생할 수 있으므로 주의해야 한다. 안전문제가 발견된 경우 이를 적절히 보고하고 개선하는 과정을 거침으로 문제로부터 배우고 장기요양서비스 질을 향상시키려는 노력이 필요할 것이다.

건강노화의 노란신호등 '노쇠 전 단계'

노쇠frail는 나이 들면서 생리적 예비력이 감소하고 스트레스 요인에 대한 취약성이 증가하여 건강에 좋지 않은 결과를 초래할 수 있는 상태를 말한다. 취약성은 살얼음처럼 외부 충격에 약하고 깨지기 쉽다는 의미로 문제가 벌어질 가능성이 높은 상태이다. 노화가 진행되면서 강건한 상태robust에서 노쇠 전 단계pre-frail를 거쳐 노쇠로 점차 건강문제에 대한 취약성이 증가한다.

노쇠 전 단계는 취약함이 악화될 수도, 강건함이 강화될 수도 있는 단계이다. 노쇠 전 단계에 있는 사람들은 근육 강도가 감소하고, 신체활동량이 줄고, 피로감이 높아지며, 의도하지 않은 체중 감소 등의 초기 증상을 보인다. 이 상태가 지속되면 노쇠 단계로 진입한다. 노쇠 전 단계를 확인하여 노쇠로의 진행을 지연시키는 개입을 할 수 있으며, 이는 노인들의 건강과 삶의 질을 증진시키는 데 도움이 된다.

노쇠 전 단계의 노인은 5가지의 노쇠 증상 중 1~2개 증상을 보인 사람이다. 노쇠 단계의 노인은 5가지 노쇠 증상 중 3개 이상의 증상을 보인 사람이다. 5가지 노쇠 증상은 다음과 같다. 근력 감소, 신체활동 감소, 심한 피로, 의도하지 않은 체중 감소, 느린 보행 속도.

나이가 들면서 자연스러운 정상노화Normal aging는 점진적인 기능의 감소가 나타나는 일반적인 궤도이다. 외부 충격, 질병·심리적 문제 등 내재역량의 균형을 깨는 스트레스가 나타나면 궤적의 변화가 생긴다. 내려가기 시작한 궤적은 정상노화 궤적으로 회복되는데 노쇠 전 단계에서는 시간이 걸려도 가능하지만, 노쇠 단계에서는 완전한 회복이 어렵다. 건강하게 나이 들기 위해서 정상노화 궤적을 유지하고, 노쇠 증상이 나타날 때 적극적으로 대응하는 전략이 필요하다.

건강노화 결정 요인

건강노화healthy aging는 나이 듦에 따라 신체적, 정신적, 사회적 안녕을 유지하며 건강하게 나이 든다는 개념이다. 노년기에 자연적으로 감소되는 내재적 능력intrinsic capacity을 유지하고, 외부 여건을 긍정적으로 조합하여, 기능상태functioning와 삶의 질을 증진시키는 것을 건강노화라고 한다. 건강노화는 기능적으로 타인에게 의존하지 않는 독립적인 생활(혼

정상노화와 노쇠 궤적

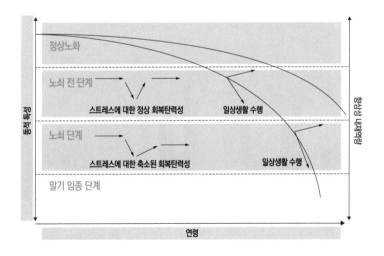

자 이동하고, 식사준비를 하고, 위생관리를 하고, 적절한 의사결정을 하는 것)을 하는 정상노화 궤적이다.

건강노화의 개념은 내재적 능력과 환경의 조합으로 노년기 건강(기능상태)이 결정된다고 본다. 건강노화는 그 시점의 달성 가능한 최적의 건강 상태를 유지하는 것을 말한다. 내재적 능력은 개인의 타고난 고유한 능력으로 연령에 따라 변화한다. 환경이란 개인을 둘러싼 여건으로 물리적 환경과 사회적 환경(인간의 행동양식에 영향을 주는 관심, 제도, 규범 등)을 포함한다. 내재적 능력이 감소되는 생의 기간에도 환경의 지원을 받아 노년기 건강상태를 유지할 수 있다.

건강노화는 다양한 요인에 영향을 받는다. 하나의 영역만으로 건강노화를 유지·증진할 수 없다. 건강노화의 결정 요인을 체계적으로 문헌 고찰한 연구[5]에서는 건강노화 결

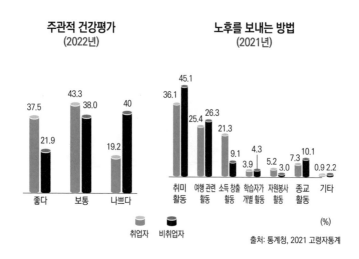

주관적 건강평가
(2022년)

노후를 보내는 방법
(2021년)

취업자 | 비취업자

출처: 통계청, 2021 고령자통계

노인 건강관리

전체 고령자		독거 고령자 (%)
91.7	아침식사	86.7
85.1	건강검진	79.3
82.3	적정수면	74.2
44.9	규칙적 운동	38.6

건강검진 수검률

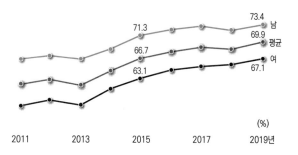

출처: 통계청, 2021 고령자통계

정 요인으로 신체적 측면, 정신과 인지 측면, 사회적 측면에서 10가지를 정리했다. 신체적 측면으로 신체활동, 식이요법이 영향을 주고, 정신과 인지 측면으로 자기인식, 전망·태도, 평생학습, 신앙이 영향을 준다. 사회적 측면으로는 사회적 지지, 경제적 안정, 지역사회 참여, 자립이 영향을 주었다. 건강노화는 모든 결정 요인이 복합적으로 작용한 결과이다.

건강관리는 동거 가족이 있는 고령자와 독거 고령자의 건강관리 패턴이 다르게 나타난다. 독거 고령자의 경우에 건강관리가 좋지 않아 건강노화를 위협받을 가능성이 높다. 건강관리 항목으로 아침식사, 적정 수면, 규칙적인 운동 그리고 건강검진을 대표적으로 다루는데 모든 항목에서 독거 고령자가 더 안 좋은 양상을 보인다. 건강검진 수검률은 2015년 66.7%에서 2019년 69.9%로 개선되고 있지만 아직 최적의 상태로 보기는 어렵다. 건강검진을 통해 조기에 질병을 발견하고 낮은 수준에서 치료함으로써 치료에 따른 신체적·정신적·경제적 부담을 줄일 수 있다.

Chapter 07

웰빙의 연장 존엄한 사死, 망

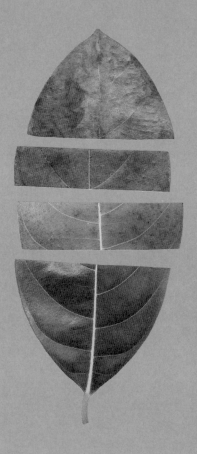

이 장에서는 죽음의 정의와 그것을 둘러싼 여러 사회적 논의를 알아본다. 인간 사회는 인간이 죽는다는 것을 전제로 하여 만들어져 있다.[1] 청·장년기에는 열심히 일하고 노년기가 되면 퇴직하고 은퇴자 생활을 한다. 이때 생활을 위해 연금도 필요하고, 또 질병도 많아져서 의료 대책도 필요하다. 만일 인간이 죽지 않는다면 이 모든 사회질서와 사회제도가 쓸모가 없어진다. 죽지를 않으니, 은퇴할 수도 없고, 계속 일할 수밖에 없고, 연금제도도 필요 없게된다. 병에 걸려도 죽지 않으니, 의료제도를 지금처럼 유지하지 않게 될 것이다. 대학을 졸업하면 평생 그 지식에 기반해서 살아갔으나 이제 죽지 않으니까, 대학을 계속 다시 다녀서 새로운 지식을 습득하지 않을 수 없을 것이다.

나쁜 죽음과 좋은 죽음

죽음은 철학이나 문학의 주요 관심사였다. 인간 삶의 고통과 그 끝에 있는 것이 죽음이란 사실은 역설적으로 삶의 의미를 만들어 냈고 철학과 문학은 이것을 표현하는 수단이 되었다. 죽지 않으니까, 철학이나 문학의 가치가 사라질지도 모른다. 죽음이 없다면, 사후세계도 없을 것이고, 죽은 뒤에 천국 또는 지옥에 간다는 종교의 근본이 위협받게 될 것이다.

보건학에서는 언제 죽는지를 측정하여 기대수명을 계산했다. 기대수명이 길어진다는 것은 삶의 질이 좋아졌다는 의미이면서 동시에 죽음의 질도 좋아짐을 의미한다. '비명횡사'나 '개죽음' 같은 낮은 수준의 죽음이 존재할수록 삶의 질도 낮아지고 수명도 짧아진다. 이것은 수명이 긴 선진국과 수명이 짧은 개발도상국의 삶의 질을 비교해 보면 곧바로 알 수 있다. 죽음은 단순히 삶의 종말이 아니다. 삶과 죽음은 아주 긴밀하게 연관되어 있다. 어떻게 사는가의 문제는 어떻게 죽을 것인가를 예측할 수 있게 한다.

18세기 이전에는 인류의 수명이 30세 정도였다. 식량은 언제나 부족했고, 전염병이 수시로 창궐해 수명이 짧았고, 인구의 증가는 매우 느리고 완만했다. 역으로 죽음은 항시 만연했다. 지금은 태어나서 영아기에 생물학적, 유전적 손상이 있어서 사망하는 경우를 제외하면, 그리고 사고사나 자살하지 않으면, 대부분 50대 장년기까지 죽지 않고 지나 간다.

지금 세대에게 죽음은 늙어서 겪게 되는 사건으로 인식된다. 그런데 근대화 이전에는 어린 나이에도, 청년 시절에도 수시로 죽었다. 만성적 식량 부족에 시달리던 일반인과 달리 귀족이나 왕족은 풍요롭게 살았을 것이라 짐작하지만 일찍 죽는 왕자와 공주, 왕과 왕비의 이야기가 너무나 흔하다. 사회적 안전이나 의료의 치료 역량이 제공되지 않는 상황에서 죽음은 흔한 일이었다. 이제는 청년들에게 죽음은 먼 미래의 일이 되었다.

죽음을 먼 미래의 일로 보냈기 때문에 우리가 사는 현재 삶의 구조는 갑자기 죽음을 맞닥뜨릴 여유가 없다. 갑자기 에이즈가 창궐했던 1980~1990년대 서구와 개발도상국에서는 너무나 많은 죽음이 일시에 쏟아졌다. 보건학적 용어로는 거대한 초과사망이 발생했기 때문에 사회는 파괴적인 영향을 받게 되었다. 인구가 감소하는 것은 물론이었고, 에이즈로 인한 죽음의 공포가 심화되면서 감염인(감염 취약 그룹)과 일반인 사이에 격렬한 차별과 낙인, 사회적 소외와 고립 등 큰 사회적 갈등이 발생하였다.

코로나19가 발생했을 때에도 비슷한 사회경제적 혼란을 겪었다. 그렇지만 죽음이 항시 부정적 효과만 주는 것은 아니다. 가족의 예상치 못한 죽음은 가족을 단결하게 만든다. 죽은 자식을 위하여 장학금을 출연하는 일이 종종 있다. 아마 자식이 오래 살다 죽었다면 가족이 단결하여 모금하고 사회에 기부하는 일이 발생하지 않았을 가능성이 크다. 전쟁으로 많은 국민이 죽게 되면 남은 국민은 국가를 위하여 더욱 단결하는 모습을 보이게 된다.

과거에 죽음은 종교적 의례의 대상이었다. 사제나 무당은 이승에서 저승으로 건너갈 때 의례를 주관했다. 또한 간간이 이승의 삶과 저승의 죽음을 연결하여 현세의 어떤 목적을 위하여 죽은 자를 불러내기도 했다. 삶과 죽음은 질적으로 다른 세상이었다. 죽음의 순간을 규정하고, 관장하는 주체는 종교 사제이든가 아니면 가족제도의 가부장이었다. 죽음은 개인이 아니라 집단과 공동체의 과업이었다. 아직도 사후 세상에 대한 관념이 남아 있지만 사제가 더 이상 죽음을 관장하는 주체가 되지는 않는다. 이제는 대부분의 죽음이 병원에서 이루어지고 의사가 죽음을 측정하고 관장한다. 의사의 사망 선언으로 삶은 종결되고 죽음의 의례가 시작된다. 죽음이 의료화된 것이다.

종교에서는 삶과 죽음이 질적으로 구분된다. 의학에서는 죽음을 하나의 과정으로 간주한다. 세포가 서서히 죽어가고, 대사 과정이 중단되고, 장기의 기능이 정지되고 호흡과 심장이 멈추는 일련의 과정들이 진행된다. 이러한 일련의 죽음의 과정에서 정작 어느 지점을 죽음으로 규정할지는 의학의 발전에 따라 달라질 수 있다. 우리의 문화나 종교의 관념에서는 삶의 신체적 징표는 호흡과 심장이었다.

숨을 안 쉬거나 심장이 안 뛰면 죽은 것으로 간주하였다.

의학에서는 인간을 유기체로 보면서 뇌를 중심으로 작동하는 체계로 파악한다. 따라서 뇌가 죽어서 뇌에서 더 이상 작동 신호를 보내지 않는 순간을 죽음으로 규정한다. 그래서 심장은 뛰고 있지만 뇌가 죽으면 의학적으로는 사망으로 간주한다. 이 순간부터 이미 죽은 사람이므로 그의 장기를 떼 내어 이식하는 것이 가능하게 된다. 죽음이 의료화되지 않았다면 장기이식은 살인행위로 처벌받았을 것이다.

죽음의 가치도 각기 다르다. 좋은 삶을 살다가 천수를 누리고 죽으면 호상好喪이라 부른다. 노인이 죽으면 대체로 호상의 범주에 속한다. 더 살 수 있는데 일찍 죽으면, 즉 조기 사망premature death은 흔히 사회적 불평등의 산물로 간주한다. 불평등이 심한 곳에서는 하층민들은 안전하지 못한 일자리에서 일하다 남들보다 일찍 사망할 가능성이 크다. 나쁜 죽음은 사회적으로 만들어진 죽음으로 자살, 타살, 사고사 등이 있다. 젊은 나이에 병사했다고 하면 어쩔 수 없는 운명이라고 생각하지만 사고사를 당했다면 억울하다는 생각이 들 것이다. 우리나라는 살인율은 비교적 낮다. 그러나 자살률과 사고사율이 높다. 억울한 죽음이 많은 것이다. 어떤 죽음이 정당한 죽음인지를 정하는 것은 매우 어려운 과제이다. 태아 낙태를 둘러싸고 찬반 논쟁이 격렬하게 진행되었고, 아직도 진행 중이다. 태아가 살아있는 인간의 일종인지, 달리 말하자면 낙태가 과연 인간의 죽음과 같은 것인지를 규정하는 것은 매우 어려운 일이다.

죽음은 산업의 의미도 있다. 의료비의 상당 부분이 죽음 직전에 사용된다. 즉 의료는 죽음 덕분에 활성화된다. 장례도 죽음을 전제로 만들어진 산업이다. 전쟁에 사용되는 무기도 결국 사람을 죽이는 데 사용된다는 점에서 죽음의 산업이다. 히틀러는 인간의 품종을 개조하려는 목적에서 유대인을 열등한 인종으로 낙인찍고 이들을 죽이는 것이 인류의 질적 개선이라 생각했다. 그래서 이들을 효율적으로 죽일 수 있는 시설을 만들고 시신을 처리했다. 비슷한 시기에 일본군도 포로를 대상으로 무자비한 인체실험을 실시하였다. 이들을 죽임으로써 과학적 성취를 얻었고, 결과적으로 남은 자들의 삶이 개선될 것으로 생각했다. 국가가 죽음을 산업화했던 것이다.

사망 장소는 삶의 질

사망이 발생하는 맥락은 '어디서 어떻게 죽는가'로 요약된다. 사망 장소는 사망의 질을 잘 요약해 준다. 근대화 이전에 사망은 대부분 집에서 이루어졌다. 생로병사, 통과의례의 마지막 단계인 죽음은 가정에서 온 가족이 모인 가운데 유언을 말하고 가족의 인사를 받는 이별식의 형태로 진행되었다. 이제 대부분의 죽음은 병원에서 이루어진다. 통계청의 발표에 따르면 전체 사망의 74.8%가 의료기관에서

이루어졌다.[2]

　우리나라 사람들에게는 병자가 병원에서 치료 도중 숨지는 것이 거의 관행처럼 굳어져 있다. 병원에서 가족 간호를 최소화하기 때문에 가족 1인이 환자 곁에 있을 뿐이어서 병원 입원과 함께 사실상 가족과 분리된다. 임종 직전에 병원 당국의 배려로 가족이 잠시 병상에 모일 시간이 주어지기도 하지만 임종을 지켜보는 정도의 의미만 갖는다. 이러한 모습은 사망 직전까지도 치료에 집중하기 때문에 빚어지는 안타까운 모습이다. 의사들이 더 이상 의학적 치료가 무의미하다고 해도 가족들은 쉽게 치료를 포기하지 못한다. 그러는 동안 환자는 병상에서 숨을 거두는 것이 보편적인 모습이 되었다.

　영국의 사망 장소는 우리와는 상당히 다르다. 병원에서 죽는 사람은 56%에 불과했고, 요양원nursing home 10%, 그룹홈(집단 거주시설) 8%, 호스피스 4%, 자기 집 18%, 기타 3%의 분포를 보였다.[3] 영국에서 자기 집에서 죽는 경우가 우리나라의 경우 16.5%인 것과 비슷하다. 차이는 시설 사망의 경우 시설의 종류가 다양하다는 점이다. 우리나라와 달리 요양원과 호스피스, 그룹 홈 등에서 사망하는 경우가 다수 존재한다. 우리나라는 요양원에 있는 경우에도 사망 전에 위중한 증상을 보이면 곧바로 병원으로 이송하는 경우가 많다. 또 독자적으로 만들어진 호스피스 시설은 거의 없다. 이러한 통계의 의미는 사망이 과도하게 의료화되어 병원에서 관리되고 있다는 점이다. 말기에 가족이나 친지와 충분한 이별bereavement 시간을 갖지 못한 채 생이 마감되는 것처럼 보인다.

가정 사망의 경우에는 자살 또는 타살의 우려 때문에 경찰에 의해 까다로운 확인 과정을 거쳐야 하고, 의사에 의한 검시를 받아야 한다. 여기서 이상이 없다는 소견을 받아야 장례식장으로 시신을 옮길 수 있다. 병원 사망의 경우에는 곧바로 사망진단서가 발급되어 장례나 상속 절차에 들어갈 수 있지만 가정 사망의 경우에는 사체검안서를 받아야 사망신고가 가능하다. 사망 후 가족이 슬퍼할 겨를 없이 복잡한 행정절차를 준수해야 하는 것이다.

사망 장소의 또 다른 주요 사항은 병원이나 주택이 아닌 기타 장소 사망이 9.1%나 된다는 점이다. 여기에는 사회복지시설, 산업장, 도로 등에서의 사망이 포함된다. 전통적 관념으로는 객사客死에 해당한다. 기타 장소 사망이 연 3만 건 이상 된다는 것은 한편으로는 가족과 지역사회의 통합이 약화되어 가족이나 지역사회로부터 배제된 고독한 상태의 죽음이 많다는 것과 안전하지 못한 상황에서의 사고사가 많다는 것을 암시한다. '무연고 사망'으로 불리는 시설이나 길거리에서 죽었고 아무도 시신 인수를 하지 않는 고독사가 매년 5,000건에 달한다.

사망 이후 행정적으로는 사망진단서를 작성하여 사망신고를 하게 된다. 통계청에서는 사망진단서와 사망신고서를 바탕으로 사망통계를 작성한다. 사망 원인별로 통계를 작성한 것은 수백 년의 역사를 가졌으나 질병 분류 방식의 표준화가 이루어진 것은 1893년에 국제통계기구에서 국제질병분류International Classification of Diseases: ICD를 작성한 이후, 세계보건기구가 1948년에 ICD 6판 개정에 관여하면서부터다. 현재는 ICD-11까지 발간되었다.

우리나라에서는 ICD에 한국적 특성을 고려한 한국표준질병사인분류KCD를 개발하여 사용하고 있다. 사망원인통계의 작성은 1982년부터 시작되었다. 사망통계는 기본적으로 사망신고서에 기초하는데 과거에는 사망신고가 사망 이후 상당 시간 경과 후에 제출되거나 진단서가 미비한 경우들이 많았다. 1980년대에는 다수의 사망이 집에서 이루어져서 사후에 의사의 검안을 거친다고 해도 정확한 사인을 기재하기 어려웠다. 당시에는 50% 이상의 사망이 원인 불명 상태로 남아 있기도 했다. 현재는 사망신고서 작성 방식의 개선, 병원 사망 증가에 따른 사인 기재의 정확성 향상 등에 따라 사망원인통계가 정확해졌다.

통계청은 매년 사인별 사망자 수 및 사망률 계산하여 사망원인통계를 작성하여 발표한다. 그러나 사망진단의 불명확성이 부분적으로 남아 있다. 모든 사망이 의사의 관장하에 이루어지는 것도 아니고, 집이나 기타 장소에서 고독사하는 경우는 대체로 원인 불명으로 남게 된다. 또한 질병 자체의 복잡성 때문에 의학적으로 인과관계를 분명히 하는

데 쉽지 않은 예도 있다. 또한 고인의 사망에 따른 가족들의 이해관계나 보험회사의 이해관계도 암암리에 작용할 수 있다. 즉, 사인 분류는 완전한 것으로 보기에는 어려움이 있으나 과거보다는 월등하게 진전된 상태라고 할 수 있다. 세계보건기구의 사망진단서 작성 원칙에 따르면 직접사인을 우선 작성하고 이어서 그것의 원인을 3단계까지 거슬러 올라가도록 하고 있다. 예를 들어 최초로 병원에 입원했을 때 진단명이 요로감염이고 이후 그로 인한 폐렴이 발생하였고, 최종적으로는 폐렴 치료 중에 패혈증이 발생하여 사망했다면 직접사인(1단계)은 패혈증이 된다. 그리고 패혈증의 원인(2단계)은 폐렴이고, 폐렴의 원인(3단계)은 요로감염이 된다. 우리나라 사망진단서도 이렇게 3단계로 사망 원인을 작성하게 되어 있다.

사망원인통계 집계 과정

사망원인통계의 작성 과정은 다음과 같다. 사망자의 가족이 읍·면·동에 사망신고를 하게 되면, 그 기관은 이것을 전산 입력하게 되고, 그 결과가 시·도를 거쳐 통계청으로 보내진다. 통계청에서는 1월에 전년도 사망신고 자료를 사망원인별로 자동 분류를 시작한다. 원 사인에 대한 적정성 검토와 오류 수정 과정을 거친다. 이 과정에서 정부의 16기관 21개 행정자료를 참고한다. 예를 들어 자살이나 범죄 피해

관련해서는 경찰청 자료를 참고하고, 오랫동안 치료받다가 퇴원하여 집에서 사망하였을 때 건강보험공단 자료를 참고하여 사인 분류의 정확성을 기한다. 즉 국가의 행정역량이 집대성되는 것을 사망원인통계 작성 과정에서 볼 수 있다. 통계청은 매년 9월에 사망원인통계 보도자료를 발표한다. 사망원인통계에는 사망자의 성별, 연령, 주소, 사망일, 직업, 혼인상태, 최종 학교, 사망 원인 등이 포함된다.

한국 표준 질병사인 분류에서 사용 중인 대분류 사인은

한국 표준 질병사인 분류에서 사용 중인 대분류 사인

특정 감염성 및 기생충성 질환	(A00–B99)	결핵, 패혈증 등
악성신생물(암)	(C00–D48)	위암, 대장암, 간암, 폐암 등
내분비 영양 및 대사질환	(E00–E90)	당뇨병 등
신경계 질환	(G00–G99)	알츠하이머 등
순환계 질환	(I00–I99)	심장병, 뇌혈관 질환, 고혈압 등
호흡기계 질환	(J00–J99)	폐렴, 만성하기도 질환 등
소화기계 질환	(K00–K93)	간질환 등
손상 중독 외인	(S00–T98)	자살 등
질병이환 및 사망외인	(V01–Y98)	
혈액 및 조절기관	(D50–D89)	
정신 및 행동장애	(F00–F99)	
눈	(H00–H59)	
귀	(H60–H95)	
피부	(L00–L99)	
근골격	(M00–M99)	
비뇨생식기	(N00–N99)	
임신 출산	(O00–O99)	
출생 전후	(P00–P96)	
선천기형	(Q00–Q99)	
달리 분류되지 않는 증상	(R00–R99)	

20가지다.

2022년 사망자는 37만 2,800명이다. 전년 대비 사망자가 17.4% 증가하였다. 인구 1,000명당 사망률은 7.3명이다. 2010년 이후 사망률은 증가하는 추세이다. 1일 평균 1,022명이 사망한다. 연령별 사망자 수는 80대가 13만 9,000명으로 가장 많다. 다음으로 70대가 7만 6,000명이다. 90대는 6만 명 정도이다. 30대까지는 사망자 수가 1,000명 단위이

연령별 사망자 수
(2022년)

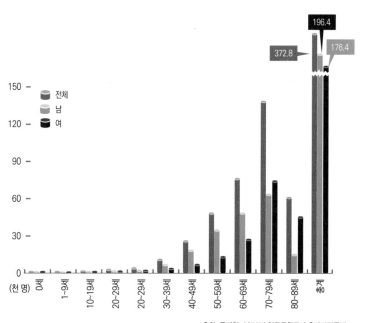

출처: 통계청, 2022년 인구동향조사 출생사망통계

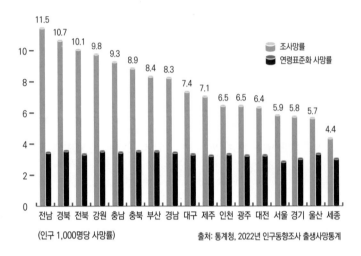

시도별 사망률

11.5
10.7
10.1
9.8
9.3
8.9
8.4 8.3
7.4 7.1
6.5 6.5 6.4
5.9 5.8
5.7
4.4

조사망률
연령표준화 사망률

전남 경북 전북 강원 충남 충북 부산 경남 대구 제주 인천 광주 대전 서울 경기 울산 세종

(인구 1,000명당 사망률)

출처: 통계청, 2022년 인구동향조사 출생사망통계

$$조사망률 = \frac{특정\ 1년간의\ 총\ 사망자\ 수}{당해\ 연도의\ 인구\ 수} \times 1,000$$

다. 40대부터 사망자가 1만 명대로 증가한다. 성별로는 남녀 모두 80대 사망자가 가장 많으나 그다음 순위가 남자는 70대가 많고 여자는 90대가 많다. 남녀의 수명 차이를 반영한 사망 구조를 보여 준다. 월별 사망자 수는 3월이 가장 많고, 다음이 4월이다. 환절기는 노인들에게는 사망위험을 높이는 계절이다. 지역별 조사망률은 전남(11.5%)이 가장 높다. 도 지역이 광역시보다 전반적으로 높은 조사망률을 보인다. 광역시에서는 서울(5.9%)이 낮고 부산(8.4%)이 높다. 이

것은 지역별로 인구의 연령대 구성에 차이가 있어서 노인
이 많은 도 지역의 사망률이 다소 부풀려진 점을 반영한다.
연령을 표준화한 사망률에서는 지역 간 차이가 축소된다.

죽음의 역학적 변천

사망의 원인은 기본적으로 질병에 의한 사망과 질병 이외
의 원인에 의한 사망, 즉 외인사로 구분한다. 질병사는 선
천적 결함과 장애, 유전적 원인, 감염, 퇴행성 질환 등으로
인한 사망을 말한다. 외인사는 추락이나 익사, 교통사고, 중
독 등에 의한 사고사, 자살, 타살 등이 포함된다.

보건학에서는 지난 세기에 이루어진 역학적 변천에 주
목한다. 즉, 지난 반세기 동안 질병 역학 구조가 감염성 질
환에서 만성질환으로 변화하였다. 1960년대 산업화 이전
빈곤 국가 시절에는 결핵, 소화기병, 유행성 감염병, 기생충
병 등이 많았다. 당시 기생충 유병률은 약 90%로 성인 대
부분이 기생충에 감염되어 있었고, 구충 사업이 국가적으
로 시행된 보건사업이었다. 이 당시의 외인사로는 연탄가
스 중독사가 많았다. 가옥 구조가 허술하여 부엌에서 난방
용으로 사용하는 연탄에서 발생한 일산화탄소가 스며들어
와서 중독사를 초래했다. 당시 병원에는 이들을 치료하기
위한 고압 산소통이 마련되어 있었다. 1960년대와 1970년
대의 이행기를 거쳐서 1980년대에 중진국이 되면서 감염

병 사망이 감소하고 순환기, 암 등이 주요 사인으로 변화되었다. [주요 사인 추세]는 그 이후의 추세를 보여 준다.

2022년의 10대 사망 원인은 암(1), 심장질환(2), 코로나19(3), 폐렴(4), 뇌혈관질환(5), 자살(6), 알츠하이머(7), 당뇨병(8), 고혈압성 질환(9), 간질환(10)이다. 예년과 다른 점은 코로나19가 주요 사인으로 들어왔다는 점이다. 코로나19 사망자가 무려 3만 1,280명이나 되었다. 코로나 사망은 3월과 4월에 집중적으로 발생하였다. 코로나19의 진입으로 인하여 다른 사망 원인이 한 단계씩 하향하였다.

지난 40년간의 사망 원인의 변화 추이를 살펴보면 암은 부동의 1위를 차지하고 있고 사망률도 계속 높아지고 있다. 전체 사망의 22.4%를 차지한다. 암 사망의 증가는 전 세계적 현상이다. 암 사망률이 OECD 국가 평균이 인구 10만 명당 202명인데 우리나라는 162명으로 상대적으로 낮은 편이다. 즉 우리나라의 암 사망이 더 증가할 수도 있음을 시사한다.

심장질환에 의한 사망은 꾸준히 증가하여 사인 2위가 되었다. 사망률 65, 전체 사망자의 9%를 차지한다. 미국은 심장병 사망이 암 사망보다 더 많아서 사인 1위이다. 폐렴도 최근 들어 빠르게 증가하는 사인이다. 사망률이 52이고, 전체 사망의 7.2%를 차지한다. 패혈증과 함께 감염병 증가의 사례가 되고 있다. 폐렴은 특히 노인들에게 치명적일 수 있다. 그래서 국가에서는 노인들에게 폐렴 예방접종을 제

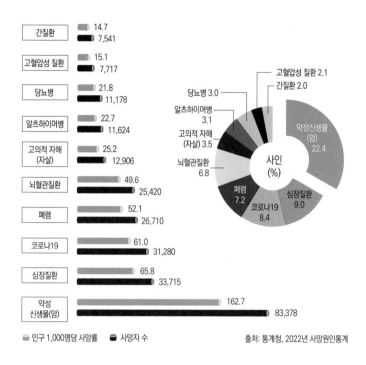

10대 사망 원인
(2022년)

간질환	14.7 / 7,541
고혈압성 질환	15.1 / 7,717
당뇨병	21.8 / 11,178
알츠하이머병	22.7 / 11,624
고의적 자해 (자살)	25.2 / 12,906
뇌혈관질환	49.6 / 25,420
폐렴	52.1 / 26,710
코로나19	61.0 / 31,280
심장질환	65.8 / 33,715
약성 신생물(암)	162.7 / 83,378

인구 1,000명당 사망률 ● 사망자 수

사인 (%): 약성신생물(암) 22.4, 심장질환 9.0, 코로나19 8.4, 폐렴 7.2, 뇌혈관질환 6.8, 고의적 자해(자살) 3.5, 알츠하이머병 3.1, 당뇨병 3.0, 고혈압성 질환 2.1, 간질환 2.0

출처: 통계청, 2022년 사망원인통계

공하고 있다. 뇌혈관이 막히는 뇌경색이나 뇌혈관이 터지는 뇌출혈 같은 뇌혈관질환 사망은 과거에는 대표적인 노인 질환이었는데 최근에는 이로 인한 사망이 감소 추세이다. 그렇지만 현재에도 사망률이 49로 사망위험이 높은 병이다. 전체 사망의 6.8%를 차지한다.

2022년에 자살 사망은 1만 2,906명으로 전년보다 3.2% 감소하였다. 알츠하이머, 즉 치매도 증가세를 보이는 사

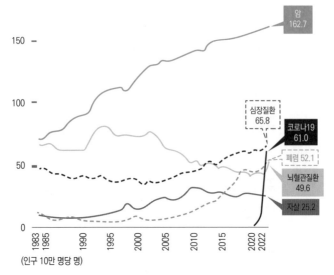

주요 사인의 추세

암 162.7

심장질환 65.8

코로나19 61.0

폐렴 52.1

뇌혈관질환 49.6

자살 25.2

(인구 10만 명당 명)

출처: 통계청, 2022년 사망원인통계

인이다. 2022년에 1만 1,624명이 알츠하이머로 사망하였다. 당뇨병 사망률은 2012년에 23이었는데 2022년에 21.8로 약간 감소하였다. 2022년 한 해에 1만 1,178명이 당뇨로 사망하였다. 고혈압성 질환도 과거보다 증가세를 보인다. 2012년에 사망률이 10.4였는데 2022년에는 15.1로 높아졌다. 간질환 사망자는 7,541명으로 전체 사망의 2%를 차지하였다.

　[OECD와 한국의 주요 사인별 사망률 비교] 그래프를 보면, OECD 국가는 대체로 우리나라보다 먼저 산업화와

OECD와 한국의 주요 사인별 사망률 비교
(2021년)

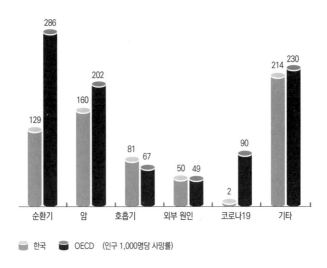

출처: OECD Health Statistics 2023

인구 노령화를 겪었고 우리보다 전반적으로 사인별 사망률이 높다. 이를 고려하면 우리나라에서 향후 순환기 사망, 심장병 사망, 암 사망은 더 증가하리라 예상할 수 있다. 서유럽과 북유럽 국가들은 우리보다 외인사 사망률이 낮다. 즉 한국은 사고사나 자살 사망이 많은 나라인 것이다. 미국과 달리 살인이나 총기사고로 인한 사망은 매우 낮은 편이다. 결국 자살과 함께 교통사고, 산업재해, 안전사고가 많다는 것으로 일상에서의 안전 수준을 획기적으로 높일 필요가 있다.

남녀 사인 구조
(2022년)

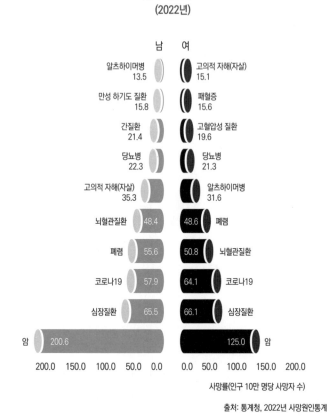

남			여
알츠하이머병 13.5			고의적 자해(자살) 15.1
만성 하기도 질환 15.8			패혈증 15.6
간질환 21.4			고혈압성 질환 19.6
당뇨병 22.3			당뇨병 21.3
고의적 자해(자살) 35.3			알츠하이머병 31.6
뇌혈관질환 48.4			폐렴 48.6
폐렴 55.6			뇌혈관질환 50.8
코로나19 57.9			코로나19 64.1
심장질환 65.5			심장질환 66.1
암 200.6			암 125.0

200.0 150.0 100.0 50.0 0.0　0.0 50.0 100.0 150.0 200.0

사망률(인구 10만 명당 사망자 수)

출처: 통계청, 2022년 사망원인통계

성별로 사망 원인 순위에 차이가 있다. 남녀 모두 암, 심장질환, 코로나19, 폐렴, 뇌혈관질환이 높은 순위를 차지한다. 성별 사망의 가장 큰 특징은 남자(200)의 암 사망률이 여자(125)보다 월등하게 높다는 점이다. 여자 대비 남자의 초과사망은 대부분 암으로 인한 사망이다. 또 남자는 자살과

젊게 늙는 사회

연령별 5대 사망 원인
(2022년)

(인구 10만 명당 명)

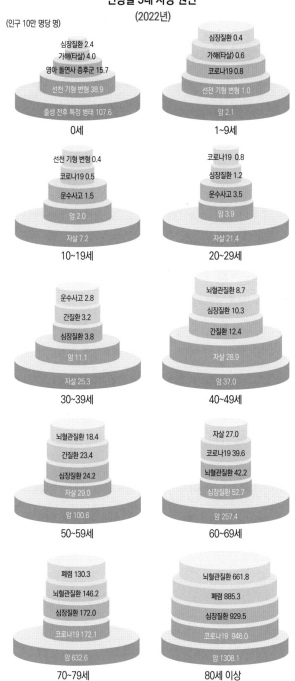

0세
- 심장질환 2.4
- 가해(타살) 4.0
- 영아 돌연사 증후군 15.7
- 선천 기형 변형 38.9
- 출생 전후 특정 병태 107.6

1~9세
- 심장질환 0.4
- 가해(타살) 0.6
- 코로나19 0.8
- 선천 기형 변형 1.0
- 암 2.1

10~19세
- 선천 기형 변형 0.4
- 코로나19 0.5
- 운수사고 1.5
- 암 2.0
- 자살 7.2

20~29세
- 코로나19 0.8
- 심장질환 1.2
- 운수사고 3.5
- 암 3.9
- 자살 21.4

30~39세
- 운수사고 2.8
- 간질환 3.2
- 심장질환 3.8
- 암 11.1
- 자살 25.3

40~49세
- 뇌혈관질환 8.7
- 심장질환 10.3
- 간질환 12.4
- 자살 28.9
- 암 37.0

50~59세
- 뇌혈관질환 18.4
- 간질환 23.4
- 심장질환 24.2
- 자살 29.0
- 암 100.6

60~69세
- 자살 27.0
- 코로나19 39.6
- 뇌혈관질환 42.2
- 심장질환 52.7
- 암 257.4

70~79세
- 폐렴 130.3
- 뇌혈관질환 146.2
- 심장질환 172.0
- 코로나19 172.1
- 암 632.6

80세 이상
- 뇌혈관질환 661.8
- 폐렴 885.3
- 심장질환 929.5
- 코로나19 946.0
- 암 1308.1

사고사, 간질환 사망이 현저하게 높다. 남자들이 상대적으로 위험한 곳에서 일하는 점, 음주를 즐기는 건강행동 등에서 여성과 차이를 보이는 점이 사망 구조에 반영되는 것으로 보인다. 여자 사망의 특징은 알츠하이머와 고혈압성 질환이 높다는 점이다.

연령별 사망 원인 순위를 보면 0세의 경우 선천성 요인과 돌연사가 주요 사인이었다. 10대부터 30대까지는 외인사(자살, 타살, 교통, 추락사, 익사)의 비중이 크다. 암은 1세 이후 전 세대에서 1위 또는 2위 사인이다. 심장질환과 뇌혈관질환이 그다음 순위 사인이다. 30~50대에서는 간질환 사망이 5대 사인에 포함된다. 70대, 80대에서는 폐렴과 코로나19가 5대 사인에 포함된다. 암 사망의 구성비가 50~70대에서는 30%를 넘는데 80대에서는 14.1%로 축소된다. 다른 주요 사인의 구성비도 10%를 넘지 않는다. 즉, 80대가 되면 암 이외에 다른 질병에 의한 사망이 증가하는 것이다.

외인사, 사고와 스스로 맞는 죽음

외인사의 원인으로는 운수사고(교통사고), 높은 곳에서 떨어지는 추락사, 강물에 빠져 죽는 익사, 화재로 연기를 흡입하거나 화상을 입은 경우, 자살, 살인 또는 타살 등으로 구분된다. 2000년에는 외인사 중에서 운수사고로 인한 사망이 1만 2,132명으로 가장 많았으나 점차 감소하여 2022년에는 3,471명이 되었다. 자살은 2000년에는 6,522명이었으나 이후 증감을 반복하다가 2022년에는 1만 2,906명이었다. 자살은 현재 외인사 중에서 가장 큰 비중을 차지한다.

　다음으로 큰 비중을 차지하는 것이 낙상 또는 추락사이다. 건물, 작업장, 산악 등지에서 추락하여 사망하는 사고가 매우 잦다는 것을 알 수 있다. 우리는 교통사고 사망을 감소시키려고 안전시설을 설치하고, 안내원을 두고, 안전교육을 시키는 등의 노력을 한 결과 사망 발생이 크게 감소한 것을 경험한 바 있다. 추락사 역시 기초적인 안전에 대

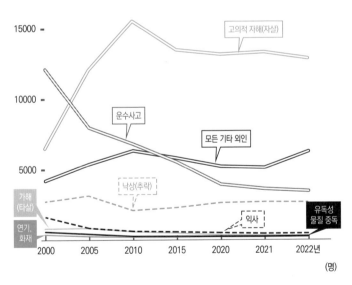

외인사의 추이

출처: 통계청, 사망원인통계

한 대비가 부족하여 발생하는 것으로 보이기 때문에 적극적인 대응과 노력이 필요하다. 다음으로 익사, 화재사, 중독사 등이 연간 수백 건씩 발생하고 있다. 살인 또는 타살은 감소하는 추세이다. 2000년에 834명이 타살로 죽었으나 2022년에는 320명으로 감소하였다. 우리나라의 타살률은 인구 10만 명당 0.6명이다. 총기 사고가 많은 미국이 6.4이고 멕시코, 브라질, 콜롬비아, 에콰도르 등 일부 남미 국가는 타살률이 20을 넘는다. 반면 일본과 싱가포르는 각각 0.2, 0.1로 매우 낮다.

자살률은 인구 10만 명당 자살자 수를 의미한다. 2022년에 12,906명이 자살하여, 매일 35.4명이 자살하는 셈이다. 자살률은 25.2명으로 OECD 평균 자살률 10.6명의 두 배가 넘는다. 우리나라는 자살률이 높지 않았는데, 1997년 외환

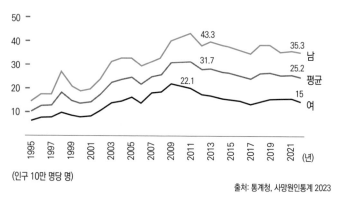

자살률의 추이

(인구 10만 명당 명)

출처: 통계청, 사망원인통계 2023

젊게 늙는 사회

위기 직후부터 상승하기 시작하였다. 2002년 이후 급속한 상승세를 보였고, 2011년 31.7명으로 정점을 찍고 이후 완만히 하락하거나 정체되어 있다.

외환위기 이후 한국 사회는 국제적인 경쟁체제로 변화하였고, 종신고용과 연공서열의 원칙은 사라지고 경쟁에서 살아남으면 크게 보상받고, 그렇지 못하면 배제되는 치열한 생존경쟁 사회로 변화하였다. 이러한 사회경제구조가 국가적으로 경제성장을 할 수 있는 토대가 되기도 했지만 동시에 사회구성원이 겪는 정신적 압박감은 매우 컸다. 경제성장의 이면에는 지역사회에서의 협력이나 공감, 연대의 사회통합 기능이 약화하면서 사회적 고립과 고독사, 자살이 증가하는 부정적 영향이 컸다.

한국 이외에 북유럽과 동유럽 국가의 자살률이 높은 편이다. 핀란드, 헝가리, 라트비아, 에스토니아, 슬로베니아, 리투아니아 등이 여기에 해당한다. 그 배경에는 독한 술을 즐기는 문화, 소비에트연방의 패망 이후 사회주의 경제체제에서 자본주의 경제체제로 이전되는 과정에서 생활과 생존의 위기를 겪거나 체제 변화에 적응하지 못하고 실패한 것 등이 주요 원인으로 작용한 것으로 보인다. 남유럽, 남미 국가들은 전반적으로 자살률이 매우 낮다.

유럽 국가의 자살률의 변화를 살펴보면 극적인 반전이 있었다. 러시아, 리투아니아, 벨라루스, 우크라이나 등 동유럽 국가들은 20세기 초반에는 산업화의 정도가 낮았고, 자살률은 인구 10만 명당 10명 이하 수준이었다. 그런데 20세기 말인 1994년에는 자살률이 40명 내외로 높아졌다. 여기에는 산업화로 인한 사회구조 변화와 함께 1990년대 초반에 있었던 사회주의 체제의 몰락과 자본주의 사회로의 이행 과정에서 여러 문제가 복합적으로 작용했던 것으로 보인다.

반면 프랑스와 독일은 20세기 초반에도 인구 10만 명당 20명 이상으로 자살률이 높았는데 20세기 말에는 오히려 자살률이 하락하는 추세를 보여 준다. 핀란드는 자살률이 높았던 대표적인 나라인데 1990년대 이후 지속해서 하락하였다. 핀란드는 행복도가 높은 나라이면서 동시에 자살률도 높은 특이한 사례이다. 핀란드의 높은 자살률의 배경에는 지구의 고위도에 위치하여 길고 어두운 겨울을 지내야 하고, 러시아 등과 유사하게 보드카 문화가 있어서 알코올 소비량이 높은 점, 우울감 경험자 등이 자살과 유의한 관계가 있는 것으로 밝혀졌다.[4]

사망 원인 중 자살 순위(비중)를 살펴보면 10~30대가 1위, 40~50대가 2위를 차지한다. 10~30대 젊은 층에서는 사망 자체가 많지 않으나 사망자 중에서 자살자가 차지하는 비중, 즉 자살 사망의 비중은 큰 편이다. 자살률은 나이가 많을수록 더 높아진다. 노인의 자살률은 다른 세대 자살률의 2~3배 수준이다. 노년층은 워낙에 질병 사망자가 많아서 자살 사망의 상대적 비중이 작다. 80대의 자살률은

60.6인데 노인의 10대 사인에도 들어가지 못한다.

지금부터 30년 전인 1993년의 [연령대별 자살률]에서 볼 수 있듯, 전 연령대에서 자살률이 약 2배 정도 높아진 것을 알 수 있다. 즉 자살로 이르게 만드는 개인적, 사회적 요인의 영향이 특정 연령대에 한정된 것이 아니라 전 연령대에 걸쳐서 작용하고 있음을 알 수 있다. 즉 우리나라의 자살 증가는 거시적 사회경제구조의 변화와 맞물려서 삶의 방식이 바뀐 것과 관계되는 것으로 보인다. 소련의 사회주의가 망하고 러시아가 자본주의로 이행되는 과정에서 체제 변화에 따른 충격으로 자살률이 높아졌는데 그 영향은

연령대별 자살률

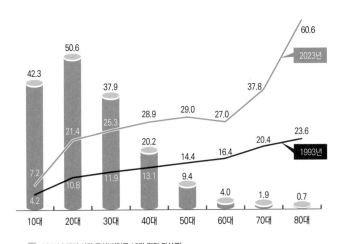

🔘 2023년 자살 사망 구성비(인구 10만 명당 자살률)

출처: 통계청, 사망원인통계

주로 중년 남자들에게서 나타났고 여성들의 경우에는 자살률이 거의 변화하지 않았다. 그런데 1990년대 말 외환위기 이후 한국 사회가 크게 변화하면서 자살률이 높아지는데 그 양상이 남녀노소를 가리지 않고 나타났다는 점에서 사회구조 변화가 매우 심대했음을 짐작할 수 있다.

2022년 자살자 수는 남자 9,019명, 여자 3,887명이었고, 자살률은 남자 35.3, 여자 15.1로 남자가 두 배 이상 높았다. 남자는 2011년까지 계속 상승하다가 이후 감소하였고, 여자는 2009년부터 계속 감소하였다. 연령대별 추이를 살펴보면 대부분의 연령대에서 2010~2011년에 최고점을 기록하였고 이후 서서히 감소하였다. 고연령층에서도 자살률이 감소하였다. 2012년에 80대 이상의 자살률은 무려 104.5였으나 2022년에 60.6으로 감소하였다. 고연령층 자살 감소는 노인들에 대한 노령연금과 기초(노령)연금 지급이 영향을 준 것으로 추측된다. 기초연금은 2008년부터 9만 원, 2014년부터 20만 원, 2019년부터 30만 원씩 지급하였다.

왜 스스로 삶을 마감하는가

자살 동기는 정신과적 문제, 경제생활 문제, 질병 문제, 가족, 친구와의 갈등이 주요 원인으로 꼽히고 있다. 자살 수단으로는 목맴과 추락이 대표적인 방법이었다.

자살의 영향 요인은 매우 다양하다. 구조적 요인으로는 자살 수단 접근성이 얼마나 용이한지, 자살에 대한 부적절한 언론보도, 도움 요청이 얼마나 용이한지, 혹시 자살을 희화화하고 낙인화하는 경향은 없는지 등을 들 수 있다. 지역사회 요인으로는 재난, 전쟁, 집단 갈등, 문화적 급변 사태, 특정 집단에 대한 차별, 트라우마, 노약자에 대한 학대 등이 얼마나 발생하는지 등이 있다. 사회적 관계 요인으로는 특정 집단의 사회적 고립감, 사회적 지지의 정도 등이 있다. 개인적 요인으로는 이전의 자살 시도 여부, 정신장애 여부, 알코올 중독 여부, 실직, 절망, 만성통증, 가족력 등이 있다.

자살시도자는 심각한 정신건강의 위기 상태에 있는 경우가 많아서 정신건강서비스 접근성을 높이고 정신건강서비스 공급을 강화하는 것이 필요하다. 동네별로 정신건강복지센터의 역할 확대, 위기 상담 전화 등을 충실화할 필요가 있다. 알코올 남용은 자살 충동을 높이는 경향이 강하기 때문에 특히 자살위험자에 대한 알코올 규제가 필요하다. 각종의 질병 치료가 효과가 부족하고 원만하지 않을 때 자살 충동을 갖기 때문에 이에 대응하여 의료서비스 접근성 향상도 필요하다. 자살 수단 중 일상생활에서의 접근이 용이한 것, 예를 들어 번개탄이나 농약에 대한 규제를 강화할 필요가 있다. 자살은 사회적으로 전염되는 경향이 있다. 따라서 자살 보도는 엄격한 지침을 적용할 필요가 있다.

기본적으로 사회구성원들 모두가 자살에 대한 사회적 인식과 경각심을 높여야 하고 이를 위한 다양한 홍보 전략이 필요하다. 자살시도자나 자살자 가족 등 자살 취약 집단에 대한 정책적 관심이 필요하다. 자살은 사회적 고립감에 의하여 실행되는 경향이 있으므로 여러 이유로 절망감에 빠진 사람들을 구원할 수 있는 지역사회 지지망을 갖추는 것이 필요하다. 자살정책 수립은 과학적 근거를 가져야 한다. 이를 위해 자살 행동과 정신장애에 대한 모니터링, 평가, 관리체계를 갖추어야 한다.

안락한 죽음을 선택할 권리?

안락사euthanasia는 자살의 특수한 형태로 볼 수 있다. 2016년에 개봉한 영화 〈미 비포 유Me Before You〉는 안락사를 소재로 한 로맨스 영화이다. 스포츠를 즐기던 사업가인 남자 주인공이 사고로 전신마비를 겪게 된다. 그는 간병인으로 취업한 여자 주인공의 도움으로 사고 이후 내내 머물던 자신의 방에서 나와 사회적 행사와 모임에 참여하는 등 변화하게 된다. 그러나 주인공은 전신마비를 겪으면서 이미 안락사 날짜를 받아 놓은 상태였고, 결국 스위스에 가서 생을 마감한다. 이 영화가 암시하듯이 대부분의 안락사는 질병이나 사고로 신체적 고통이 매우 커서 견디기 어려운 상태에서 의사의 조력을 받아 자의로 사망하는 경우를 말한다.

안락사가 환자의 고통을 덜어 주기 위한 선택이기는 하지만, 동시에 환자를 죽이는 행위이기 때문에 많은 논쟁이 있다.[5] 스위스 등 몇몇 나라에서는 안락사를 합법화했으나 다른 많은 국가에서는 이를 살인으로 간주하여 처벌한다. 안락사를 찬성하는 사람들은 질병이나 사고로 극심한 통증이나 신체활동의 제한을 받게 되어 인간다운 삶을 살기 어렵게 되었고, 회복 가능성도 없다면 당사자와 가족에게 안락사할 수 있는 선택권을 주는 것이 좋다고 생각한다. 그것이 본인은 물론 옆에서 지켜보는 가족의 고통과 치료비나 돌봄에 필요한 경제적 부담을 줄여 줄 수 있다는 것이다.

반면 반대 측은 환자가 정상적인 판단을 할 수 있을 만큼 온전한 정신 능력을 갖추고 있어야 하는데 이것을 입증하기가 쉽지 않다는 점에 주목한다. 특히 우울증 환자의 경우 충동적 결정의 위험이 있다. 또한 안락사를 시행하는 의사는 사람을 살리도록 직업윤리를 배우는데 안락사는 이 원칙에 위배될 수 있다. 또한 대부분의 종교는 인간이 임의로 목숨을 끊는 것을 금하고 있다. 철학적으로도 인간이 자기 인생의 종말을 맞을 시간과 상황을 결정할 권리가 있는지 분명치 않다. 완화의료palliative care를 충실하게 받으면 통증을 줄여 주고 존엄한 임종을 맞이할 수도 있다.

이렇게 안락사에 반대하는 의견도 굳건한 논리를 갖추고 있다. 우리나라 국민을 대상으로 한 설문조사에서 76%의 국민이 안락사 혹은 조력자살assisted suicide 합법화에 찬성하는 것으로 조사된 적이 있다.[6] 안락사가 시행되려면 신체적 고통과 삶의 무의미라는 조건이 다른 수단으로 대체되거나 보완되기 어렵다는 전제가 필요하다. 그런데 우리나라에서는 말기 환자의 고통을 덜어 줄 수 있는 완화의료 또는 호스피스의 기회가 매우 제약되어 있다. 또한 돌봄의 사회화도 제대로 되어 있지 못하다.

이런 상황에서 말기 환자들은 이렇게 고통스럽다면 차라리 죽는 것이 낫겠다는 생각이 들 수도 있다. 이것은 안락사의 필요성에 대한 공감이라기보다는 돌봄 체계의 부실로 인한 생의 포기로 보는 것이 더 합당할 수도 있다. 따라서 안락사 문제를 공론화하는 것보다는 호스피스의 기회를 확대하고 돌봄 체계를 내실화하는 것이 먼저일 것으로 생각된다. 현재 자살자가 많은데 그중에는 일부 질병의 고통을 견디기 어려워서 자살을 택하는 경우들이 포함되어 있을 수 있다. 이들을 위해서는 어쩌면 안락사 제도가 도움이 될 수도 있겠다.

그런데 다수의 자살자는 살고 싶어도 살아갈 수단이나 방법이 여의치 않아서 죽음을 선택하는 것으로 볼 수 있다. 사회적으로는 이들에 대한 대책을 세우는 것이 급선무이다. 이 책에서 크게 다루지는 않았지만 자살 이외에도 안타까운 죽음은 여러 가지이다. 산업재해로 인한 사망이나 살인 사망, 길거리에서 죽는 비명횡사에 이르기까지 우리 주변에는 자연스럽지 못한 죽음이 많다. 한국 사회가 선진화되려면 이러한 자연스럽지 않은 죽음을 세세히 밝히고 대책을 세워서 죽음의 정의가 실현되어야 한다. 안락사는 그 다음 단계에 논의해도 될 것이다.

Chapter 08

가장 오래 살아야 할 세대의 대응

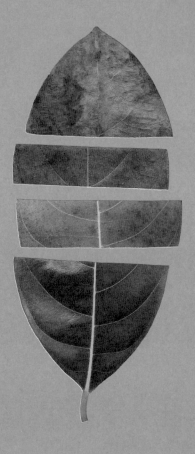

건강통계를 왜 배워야 할까? 건강지표에는 우리 삶의 경험과 우리 사회의 질적 수준이 녹아 있기 때문이다. 건강지표에는 기대수명이 얼마나 되는지, 앞으로 얼마나 많은 사람이 고생하고 죽는지, 우리나라 사람들이 다른 나라보다 어떤 점에서 건강하고, 어떤 점에서 건강에 불리한지를 알 수 있다. 그리고 그 수치에 담겨 있는 사회경제적 원인과 보건의료 제도의 공헌이나 부족함에 대하여 이해할 수 있다. 역으로 우리가 더 건강해지려면 어떤 노력을 해야 하는지에 대한 시사점도 얻을 수 있다. 이 장에서는 지금까지의 설명을 종합해 보기로 한다.

왜 누구는 오래 살고 누구는 일찍 죽을까?

수명의 거시적 틀은 구조적 요인의 영향을 받으면서 짜인다. 여기에는 유전적 소인도 있고, 물질적 요인과 사회적 요인도 있다. 암의 가족력을 따져서 암 발생 위험 여부를 따지는 것, 유방암 발생을 피하고자 예방적 절제술을 받는 것은 유전적, 생물학적 요인이 작용하기 때문이다. 이에 대응하고 극복하는 의료기술이 조금씩 개발되고 있으나 아직은 유전적 요인이 우리의 건강에 '구조적으로', 피하기 어려운 영향을 미치고 있다.

비단 생물학적 소인뿐만 아니라 어린 시절의 트라우마도 평생 영향을 미칠 수 있다. 어린 시절에 조실부모하고, 어린 자식이 3명 이상 있고, 실직을 경험하면 우울증에 걸릴 가능성이 높아진다는 고전적 연구가 있다.[1] 조실부모는 사회적 사건이지만 거의 생물학적 유전자처럼 그의 인생 행로에 지속해서 부정적 영향을 미친다는 것이다.

재화, 교육, 사회적 지위와 명예, 권력, 사회적 연결망 등을 의미하는 사회경제적 지위도 여러 방식으로 우리의 건강에 영향을 미친다. 좋은 것을 먹고, 안전한 일터와 쾌적한 집에서 생활하며, 피로하지 않고 여유를 즐기며 살 수 있으면 건강하지 않을 수 없다. 이렇게 살면 스트레스의 원인이 되는 생활사건은 적게 경험할 것이고, 주변에 자문 받고 도움을 청할 곳도 많다 보니 위기가 닥쳐도 극복하기도 쉽다.

반면 코로나19가 유행하던 시절에 정상적인 대면 거래
가 중단되면서 생활필수품이 택배로 배송되었고, 그 결과
택배 노동자는 이전보다 훨씬 높은 노동 강도로 일을 해야
했고, 상당수 노동자가 소진되거나 일부는 사망에까지 이
르렀던 적이 있다.[2] 만일 그들이 사회경제적 지위가 조금만
더 높아 노동 강도가 낮은 다른 직업을 구할 수 있었다면
젊은 나이에 죽지는 않았을 것이다.

사회적 자본도 우리의 건강에 영향을 미친다. 사회적 자
본social capital은 인간관계 또는 사회적 관계망social network을 의
미한다. 재화를 의미하는 경제적 자본이나 지식과 기술적
소양을 의미하는 인적 자본은 주로 개인에게 축적되는 자
본이다. 반면 사회적 자본은 지역사회에 축적된다. 지역사
회에 여러 모임과 단체가 많고 그들 간에 인적 교류가 활발
할수록 그 사회는 사회적 자본이 풍성하게 축적될 수 있다.
사회적 자본이 탄탄할수록 주민 간 연대와 통합의 효과가
생긴다. 이러한 사회적 통합은 다시 주민의 건강수준을 높
인다.

즉 사회적으로 잘 통합된 사회가 더 건강하고, 사망률도
낮다고 한다.[3] 한 사회가 계급, 인종, 젠더, 종교로 나뉘어
약자를 차별하고, 의사결정에서 배제하고, 생각이 다른 사
람에 대하여 폭력적으로 대응하고, 특정 출신이 자원과 기
회를 독점하는 사회는 단순히 건전하지 못한 사회를 넘어

서 실질적으로 국민의 사망률을 높이고 건강상태를 낙후되도록 만든다. 아프리카의 젊은 여성이 에이즈로 많이 죽는 것이나 미국 흑인의 사망률이 높은 것은 사회적 박탈과 배제와 깊은 연관이 있다. 따라서 우리가 건강하려면 먼저 사회가 건강해야 한다.

건강한 사회의 교육과 정책

그동안 우리나라가 교육기회를 확대해 온 것은 경제성장에도 중요한 밑거름이 되었고, 또한 우리의 건강상태가 획기적으로 개선되는 데에도 기여한 것으로 볼 수 있다. 예를 들어 전통사회의 다산을 선호하던 인식이 근대화 과정에서 빠르게 저출산으로 바뀐 것은 교육수준의 향상과 밀접하게 관련되어 있다. 교육을 통하여 지식과 기술을 함양하고, 인적 자본을 축적하고, 개인적 노력에 의한 지위의 향상을 꿈꾸게 되면서 저출산은 자연스러운 선택이 되었다. 위생 관습의 향상이나 건강관리의 보편화 역시 교육과 지식 수준의 향상 없이는 기대하기 어렵다.

교육은 건강 사회를 선도하는 중요한 동력이라 할 수 있다. 지금은 저출산이 너무 심화하여 인구 감소를 유발하면서 부정적 효과를 걱정하지만, 역사적으로 다산이 저출산으로 성공적으로 바뀐 것은 한국 사회 발전과 건강상태 향상에 긍정적 효과가 더 컸다. 출생아 수가 줄면서 각 가정은 자식의 교육수준을 높일 수 있게 되었다. 1960년대 중반 우리나라가 '산아제한' 정책을 시작할 때 필리핀이나 인도네시아도 비슷하게 정책을 추진하였다. 우리는 산아제한에 성공했으나 다른 두 나라는 그렇지 못했고 인구수는 현재 1억이 넘었다.

건강 사회를 향한 또 다른 구조적 변화는 사회보장정책이다. 은퇴, 실직, 질병 등으로 생계의 위협을 받거나 인간다운 생활을 하기 어렵게 될 경우에 대비하여 보편적 권리로서 사회보장의 혜택을 받도록 하는 것이 선진국의 추세이다. 이러한 취지에 부응하여 소위 4대 보험이 만들어졌다. 국민연금, 실업보험, 건강보험, 산재보험은 사회경제적 위험에 처한 사람들에게 생명줄과 같은 구실을 하고 있다.

그간 높은 노인 빈곤율은 노인 자살을 부추기는 중요한 요인으로 생각되었다. 현재 70대 이상의 노인들은 연금제도가 없었거나 제도 형성 초기에 살았던 세대로 국민연금의 혜택은 크지 않았고 개인적인 노후 준비도 부실했다. 반면 자식들의 부모 부양 관습은 빠르게 감소하였다. 이렇게 해서 만들어진 노인 빈곤은 사실 개인의 노력 부족이라기보다는 세상이 변화하는 과도기에 살았기 때문에 겪게 되는 어려움으로 볼 수 있다. 다행하게도 2008년에 기초노령연금이 실시되었고, 이후 수급액도 높아지면서 노인 빈곤의 극복에 기여하였다. 노인 자살도 이후 감소하는 추세를 보였다.

그런데 우리나라의 사회복지 지출은 2022년 GDP의 14.8% 수준이다. OECD 평균이 21.1%이다. 일본 24.9%, 미국 22.7%, 독일 26.7%, 이탈리아 30.1%, 프랑스 31.6% 등으로 우리는 상당히 낮은 편이다. 사회복지 지출_{social spending}은 저소득 가구, 노인, 장애인, 환자, 실업자, 청년 등에게 현금 지원, 현물이나 서비스를 지원하는 것을 말한다. 여기에는 정부의 지출과 사회복지 모금을 통한 민간 기관의 지원 등과 같이 공적 지원을 포함하고, 개인 간 사적 지원은 제외한다. 사회복지 지출이 적다는 것은 우리가 만일 사회적 위험에 처할 때 공적으로 지원받아서 위기를 극복할 기회가 그만큼 적게 주어진다는 것을 의미한다. 이것은 위험에 처한 개인은 개인적 노력을 통하여 위기를 극복해야 하는 각자도생의 사회가 우리의 현실임을 암시한다.

사회보장이 전반적으로 부족하지만, 다행히 건강보험이 비교적 잘 갖추어져서 국민이 건강위험에 대비할 수 있었다. 그런데 의료 이용 횟수가 OECD 평균의 두 배가 넘는 실태는 건강위험에 대한 합리적 대응의 수준을 넘는 것으로 생각된다. 여기에는 의료행위를 많이 할수록 더 많은 보상을 얻는 지불보상 방식으로 인하여 의사가 만들어 내는 공급자 유인 효과도 있고, 작은 증상에도 의료기관을 찾는 소비자들의 질병 행동도 원인이 된다. 소비자들은 왜 더 많은 의료를 추구하는 것일까?

건강불안감이 클수록 의료 이용을 더 많이 하는 것은 잘 알려져 있다. 건강불안감은 단순히 질병 증상이 존재하는 것에 대한 즉자적 반응은 아니다. 증상이 생겨도 잘 치료받을 수 있고, 회복될 거라 믿으며, 혹시 질병 증상으로 인하여 사회적 활동에 제약이 생기거나 경제적 부담이 생기더라도 이를 다른 수단을 사용하여 만회하고 어렵지 않게 해결할 수 있다면 증상에 대한 불안감은 덜할 것이다. 즉 건강불안감은 증상 발현이 초래할지 모를 신체적, 사회적, 경제적 악영향이나 손실 또는 불이익이 예상되는 경우에 커지게 된다.

노르웨이 사회학자인 발라즈_{Gabriel Balaj}와 아이케모_{Eikemo}는 노르웨이, 영국, 헝가리 세 나라 국민을 대상으로 사회적 건강 결정 요인과 건강상태의 관계를 분석하였다. 노르웨이는 복지국가, 영국은 자유주의 국가, 헝가리는 사회주의에서 자본주의로 이행한 국가의 사례이다. 즉, 사회구조가 크게 다른 세 나라에서 사회구조적 요인들이 주관적 건강 인식에 어떤 차이를 가져오는지를 파악하고자 하였다. 건강 결정 요인은 생활 습관 요인(BMI, 신체활동, 채소와 과일 섭취 등), 직업 요인(물리적 위험 등), 생활상태 요인(재정적 어려움, 가족 갈등, 사회적 지지 등)으로 구성하였다.

분석 결과 3국에서 공통적으로 건강 격차를 벌리는 요인은 직무환경 위험성, 주거 조건, 재정적 어려움 등으로 나타났다. 노르웨이와 영국에서는 현재 소득으로 살기 어려운지 아닌지가 건강상태 격차를 만드는 요인이었다. 반면 헝가리에서는 현재 소득으로 살기에 매우 어려운지 아니면 조금 어려운지에 따라 건강 격차가 결정되었다. 대부분 국민이 생활고를 겪다 보니 나타난 현상으로 생각된다. 또 노르웨이에서는 직무환경의 위험성이 건강 격차에 가장 큰 영향을 미치는 요인이었는데 영국과 헝가리에서는 재정적 어려움이 가장 큰 영향 요인이었다.

영국과 헝가리에서는 어린 시절의 어려웠던 경험이나 실직 경력이 건강 격차를 만드는 데 유의한 요인이었으나 노르웨이에서는 그렇지 않았다. 즉 노르웨이는 복지국가이기 때문에 국민이 태어나면서부터 절대빈곤으로 인하여 어려움에 부닥쳤던 경험이 없고, 빈곤이나 실직으로 인한 건강 염려도 없었던 것으로 볼 수 있다. 생활습관 요인은 노르웨이와 영국에서만 건강 격차에 유의한 영향을 미쳤다. 헝가리에서는 대부분 국민이 불건강한 습관을 갖고 있던지, 아니면 현재의 생활고에 의하여 건강 격차의 모든 것이 설명되는 극도의 빈곤 상태가 아닌가 하는 추측을 할 수 있다.

그리고 3가지 구조적 요인의 중간점을 계산하였다. 예를 들어 BMI, 신체활동 정도, 직장의 물리적 위험도 등에서 평균점에 해당하는 사람을 계산하였고, 이렇게 사회적 지위가 중간에 있는 사람이 주관적 건강 척도(매우 좋음에서 매우 나쁨)에서는 어떻게 응답하는지를 파악하였다. 그 결과 노르웨이는 주관적 건강이 '매우 좋음'에 가까웠고, 영국은 '좋음'에 가깝고, 헝가리는 '보통'에 가깝게 위치했다. 복지 혜택이 많은 국가일수록 국민이 느끼는 주관적 건강이 더 양호한 수준으로 나타나는 것이다.[4]

한국인은 주관적 건강수준이 낮고, 의료 이용을 많이 하는 특징이 있다. 왜 이런 현상이 나타나는지 앞의 노르웨이 연구 결과에 빗대어 추론해 보자. 한국은 시장 중심 자본주의 체제와 자유민주주의 체제를 취하고 있어서 세 나라 중 영국에 가깝다. 그러나 복지수준이 크게 뒤처지는 점에서는 헝가리와 닮은 특성도 있다. 주관적 건강수준이 낮게 평가되는 것은 사회적 보장의 수준은 낮고, 가계 빚이 많은 재정적 어려움이 큰 상황을 반영하는 결과로 해석할 수 있다.

노르웨이에서는 작업장의 위험이 중요한 사회적 관심사인 데 반하여 한국에서는 산업재해가 노르웨이보다 훨씬 더 많지만 그에 대한 사회적 관심도 부족하고 대책도 불비하다. 즉, 직무 위험이나 재해 위험이 주관적 건강수준을 낮추는 고급스러운(?) 단계가 되지 못한다. 그나마 다행(?)인 것은 한국에서는 생활습관에 따른 건강위험에 대하여 어느 정도 사회적 관심이 있는 편이라는 점이다. 아마도 한국은 영국과 헝가리 중간쯤에 위치하는 것으로 볼 수 있다. 사회보장 수준이 낮아서 생활의 어려움이 다른 완충 장치가 없이 곧바로 건강불안감으로 이어지고, 결과적으로 더 의료 이용을 부추기는 것으로 생각된다.

나의 순수한 의지인가

우리가 어떤 음식을 먹는지, 또는 흡연과 음주를 할지 말지와 같은 행동은 순전히 나 개인의 생각과 결정에 따라 정해지는 것일까? 대부분의 사람들은 그것이 나의 행동이니까 순수하게 나의 의지에 따른 것이라고 생각할 것이다. 그런데 사회학자들의 생각은 다르다. 그러한 행동이 사회적 영향을 받아서 이루어진다고 주장한다. 사회와 개인의 관계, 또는 사회구조와 개인 행위자agent의 관계는 사회과학의 고전적인 이슈이다. 사회학자들은 보통 사회구조의 영향을 강조한다. 사회구조의 영향이 커서 우리 같은 행위자들은 정해진 틀을 따라 행동하게 된다는 의미이다. 건강에 미치는 근본적 원인(물질적 요인)과 사회적 자본의 영향력을 강조하는 것이 바로 그 예이다. 따라서 개인이 노력해서 바꿀 여지가 크지 않다는 것이다.

그런데 건강은 사회에 의하여 전부 결정되는 것일까? 여기서 개인의 역할을 얼마나 허용할지에 따라 사회이론이 갈린다. 개인 행위자의 역할을 강조하는 관점에서 생각해 보면 사람들 사이의 상호관계는 내 생각, 내 의지가 반영되고 타인의 입장도 고려하면서 상호작용이 이루어지면 형성된다. 그 과정에서 어떤 규칙과 질서가 계속해서 만들어지고 쌓이다 보면 결국 사회구조도 만들어진다고 본다. 이러한 상호작용론 또는 '사회구성주의'의 관점은 사회구조에 의한 결정론의 반대 위치에 있다.

사회구조의 영향을 인정하면서도 개인 행위자의 자율성의 여지를 고려하는 것이 부르디외의 관점이다. 부르디외는 아비투스$_{habitus}$, 자본$_{capital}$, 생활의 장$_{field}$ 이론을 전개하였다. 아비투스는 계급적 성향 또는 행위방식을 말한다. 아비투스는 의식적으로 좋아하거나 싫어하는 것이 아니라 오랜 양육 과정을 통하여 계급적 생활방식이 우리의 몸에 전수되고 체화된 성향으로 볼 수 있다. 채식을 좋아하고, 운동을 좋아하는 것은 오페라를 즐기는 것과 마찬가지로 어려서부터 내 몸에 체화된 성향의 발현이다.

오페라를 즐겨 보지 않은 사람이 예술의 전당에서 오페라를 감상할 기회를 얻으면 어떻게 될까? 잠시는 호기심에 긴장해서 관람하겠지만 시간이 지날수록 '낯선 환경'에 지루해질 가능성이 크다. 오페라의 음악과 성악, 복장, 관객의 모습은 여러 요소가 하나로 어우러진 생활의 장이라고 할 수 있는데 내가 자라 온 생활과는 크게 다를 수밖에 없어서 이질감을 느끼고 졸거나 퇴장할 수밖에 없다. 채식이나 운동도 비슷하다.

그런데 교육을 많이 받은 서구의 상위계급의 사람들은 같은 증상을 가졌을 때 하위계급의 사람보다 증상을 더 민감하게 관찰하고 더 심각하게 생각하는 경향이 있다고 한다. 여기서 흥미로운 것은 증상이 있음에도 불구하고 자신의 건강상태를 양호하게 평가한다는 것이다.[5] 증상에 민감한 반응을 보이는 것은 걱정해서가 아니라 성찰성 때문으로 보인다. 위험사회에서 위험이 도처에 있고 예측 불가능하게 발현되고 심각한 결과를 초래할 수도 있으므로 평소에 작은 위험이라도 민감하게 살피고 대응하는 자세를 갖는다.

즉, 증상이 발현되면 최악의 결과까지도 생각해 보고 대응책을 모색하지만, 그것에 매몰되지 않고 합리적 대응과 회복의 가능성을 동시에 생각하게 된다. 반면 낮은 지위의 사람들은 증상이 발현되면 처음에는 무시하고 대응을 늦게 하거나, 필요 이상으로 과잉 대응하기도 한다. 이것은 증상이 초래할 수 있는 사회경제적 어려움에 대한 걱정과 결부되어 발생한다. 사회경제적 어려움을 걱정할 필요가 없다면 증상을 바라보는 관점도 변화할 것이다.

고등교육을 받은 사람이 만성질환을 안고 생활할 때 그는 폭넓은 정보를 확보할 수 있다. 친구 의사로부터 조언을 들을 수도 있고, 직접 인터넷에서 최신 의학 잡지를 찾아서 최신 정보를 얻을 수도 있다. 전문적 의학 정보도 대강의 뜻을 이해할 수 있는 언어 능력은 상위계급의 특성 중 하나이다. 즉 그가 가진 문화적 자본과 사회적 자본을 활용하여 만성질환에 어떻게 대응하는 것이 합리적이고 최선의 방안일지 따져 보게 된다. 생활사건으로 새로운 위험에 처할 때 개인의 합리적 선택을 가로막는 중요한 요인은 흔히 재정적 제약인데 상위계급의 사람은 본인의 경제력을 사용하거나 아니면 주변의 도움을 받아 재정적 제약으로 인하여 발목이 잡히는 위험을 피하고 재정적 제약으로부터 거리를 유지할 수 있다.

사회적 자본은 건강위험에 대처하는 데 매우 유용할 수 있다. 더 높은 수준의 교육을 받는다는 것은 더 넓은 인맥과 사회적 네트워크를 갖는 것과 같다. 이러한 연결망은 만성질환을 앓고 있는 사람에게 귀중한 지원, 자원 및 기회를 제공하여 재정적 어려움으로부터 보호하고 필요한 치료 및 서비스에 대한 접근을 용이하게 할 수 있다. 고등 교육을 받은 사람이 갖추는 문화적 자본은 의사가 아닐지라도 건강 문제를 바라보는 높은 안목을 갖게 한다. 따라서 그들은 의료 시스템을 보다 효과적으로 탐색하고, 의료 전문 용어를 이해하고, 그들의 니즈needs를 정확하게 의사에게 요청하고, 만성질환을 주체적으로 관리하는 능력을 향상시킬 수 있게 된다.

반면 문화자본이나 사회자본, 경제자본을 갖추지 못한 사람이 만성질환을 앓게 되면 곧바로 재정적 어려움, 정보 획득의 어려움, 합리적 선택의 어려움에 직면하게 된다. 질병이 초래하는 불이익disadvantage을 해소하거나 대체할 수 있는 다른 수단을 갖고 있지 못하기 때문에 그들은 더 큰 건강 불안감에 시달리고, 그럴수록 의사에게 일방적으로 매달리게 되고, 더 많은 의료서비스를 이용하게 된다. 유효한 자본이 없는 사람에게 몸은 생존을 위한 핵심적 도구가 된다. 그 몸에 작은 이상이라도 생겼을 때 과잉 불안감을 느끼게 되고, 의료를 통해서 빨리 회복하는 것이 제일 나은 선택이 된다.

이러한 설명을 종합하면 자본을 가진 사람들은 혼자서도 건강을 위한 활동을 잘 꾸려 나갈 수 있다. 반면 자본이 부족한 사람들은 그대로 두면 불건강의 나락에 빠져 헤매게 될 가능성이 크다. 보건정책은 이들에게 도움이 되는 정책이 될 필요가 있다. 근본적으로는 사회정책을 강화하여 불건강의 근본 원인을 감소시키는 것이 좋은 해결책일 것이다. 이 부분은 일단 복지국가정책을 전문으로 다루는 분들께 맡기도록 하자. 건강정책 중에서 생각해 보면 질병 수당의 도입을 적극적으로 추진할 필요가 있을 것이다.

코로나 유행 때 아파도 쉬지 못하는 근로자들의 이야기가 한때 관심을 끌었다. 코로나19는 꽤 심하게 아픈 병이다. 그러나 일용직 근로자들은 아프다고 쉬는 것이 쉽지 않다. 아파서 하루 일을 쉬면 일당을 벌지 못하기 때문이다. 아플 때 쉬려면 그 일당을 국가나 건강보험공단에서 지급해야 한다. 질병으로 인해 발생하는 불이익을 스스로 해결하기 어려운 서민들에게 건강보험 적용은 물론이고 생활비 손실을 보전해 주는 것이 마땅하다. 이렇게 되면 그들은 병에 걸려도 덜 불안해질 것이다.

독일에서는 과로와 소진에 처한 근로자에게 의사가 휴양 처방을 해 준다고 한다. 병이 나기 전에 쉬게 하는 것이 건강증진에도 도움이 되고 의료비도 절감시킨다. 즉 건강 보험은 의사에 대한 보상에 급급하기보다는 시민의 건강 악화를 방지하는 데 우선적 관심을 두도록 정책 방향이 전환될 필요가 있다.

불건강한 생활습관, 제도로 바꿔라

생활고에 시달리는 사람은 건강을 위해 행동할 여유가 없다. 그렇지만 동시에 건강을 위하여 건강 습관을 개선하는 것이 가장 시급한 사람이기도 하다. 이들이 싼 음식 대신 균형 잡힌 식사를 할 수 있게 하는 것, 노동시간이 길어서 운동이나 신체활동을 할 여유가 없는데 그래도 짧게 짧게라도 운동을 할 수 있게 프로그램을 개발하는 것, 고된 생활과 노동에서 술과 담배로 시름을 달랠 수밖에 없는 상황에서 어떻게 하면 금연, 절주를 실천하게 만들지 노력하는 것 등이 현실적인 건강정책의 과제이다.

상위계급 사람은 평소에도 유기농 식사나 채식에 익숙해 있다. 만일 나이가 들어 비만이 되어 건강위험에 처했을 때 식단을 바꾸어야 한다는 의사의 처방을 받게 되면 이들은 간간이 즐기던 채식을 좀 더 많이 먹으면 되기 때문에 생활방식을 변경하는 데 큰 부담이 없다. 반면 값싼 냉동식품과 간식, 외식을 많이 하던 사람에게 채식을 하라고 하면 고통스러울 수밖에 없다. 생활습관을 충실히 바꾸지 않으면 증상은 개선되지 않을 것이고, 그럴수록 더 많은, 더 강도 높은 투약과 의료서비스에 의존하게 된다.

우리나라는 OECD 국가 중에서 당뇨병 입원율이 가장 높은 국가이다. 당뇨병은 대체로 생활습관에서 비롯된 것이기 때문에 생활습관 개선이 필수적이다. 따라서 초기 당뇨병은 의사의 지시 아래 투약과 동시에 생활습관 개선을 꾸준히 하면 악화를 방지할 수 있다. 그런데 당뇨병으로 병세가 나빠져서 입원하게 되는 비율이 OECD 국가 중에서 가장 높다는 사실은 일차 관리가 제대로 안 되는 현실을 암시한다.

보건정책은 당뇨 환자에게 더 많은 약을 투약하는 데 관심을 쓰는 것이 아니라 생활 개선을 좀 더 쉽게 할 방안을 마련하는 데 두어져야 한다. 식단을 관리하는 앱을 만들어서 배포할 수도 있고, 생활습관 코치를 두어 관리할 수도 있을 것이다. 지나치게 의료화되어 있는 당뇨 관리를 비의료적인 생활습관 개선으로 어떻게 하면 가능할지 고민하는 것도 보건정책의 과제이다.

여전히 높은 흡연과 음주는 어떻게 해결할 것인가? 정부의 금연정책 중에서 효과가 컸던 것이 공공장소 금연, 금연구역 설정, 담뱃값 인상 정책을 들 수 있다. 그런데 금연구역 설정은 담배를 완전히 끊게 만든 것이 아니라 일부 흡연자를 뒷골목으로 밀어냈다. 결국 금연은 흡연을 어렵게 만드는 사회적 장애물을 설치하는 것만으로는 충분하지 못하다. 흡연자 스스로 동기화하는 것과 함께 이루어져야 한다. 그런데 흡연자는 수십 가지의 흡연 이유가 있고, 상황에 따라, 나이에 따라 다른 이유를 대면서 흡연을 정당화한다.[6]

중산층과 하층민의 흡연 행태의 차이를 분석한 연구에 따르면 중산층은 자신들의 흡연은 일상적으로 매일 하는 흡연과는 다른 기능적 흡연이고, 흡연을 하면 기쁨을 얻으며, 필요하면 흡연 욕구를 스스로 통제할 수 있다고 흡연의 명분을 제시했다고 한다. 반면 하층민들은 굳이 애써서 명분을 찾지 않았다고 한다. 중산층은 점차 흡연에 사회적 낙인이 찍히는 상황에서 자신의 흡연 행동을 합리화할 명분을 찾아야 하지만 흡연이 하층민의 문화적 성향처럼 인식되는 상황에서 하층민 자신은 별다른 낙인이나 거부감을 느끼지 못하기 때문에 굳이 명분을 찾지 않아도 된다는 것이다.[7] 저소득층 소녀들이 흡연하는 이유는 남다르다. 이들은 같은 또래 소녀들의 사회적 위계에서 정상의 위치에 있게 되는데 이 자리를 계속 유지하려면 남다른 무엇인가를 보여 주어야 하고 흡연이 상징적 자본의 힘을 보여 주기 때문에 흡연하게 된다는 것이다.[8]

이렇게 흡연자는 다양한 명분을 찾고 있는 데 반하여 금연 사업에서 제시하는 금연을 해야 하는 이유는 상대적으로 빈약하다. 흔히 흡연이 초래하는 암 등 건강 위해를 제시하지만, 이것은 매우 오래 뒤에나 벌어질지 모르는 일이기 때문에 흡연자에게 큰 위협이 되지 못한다. 오히려 비흡연자의 간접흡연에 대한 원성이 이들에게 자유로운 흡연을 망설이게 만드는 큰 제약 요인으로 작용한다. 왜 금연해야 하는지를 현재 상황에서 설득력 있게 제시하지 못하면 금연의 동기화는 계속 어려울 수밖에 없다.

중고생을 대상으로 하는 금연 공익광고가 최근에 관심을 받았다. 친구들이 담배를 피워도 나는 꿋꿋하게 '노ₙₒ 담배'의 길을 가겠다는 내용의 광고가 참신했다. 흔히 친구들과 어울리기 위해서 흡연하는 청소년들에게 정면으로 대응하는 광고였다. 청소년의 언어를 사용하는 것도 주목받았다. 그런데 이 광고에서 청소년의 금연은 그냥 당위로서 설정되었을 뿐이고 흡연 친구들과 흡연하지 않으면서 어울릴 수 있는지에 대해서는 해답을 제시하지는 않는다. 아니면 청소년 흡연율이 감소하는 추세이기 때문에 이렇게 강력한 대응을 하는지도 모른다. 여기서 핵심은 그래도 흡연하는 학생은 왜 그런지, 그리고 어떻게 대응해야 효과적인지 분명하지 않다는 점이다. 이들을 위한 서사의 개발이 필요하다.

흡연에 부수되는 사회적 낙인은 중산층 흡연자에게 금연을 유도하는 좋은 소재이다. 금연운동이 생기고 흡연에 대한 인식이 서서히 변화하면서 흡연자를 혐오하는 분위기가 만들어졌다. 여성들, 특히 아이를 데리고 식당이나 공공장소를 찾는 부인들은 흡연자에게 혐오의 눈빛을 보여 주었고 이것은 금연을 유도한 강력한 요인이 되었다.

그런데 그 배경에는 흡연이 남성주의 문화에서 점차 계급문화로 변화한 것과 연관이 깊다. 과거에는 거의 모든 성인 남성이 흡연했다. 그런데 흡연율이 감소하면서 중산층은 금연 문화가 정착되고 있고, 저소득층은 아직도 높은 흡연율을 보인다. 즉 흡연이 저소득층의 문화적 성향으로 변화한 것이다. 중산층이 모여 있는 생활의 장에서 흡연하면 수많은 혐오의 눈초리를 감당해야 하지만 저소득층 지역에서의 흡연은 그런 부담이 없다. 즉 중산층은 자신이 금연하지 못한 것에 대한 죄책감보다는 흡연으로 타인에게 간접흡연의 피해를 주는 데 대한 죄책감이 생겨났고, 이것은 일종의 문화적 자본으로 볼 수 있다. 따라서 중산층이 흡연할 때는 자신은 가끔 흡연을 즐기는 것일 뿐 니코틴 중독자가 아니라는 식으로 변명하거나, 흡연 사실 자체를 감추게 된다.[9] 물론 이와 반대되는 연구 결과도 있다. 미국 뉴욕 맨해튼의 사무실 빌딩 앞에서 흡연하는 사람들을 연구한 결과 그들이 지나가는 사람이나 동료로부터 낙인과 혐오를 느끼지 않는다는 응답도 많았다. 흡연을 허용하는 격리된 공간이 중산층의 죄책감을 줄여 주는 것처럼 생각된다.

그런데 흡연에 부수된 낙인효과는 중산층의 문화적 성향을 보인 사람에게는 효과적인 금연 동기화 수단일 수 있지만 다른 계층에는 큰 효과가 없을 것이다. 결국 계층, 직업, 젠더, 나이 등에 따라 흡연을 동기화하는 요인이 다르고, 흡연을 합리화하는 명분도 다르며, 금연을 동기화하는 요인도 다른 것으로 보인다. 흡연을 합리화하는 문화적 성향도 세상의 변화에 따라 변화한다. 누구한테는 가격정책이 금연 동기화에 효과적이지만 다른 사람에게는 낙인효과를 강조하는 것이 효과적일 수 있다. 따라서 누가 왜 흡연하는지에 대한 정교한 연구와 그에 따른 세세한 금연 서사의 개발이 필요해 보인다.

금연의 서사는 단순히 금연이 좋은 점을 나열하는 것으로는 부족하다. 나의 건강 습관이 상당 부분 사회의 영향을 받으면서 수행되는 것일지라도, 내가 속한 계급과 지위에 따라 큰 틀이 정해지고 내가 선택할 수 있는 범위가 작을지라도 내가 로봇이 아닌 한, 내가 노력하는 한 금연도 할 수 있고 절주도 할 수 있다. 다만 작심삼일이 되지 않게 하려면 그러한 의지와 노력을 뒷받침해 주는 사회적 도움이 필요하다.

현재의 습관은 그것을 가능하게 하고 몸을 편하게 만들어 주는 여러 요소들이 어우러져 생활의 장이 되어 있기 때문에 이를 변화시키기는 어렵다. 따라서 흡연을 손쉽게 할 수 있는 생활의 장을 금연을 해도 좋은 생활의 장으로 구성이 바뀌어야 한다. 흡연의 유혹을 줄여 주는 생활시간 조정과 공간의 구성, 금연자의 노력을 칭찬하고 북돋워 주는 조력자들이 필요하다. 예를 들어 클래식 음악을 듣는 사람이 재즈와 헤비메탈 음악을 듣는 사람보다 흡연을 적게 한다는 연구가 있다.[10] 그러면 금연 기간에는 대중음악을 멀리하고 클래식을 가깝게 하도록 하는 것도 도움이 될 것이다. 이렇게 금연을 즐기는 생활의 장을 만드는 것이 금연 서사에 담겨야 할 것이다.

01. 건강과 통계의 관계

1   Dorothy Porter. *Health, Civilization and the State*. London: Routledge. 1999.
2   국사편찬위원회. 우리 역사 넷_신라촌락문서.
3   Population Council. John Graunt on causes of death in the city of London. *Population and Development Review, 35*(2): 417-422. 2009.
4   Timandra Harkness. John Graunt at 400: fighting disease with numbers. *Significance, 17*(4): 22-25. 2020.
5   통계개발원. 사회통계 프레임워크 작성. 2014.
6   EU. Together for Health-A Strategic Approach for EU, 2008-2013. 2007.
7   통계개발원. 건강영역 통계 프레임워크 작성, 최종보고서. 2016.
8   캐나다의 건강통계 프레임웍 개발과정을 보여 주는 보고서에 의하면 61명의 통계 전문가와 보건의료 전문가들이 모여서 건강지표 개발회의를 진행했고 사회적 영향 요인에 대한 충분한 토의와 적절한 지표 선정에 합의한 사례를 볼 수 있다. Statistics Canada and Canadian Institute for Health Information. Rethink, Renew, Retire: Report from the 4th Consensus Conference on Evaluating Priorities for Canada's Health Indicators. 2014.
9   조병희. 섹슈얼리티와 위험연구. 나남출판. 2008.

02. 가장 오래 생존하는 세대

1   김정희 편저. 도대체 건강이란 무엇인가: 건강 그리고 건강한 사람 그 개념적 접근. 가산출판사, 2000.
2   Yannis Tountas. The historical origins of the basic concepts of health promotion and education: the role of ancient Greek

philosophy and medicine. *Health Promotion International, 24*(2), doi:10.1093/heapro/dap006.

3   Michael Bury. *Health and Illness*, pp.8-9. Cambridge: Polity. 2005.

4   Mirella Carbone and Joachim Jung. 이상엽 역. *Friedrich Nietzsche, Die Kunst der Gesundheit*(니체, 건강의 기술-운명적 삶을 긍정하는 기술). 북 코리아. 2019.

5   Klaus W. Lange. Rudolf Virchow, poverty and global health: from politics as medicine on a grand scale to health in all policies. *Global Health Journal, 5*(3): 149-154. 2021.

6   Deborah Lupton. *The Imperative of Health: Public Health and the Regulated Body*. London: Sage. 1995.

7   Donald, S. Burke. Origin of the WHO definition of health: Pittsburgh Threads. 2017.

8   Lars T. Larsen, Not merely the absence of disease: A genealogy of the WHO's positive health definition. *History of the Human Sciences, 35*(1): 111-131. 2022.

9   Ilona Kickbusch. Self-care in health promotion. *Social Science and Medicine, 29*(2): 125-130. 1989

10   Thomas Schramme. Health as complete well-being: The WHO definition and beyond. Public Health Ethics, 2023.7.23. online 게재.

11   조선일보. 건강백세인, 8가지 장수비결. 2022.1.13.

12   Howard S. Friedman and Leslie R. Martin. *The Longevity Project*. 최수진 역. 나는 몇 살까지 살까? 쌤앤파커스. 2011.

13   http://krusekronicle.typepad.com/kruse_kronicle/2008/07/wsi-life-expectancy.html

14   Robert L Goldenberg and Elizabeth M McClure. Maternal Mortality: Editorial for AJOBGYN. *American Journal of Obstetrics and Gynecology*. 2011 Oct; 205(4): 293-295

15   Thomas McKeown and R. G. Record. Reasons for the decline of mortality in England and Wales during the nineteenth century. *Population Studies, Vol. 16*(2): 94-122. 1962.

16   OECD. *Health at a Glance 2017*. 2018.

17 Dorothy Logie. AIDS cuts life expectancy in sub-Saharan Africa by a quarter. *BMJ*. 1999 Sep 25; 319(7213): 806.

18 Adamson S. Muula. HIV Infection and AIDS Among Young Women in South Africa. *Croat Med J*. 2008 Jun; 49(3): 423-435.

19 Emma Zang, Scott M. Lynch, and Jessica S. West. Regional Differences in the Impact of Diabetes on Population Health in the United States. *J Epidemiol Community Health*. 2021 Jan; 75(1): 56-61; The Washington Post. An Epidemic of Chronic Illness is killing us too soon. 2023.10.3.

20 Mauricio Avendano and Ichiro Kawachi. Why do Americans have shorter life expectancy and worse health than people in other high-income countries? *Annual Review of Public Health*. 2014; 35: 307-325.

21 Edward A. Suchman, Bernard S. Phillips, and Gordon F. Streib. An analysis of the validity of health questionnaires. *Social Forces, 36*(1): 223-232. 1957.

22 Idler, E. L. and Benyamini, Y. Self-rated health and mortality: A review of twenty-seven community studies. *Journal of Health and Social Behavior 38*: 21-37. 1997

23 한국보건사회학회. 건강 수준 인지 지표의 국가 비교 및 영향 요인 분석 연구. 2021.

24 Shunquan Wu et al. The relationship between self-rated health and objective health status: a population-based study. *BMC Public Health, 13*: 320. 2013.

25 Ross, C. E. and Bird, C. E. Sex Stratification and Health Lifestyle: Consequences for Men's and Women's Perceived Health. *Journal of Health and Social Behavior, 35*: 161-178. 1994.

26 Moor, I., Spallek, J., and Richter, M. Explaining socioeconomic inequalities in self-rated health: a systematic review of the relative contribution of material, psychosocial and behavioural factors. *J Epidemiology Community Health, 71*: 565-575. 2016.

27 Singh-Manoux, A. et al. What does self rated health measure? Results from the British Whitehall II and French Gazel cohort

젊게 늙는 사회

studies. *Journal of Epidemiology and Community Health, 60*(4): 364-372. 2006.

28 Lee, H. et al. Determinants of Poor Self-rated health in Korean adults with diabetes. *J Preventive Medicine and Public Health, 48*(6): 287-300. 2015.

29 Cislaghi, B. and Cislaghi, C. Self-rated health as a valid indicator for health-equity analyses: evidence from the Italian health interview survey. *BMC Public Health, 19*: 533. 2019.

30 Kim, M. and Khang, Y. H. Why Do Japan and South Korea Record Very Low Levels of Perceived Health Despite Having Very High Life Expectancies? *Yonsei Medical Journal, 60*(10):998-1003. 2019.

31 Joseph Stiglitz. GDP is not a good measure of wellbeing- it's too materialistic. The Guardian, 2018.12.3.

32 한국의 주관적 건강통계가 최근에 새로운 측정값들로 교체되었으나 이 사이트에는 반영 안 됨.

33 https://www.oecdbetterlifeindex.org/#/11111111111

03. 노쇠하는 청년기의 몸

1 Jane E. Brody. Socialists look to preventive medicine to improve the Nation's health. The New York Times, 1978.5.30.

2 Mollborn S. et al. Health lifestyles in early childhood. *Journal of Health and Social Behavior, 55*(4): 386-402. 2014.

3 M. J. McGinnis and W. H. Foege. Actual causes of death in the United States. *Journal of American Medical Association, 270*(18): 2207-2212. 1993.

4 Michael J. McGinnis et al. The case for more active policy attention to health promotion. *Health Affairs, 21*(2): 78-93. 2002.

5 Hans Saan and Marilyn Wise. Enable, mediate, advocate. *Health Promotion International, 26*(2): 187-193. 2011.

6 Robin Bunton et al. *The Sociology of Health Promotion*. London: Routledge. 1995.

7 Nick J. Fox. *The Body*. Cambridge: Polity Press. 2012

8 Nick J. Fox. The Ill-health assemblage: beyond the body-with-organs. *Health Sociology Review, 20*(4): 359-371. 2011.

9 Centers for Disease Control and Prevention. Adolescent and School Health.

10 교육부. 2022년 학생 건강검사 주요 결과. 보도자료. 2023.4.14.

11 OECD. *Health at a Glance 2021*. 2021. 우리나라 청소년 비만율 12.1%는 OECD 국가의 청소년 비만과 과체중 18.3%로 측정 단위가 달라 정확한 비교는 어려우나 상당히 근접한 것처럼 보인다.

12 OECD. *PISA 2015 Result(Volume III): Student Wellbeing*. 2017.

13 한국언론진흥재단. 2022 10대 청소년 미디어 이용조사 주요 결과. 보도자료. 2022.12.01.

14 이훈재. 인천광역시 미추홀구와 연수구 간 현재 흡연율 격차에 대한 원인 규명 및 해결 방안 개발. 질병관리청 용역연구. 2021.

15 노원신문. 노원구 금연성공지원금 60만 원으로 인상. 2019.1.27.

16 Lindsey M. Rodriguez et al. I'm a social (network) drinker: alcohol-related facebook posts, drinking identity, and alcohol use. *Journal of Social and Clinical Psychology, 35*(2): 107-129. 2016.

17 조병희 외. 개인음주행태 요인분석 및 음주행태 개선을 위한 가이드라인 개발연구 최종보고서. 보건복지부 연구용역보고서. 2018.

18 보건복지부. 개인 음주 행태 요인분석 및 음주 행태 개선을 위한 가이드라인 개발 연구 최종보고서. 2018.

19 홍남수 외. 주민참여 건강사업의 성과와 과제: 경상북도 건강마을 조성사업 참여주민의 경험. 한국보건정보통계학회지, 45(2): 200-207. 2020.

20 Norman J. Temple. The origin of the obesity epidemic in the USA-lessons for today. *Nutrients, 14*(20): 4253. 2022.

21 Simon Barquera and Juan A. Rivera. *Lancet Diabetes Endocrinol* 8(9): 746-747. 2020; The New York Times. A nasty, Nafta-related surprise: Mexico's soaring obesity. 2017.12.11.

22 질병관리청. 국민건강영양조사 2021. 2022.

23 OECD. OECD Health Data. https://data.oecd.org/healthrisk/overweight-or-obese-population.htm

24 OECD. https://www.oecd-ilibrary.org/sites/1d229f1f-en/index.html?itemId=/content/component/1d229f1f-en

04. 질병, 발생의 불평등

1 Deborah Lupton. *COVID Societies–Theorizing the Coronavirus Crisis*. London: Routeledge. 2022.

2 Steven E. Barkan. Religiosity and Premarital Sex During Adulthood. *Journal for the Scientific Study of Religion, 45*: 407-17. 2006; Idler, Ellen L. *Health and Religion. in The New Blackwell Companion to Medical Sociology*, edited by W. C. Cockerham. Oxford: Wiley-Blackwell. 2010.

3 Worldometer. COVID-19 Coronavirus pandemic. https://www.worldometers.info/coronavirus/#countries. 2023.12.29.

4 청년의사. 지난해 노인진료비 44조 돌파. 2023.10.4.

5 William C. Cockerham. *Sociology of Mental Disorder*. 3rd ed., p.6, London: Routeledge. 2017.

6 조병희 외. 아픈 사회를 넘어-사회적 웰빙의 가치와 실천의 통합적 모색, 216-239. 21세기 북스. 2018.

7 장세진 등. 한국인의 직무 스트레스 측정도구의 개발 및 표준화. 대한산업의학회지, 17(4): 297-317. 2005.

8 유명순 외. 코로나19 국민위험인식조사. 2020.

9 경향신문. 유명무실한 복지부 정신건강복지센터-자살예방센터...이용률 2%. 2023.9.18.

05. 웰다잉을 위한 의료

1 요양급여란 건강보험에 가입자 및 가족(피부양자)에게 의료기관에서 진찰, 검사, 약제, 처치, 수술, 예방, 재활, 입원, 간호, 이송 서비스를 받았을 경우 소요되는 비용을 보험급여로 제공해 주는 것을 말한다. 즉 건강보험에서 의료공급자가 환자에게 제공한 서비스의 대가로 지불하는 진료비로 비급여 진료, 식대, 지정진료 등의 비용은 제외된다.

06. 실현 가능한 건강노화

1 이윤경, 이선희, 강은나, 김세진, 남궁은하, 최유경. 2022년 장기요양실태

조사. 보건복지부, 한국보건사회연구원. 2022. pp. 149.

2 OECD. *OECD health at a glance 2023*. 2023.

3 Kontis,V., etsl. Future life expectancy in 35 industrialises: projections with a Bayesian model ensemble. *The Lancet, 389*(10076). 2017. 1323-1335.

4 WHO. *World Health Statisics*.

5 Abud, T., Kounidas, G., Martin, K. R., Werth, M., Cooper, K., & Myint, P. K. Determinants of healthy ageing: a systematic review of contemporary literature. *Aging Clinical and Experimental Research, 34*(6). 2022. 1215-1223.

07. 웰빙의 연장 존엄한 사망

1 Michael C. Kearl. *Endings—A Sociology of Death and Dying*. Oxford: Oxford University Press. 1989.

2 통계청. 출생사망통계. 보도자료. 2023.2.22.

3 Steve Taylor and David Field. *Sociology of Health and Health Care* 3rd. Oxford: Blackwell Publishing. 2003. p.156.

4 Mikko Myllykangas. The History of Suicide Prevention in Finland, 1860s-2010s. In book: *Reventing Mental Illness Past, Present and Future*. Palgrave Macmillan. 2018. pp.151-170. J Hintikka, P. I. Saarinen, H. Viinamäki. Suicide mortality in Finland during an economic cycle, 1985-1995. *Scandian Journal of Public Health, 27*(2): 85-8. 1999.

5 Peter B. Terry. Euthanasia and assisted suicide. *Mayo Clinic Proceedings, 70*: 189-192. 1995.

6 Medical Observer. 안락사 논쟁 다시? 국민 대다수 의사 조력자살 입법화 찬성. 2022.5.24.

08. 오래 살아야 할 세대의 대응

1 George W. Brown and Tirril Harris. *Social Origins of Depression— A study of psychiatric disorder in women*. London: Tavistock. 1978

2   한겨레신문. 여전히 택배노동자가 죽는다. 2022.6.21.

3   Berkman LF, Syme SL. Social networks, host resistance and mortality: a nine-year follow-up study of Alameda County residents. *Am J Epidemiol 1979*; 109: 186-204; Kawachi I, Colditz GA, Ascherio A, et al. A prospective study of social networks in relation to total mortality and cardiovascular disease in men in the USA. *J Epidemiol Community Health*. 1996; 50: 245-51.

4   Mirza Balaj and Terje A. Eikemo. Sock of social status-a Bourdieusian perspective on morbidity and health inequalities. *Sociology of Health and Illness, 44*: 1214-1250. 2022.

5   Mirza Balaj. Self-reported health and the social body. *Social Theory & Health, 20*: 71-89. 2022.

6   Emily Margulies. Why I smoke-Sociology of a deadly habit. *Human Architecture-Journal of the Sociology of Self-Knowledge*, vol. 2, Iss. 1. Article 2.

7   Anu Katainen. Social class differences in the accounts of smoking-striving for distinction? *Sociology of Health and Illness, 32*(7): 1087-1101.

8   Rebecca J. Haines et al. Becoming a 'real' smoker-cultural capital in young women's accounts of smoking and other substance use. *Sociology of Health and Illness, 31*(1): 66-80.

9   Frances Thirlway. Explaining the social gradient in smoking and cessation-the peril and promise of social mobility. *Sociology of Health and Illness, 42*(3): 565-578. 2020.

10 Fred C. Pampel. Socioeconomic distinction, cultural taste, and cigarette smoking. *Social Science Quarterly, 87*(1): 19-35. 2006.